秦朝原来是这样

醉罢君山 —— 作品

中国出版集团　现代出版社

图书在版编目（CIP）数据

秦朝原来是这样 / 醉罢君山著. -- 北京：现代出版社, 2024. 12. -- （历史中国书系）. -- ISBN 978-7-5231-1098-0

Ⅰ. K233.09

中国国家版本馆CIP数据核字第2024DS6307号

秦朝原来是这样
QINCHAO YUANLAI SHI ZHEYANG

著　　者	醉罢君山
选题策划	张　霆
责任编辑	袁子茵
责任印制	贾子珍
出版发行	现代出版社
地　　址	北京市安定门外安华里 504 号
邮政编码	100011
电　　话	010-64267325
传　　真	010-64245264
网　　址	www.1980xd.com
印　　刷	三河市宏盛印务有限公司
开　　本	710mm×1000mm　1/16
印　　张	19.25
字　　数	312 千字
版　　次	2024 年 12 月第 1 版　2024 年 12 月第 1 次印刷
书　　号	ISBN 978-7-5231-1098-0
定　　价	898.00 元（全 14 册）

版权所有，翻印必究；未经许可，不得转载

目 录

一 / 从亡国到复国 /001
二 / 韩原之战：迈向大国之路 /010
三 / 蜜月时代 /018
四 / 崤山：挥不去的噩梦 /024
五 / 东方不亮西方亮 /030
六 / 沉闷的拉锯战 /036
七 / 麻隧之战与迁延之役 /042
八 / 在春秋与战国之间 /049
九 / 雷神之锤 /054
十 / 鹬蚌相争，渔翁得利 /060
十一 / 时势造英雄：商鞅入秦 /065
十二 / 史无前例的大变法 /073
十三 / 改革家之死 /080
十四 / "屌丝"逆袭：张仪的励志故事 /089
十五 / 新战略：连横 VS 合纵 /095
十六 / 志在长远：秦灭巴蜀之役 /101
十七 / 无节操的外交 /107
十八 / 化险为夷：政坛不倒翁 /113
十九 / 扛鼎而死的秦武王 /119
二十 / 自投罗网：诱拘楚怀王 /125
二一 / 千里伐秦：孟尝君的壮举 /130
二二 / 伊阙：魏韩的伤心记忆 /136
二三 / 日落东方：齐国的没落 /142
二四 / 渑池：没有硝烟的战场 /148

二五 / 横扫楚国:战神白起的表演 /154

二六 / 割地事秦,犹抱薪救火 /159

二七 / 阏与之战:两军相逢勇者胜 /165

二八 / 土鸡变成金凤凰 /171

二九 / 至强之矛与至强之盾 /178

三十 / 从大决战到大屠杀 /184

三一 / 邯郸:啃不下的硬骨头 /190

三二 / 点石成金:"投资大师"的杰作 /197

三三 / 吕不韦的时代 /203

三四 / 杀无赦:嬴政的铁拳 /209

三五 / 李斯与韩非 /215

三六 / 硬实力与软实力 /221

三七 / 统一的序幕 /227

三八 / 风萧萧兮易水寒 /233

三九 / 东方诸侯的覆亡 /240

四十 / 始皇帝及其帝国 /247

四一 / 开边与遇刺 /252

四二 / 焚书坑儒:秦之暴政 /257

四三 / 沙丘之变 /262

四四 / 大泽乡起义 /268

四五 / 陈胜之死 /274

四六 / 绝代双骄:刘邦与项羽 /280

四七 / 破釜沉舟,背水一战 /286

四八 / 大秦帝国的谢幕 /292

大事年表 /299

一 / 从亡国到复国

"合抱之木,生于毫末;九层之台,起于累土;千里之行,始于足下。"

这是《老子》的一句话。

简洁,却充满真知灼见。

大帝国从来不是一蹴而就的,秦国亦然。从开国到一统天下,秦国花了将近七百年的时间,几多沉浮,几多曲折,几多坎坷,几多艰辛,唯一不变的是一脉相承的铁血文化,是不屈不挠的奋斗精神,是与天斗、与地斗、与人斗的坚韧品质,是吞吐天地的无限雄心。

秦国的君主们把自己家族的谱系上溯到远古时代的颛顼大帝,他是黄帝的孙子,也是赫赫有名的"三皇五帝"之一。显赫的先祖背景固然令后人深感光荣,但细究其族谱,却又令人有几分狐疑。

一般说来,族谱都是以男丁相传,秦的族谱却不然。从颛顼大帝往下传了N代后,冒出个女子唤作女脩,女脩吞了一枚玄鸟蛋,生下儿子大业。这听起来像是东方版的圣母马利亚,未婚而先孕,带着某种神迹而孕。倘若以中国人传统的观念,大业才是秦的真正先祖,他的父亲是谁,没人知道,来路不明。

大业的儿子大费,在历史上也是个人物。他与大禹一同治水,后来大禹说:"非予能成,亦大费为辅。"帝舜便让他去管理山林鸟兽,大约是因为他总躲在树荫下,故而又被称为"柏翳",后来又称为"伯益"。帝舜赐给大费"嬴"姓,后来的秦、赵两国都是属于嬴姓,大业、大费就是他们的共同祖先。大禹去世后,他的儿子夏启建立夏王朝,大费(伯益)在与夏启的斗争中败北,死于非命。

我们跳过夏、商两代漫长的历史,把时间快速推进到西周。

时间大约是公元前870年,正是周孝王当权的时代。在犬丘(甘肃天水西南),居住着一个名为非子的养马师,他是大费的后裔。这时的犬丘是周王朝的政治中心,西周已开国近两百年,正是由盛而衰的时期。周孝王上台前,西周多次遭到戎人的进攻，首都镐京多次岌岌可危，周王室不得不临时迁都到了犬丘。

由于战争频频，马匹是国家重要的战略资源，政府非常重视马匹的牧养。周孝王想找个养马能手管理牧场，有人就推荐说，非子这个人特别会养马。天子十分高兴，召见非子，派他去管理汧河、渭河之间的牧场。非子不负所望，在他悉心管理下，牧场的马匹大量繁殖。

鉴于非子为国家作出特别的贡献，周孝王封了一小块地给他，这块巴掌大的地就叫秦。数百年后秦国统一了中国，不过在周孝王时，秦国并不是一个诸侯国，只是西周的附庸国罢了。依照西周礼制，附庸国的面积，方圆不超过五十里。谁又能料想得到，毫不起眼的秦国，后来竟成为周王朝的掘墓人。

作为周王室的附庸国，秦国的任务之一是安抚西戎部落。

周孝王去世后，周夷王即位，随即对戎人发动大规模战争，缴获甚多。此役后，西北边疆略为安定，故而秦国与西戎相安无事，颇为清闲。但好景不长，到了周厉王统治时期，政治混乱腐败，暴虐无道，激起诸侯的叛乱，西戎也乘机反叛，从此西方开始进入混乱无序的状态。西戎频频发动进攻，弱小的秦国，正是在与西戎不间断的战争中，铸就了铁血国魂，一步步迈向强大。

公元前 827 年，周宣王即位。他是周朝历史上的一位中兴名君，力图重振周王室的辉煌。上台伊始，周宣王便频频用兵，先是讨伐北方的猃狁（西北黄土高原上的戎狄部落），继而南征淮夷。

在伟大的周宣王的感召下，秦国第四任君主秦仲摩拳擦掌，主动请缨讨伐西戎。宣王大喜，任命秦仲为大夫，率自己的族人反击西戎。秦仲一腔热血，忠心可鉴，只是这时的秦国不过是个弱小的附庸国，军事力量远不能称强大。在如狼似虎的西戎人的反扑下，节节败退。

周宣王六年（前 822），这是秦国历史上最悲惨的一刻。西戎人反客为主，攻入秦国，秦仲拼死抵抗，最终还是寡不敌众，战死沙场，秦国沦陷。

刚刚立国五十年的秦国，就这样悲壮地灭亡了。

倘若不是秦仲有几个有出息的儿子，未来那个令人闻风丧胆的秦国就不存在了。

在秦国沦陷后，有几辆马车向东疾驰，坐在车上的人是秦仲的五个儿子，他们面如死灰，神情沮丧，只有眼睛里还喷射着复仇的火焰。要怎么复仇呢？他们已是两手空空，甚至无家可归了。唯一的办法，就是求助于伟大的周宣王。

马车驰入京城，来到一座层台高耸的宫殿前。在周宣王面前，秦仲的五个儿子忧郁的眼里没有眼泪，只有坚毅的目光，锋锐如剑。他们有长有幼，小的尚未成年，但国破家亡的遭遇让他们坚强，挺起胸膛，体现出男儿应有的勇气与决心。

那一刻，号称"中兴明君"的周宣王被深深打动了。他慷慨地拨出一支七千人的部队，交给秦仲长子，勉励道：从今天起，你便是秦的主人，去收复自己的家园吧。

没有周宣王的雪中送炭，就没有秦国的绝处逢生。

五兄弟叩首拜谢，感激之情溢于言表，发下誓言，誓死效忠周王，誓死扫灭西戎。

秦仲的长子，史称秦庄公。

此时的秦只是附庸国，不在"公侯伯子男"五等爵位之内，根本够不上"公"的标准，那么他为什么被称为秦庄公呢？显然，这是秦国强大后，为纪念伟大的先祖而追封的尊号。

秦庄公将用他余下的生命之烛，再造秦国。

凭着从周宣王那里借来的七千精锐部队，秦庄公把西戎人赶出秦地，收复故土，再建家园。现在，权力、地位、美女都有了，舒适的生活又回来了。倘若秦庄公就此收手，享受美妙的人生，他就不是伟大的君主了。西戎未灭，杀父之仇未报，他怎么能被美酒美女消磨意志呢？他要勇往直前，义无反顾，他唯一的使命就是战争。

他是一架永无休止的战争机器。

他抛弃了一切，甚至把国家交给弟弟，自己宁可风餐露宿，率着一支虎狼之师奔驰于原野，随时与西戎人血腥杀戮。他把自己的三个儿子唤来，让他们庄严立下誓言："西戎杀我的祖父，我若不手刃西戎之王，绝不归来。"

除了复仇，不知其他。

在秦庄公之前，秦国只是一个武力平平的小国，没有光荣的历史，没有赫赫的战功，没有坚忍不拔的精神。是秦庄公给国家带来雄心，带来扩张的渴望，带来不可动摇的复仇观念。他那一往无前的战斗精神，为后世强秦树立了一个勇武的传统；他是秦国铁血兵团的缔造者和精神领袖；他是秦国历史上第一位杰出的君主，也是一名伟大的战士。

看上去这是一场以卵击石的决斗。

夏、商、西周三代千年历史，作为游牧部落的戎人始终是中原政权之大患，以中央朝廷号令天下的权势，尚且无法荡灭，区区一个毫不起眼的秦国却异想天开，岂非可笑至极？

在秦庄公眼里，没有可笑的字眼，精诚所至，金石为开。这一代不能实现的理想，还有子子孙孙去继承发扬。人心所至，愚公亦可移山！

岁月催人老。从青年到壮年，从壮年到老年，转眼间，秦庄公已走过四十多年的风风雨雨，时光损蚀他的容颜，唯有战斗的心永不老。战斗日复一日，年复一年，曾经不堪一击的秦人，在战火的洗礼中变得坚强，他们无所畏惧，为战斗而生，为战斗而死。秦庄公的浴血坚持，缔造出一支伟大的军队。

从此，秦人以悍勇顽强闻名天下。

而秦庄公就是秦国铁血精神的缔造者与独一无二的精神领袖。

他在位共计四十四年，没有时间去享受奢侈的生活，拒绝让荣华富贵消蚀万丈雄心。他宁愿选择在荒山野岭宿营，在疲倦不堪中行军作战。他坚忍不拔，充满斗志，并把这种坚忍的理念灌输到国人的精神理念之中。

秦襄公继承父亲未竟的事业，复仇的旗帜仍迎风飘扬。

但是，不能低估西戎的力量。

此时周王朝与西戎的战争全面展开，号称"中兴之主"的周宣王开足国家机器的马力，频频发动对西戎的打击，然而收效甚微。

周宣王三十一年（前797），西周大举讨伐盘踞在太原的戎人部落，兵败而还。五年后（前792），周宣王再度用兵，讨伐条戎、奔戎部落，又一次败绩。最惨的一次是公元前789年，周宣王动用南方诸侯的庞大力量，发动规模空前的伐戎之战，岂料遭遇最大的一次败仗，尽丧"南国之师"。后世史学家颇为惋惜地评价"中兴之美未尽焉"，因为周宣王毕竟只是半截英雄。

周宣王去世后，周幽王继位。幽王三年（前779），西周以伯士为统帅，再度发动对西戎的战争，非但大败，连统帅伯士都死于非命。

秦襄公是在公元前778年上台，此期正是戎人势力最强的时期，整个周王朝都打不赢戎人，何况小小的秦国呢？可以想象秦庄公、秦襄公是在何等艰难的环境下，浴血生存。

西戎的军事力量如日中天，秦襄公面临着巨大的压力。

襄公二年（前777），西戎人包围犬丘，迫近秦国。

有一个人挺身而出，这个人便是秦庄公的长子，名唤世父。他请缨出战，率秦师与戎人大战于犬丘。可惜的是，他遇到史上最强大的戎人武装，不仅溃不成军，自己也成为戎人的阶下之囚。作为游牧部落，戎人崇尚武力，敬重勇士。世父虽兵败被俘，但他在战斗中表现出来的勇气与气概，征服了戎人。戎人非但没杀他，反而礼待有加，后来还把他释放回秦国。

敌我实力悬殊，秦襄公不得不韬光养晦，苦练内功。

在秦襄公苦练内功的同时，西周王朝却遭到毁灭性的打击。

周幽王是中国历史上有名的昏君，他宠幸褒姒，为博美人一笑，不惜烽火戏诸侯，又废掉太子，改立褒姒的儿子为嫡。爱美人不爱江山的周幽王最终众叛亲离，申侯勾结犬戎（戎人的一支）杀入镐京，幽王被杀于骊山之下，此役史称"骊山之乱"。

西周由是灭亡。

这一年是秦襄公七年（前772）。

周幽王死后，他的儿子姬宜臼被立为天子，是为周平王。由于镐京残破，只得东迁到了洛邑，这也是东周的开始。经骊山一役，周王室威风扫地，再难号令诸侯。而东方老牌诸侯国，如齐国、鲁国等，根本不理会周平王，没有人愿意出兵相助。

小小的秦国却向周王伸出援手。

秦襄公还记得那一幕：五十几年前，父亲战死了，国家灭亡了，他与哥哥一路逃到镐京，是周宣王的慷慨相助，秦才有复国的机会。这个恩，他不能不报。此时的襄公不复年少，已然垂垂老矣，可强烈的责任心让他义无反顾地率一支部队，驰援周平王，直到把平王送到新首都洛邑。

周平王的心里泛起一阵暖意，时穷节乃现哪，那些受尽王室恩惠的大诸侯，没有一个靠得住，没有封爵的秦襄公倒是忠心耿耿。天子感动了，当即把秦襄公封为诸侯。从此，秦不再是一个附庸国，而是堂堂的诸侯国，与晋、齐、鲁等国平起平坐了。

给个诸侯的头衔是件容易的事，不过有名还得有实才行。

周代礼制，公侯者，封国面积方圆百里。在此之前，秦只是附庸国，土地面积方圆不超过五十里。现在周平王提升了秦襄公的政治地位，可是土地呢？他拿什么土地赏赐给秦国呢？

周平王满脸通红，他实在囊中羞涩，没有什么可拿得出手的。

天子毕竟是天子，没点智慧行吗？周平王脑筋动得蛮快的，给了秦襄公一个空头支票：岐山以西的周王室领地都落入犬戎人之手，只要秦襄公能把犬戎击败，夺回的土地就归秦国所有。

这算是赏赐吗？

不管怎么说，周平王保住了面子，秦襄公得到了一个承诺。

有了承诺，秦国就有了奋斗目标。

对秦襄公来说，这无异于天赐良机，国偏地瘠，这一直是秦之心痛，也大大限制了其发展，现在只要击败犬戎，就可以得到大片肥沃的土地。

为了得到岐山以西的土地，秦人与犬戎又开始了新一轮的战争。

公元前766年，秦军兵临岐山，秦襄公病逝于前线，在位时间共计十二年。

襄公未竟的事业，由儿子秦文公继续完成。

经过十几年艰苦卓绝的奋战，到秦文公十六年（前750），秦国终于击败西戎，收复了被西戎人占领的周王室的土地，同时也占领了部分西戎人的土地。秦文公遵照与周王室的约定，岐山以西的土地归秦国所有，岐山以东的土地，秦国归还给周王室。当年周平王的承诺，是双赢的承诺。

夺取岐山的战争意义非凡，不仅是军事的胜利，也是政治的胜利。

秦国被周王室封为诸侯国，急需军事上的胜利来作为与东方强国平起平坐的资本。当时周王室虽然威风不再，但名义上仍是天下共主，秦国为其夺回岐山以东被占领的地盘，提高周王室地位的同时，秦也提高了自己的政治地位。

从秦庄公经秦襄公到秦文公，历经三代共计七十二年的时间，秦国在这漫长的时间中由弱小变得强大。自秦文公之后到最后秦统一中国的数百年间，秦国一直保持着国力的强盛，是一等的强国。

秦在数十年与西戎的战争中，铸就了一支强大的军队。

最初秦庄公连自己的军队都没有，依靠着从周王室所借七千人起家，到了秦文公击败西戎，秦国已经拥有了强大的军事实力。同时，在这场以蛮力对抗蛮力的长期战争中，秦人开始体现出其勇悍、顽强、好斗的性格，这个尚武之国显露其虎狼本质，日后这种凶狠拼命的作风，将令其他诸国闻风丧胆。

秦国在西方默默地奋斗着，并没有引起中原诸侯国的注意。这一时间段的史料，对秦国的记载如凤毛麟角，它似乎处于一个被人遗忘的角落，与中原诸侯国也绝少往来。这种封闭性使得秦国在文化上远远落后于中原诸国，其政治充满野蛮的色彩。

直到秦文公十三年（前753），秦国才设史官以记录史事。七年后（前746），秦文公制定诛灭三族的法律。所谓三族，有不同的说法，有的认为是父母、兄弟、妻子为三族；有的则认为是父族、母族、妻族。在此之前，中国的政治制度一直是比较文明的，秦国的诛三族制度强化了君主专制，开了一个坏头。

秦文公死于公元前716年，在位达五十年之久。

他够长寿的，自己还没死，被立为太子的长子先死了，只能把君主宝座传给孙子。秦宪公上台时，年仅十岁，国家权力落入几位权臣手中。

秦宪公与祖父相反，二十二岁就早夭了。但是他在位的十二年里，秦国多次发动对西戎的战争，并取得了胜利。随着秦国的强大，西戎已经无法抵挡秦人凶狠的进攻了。

宪公二年（前714），秦军大举进攻西戎大首领亳王所盘踞的荡社，并于次年铲平荡社。西戎军队被打得大败，亳王落荒而逃。

宪公十二年（前704），秦军进攻荡氏，消灭了这支西戎部落。

秦国在西方的战斗，无形之中对捍卫中原文明起着至关重要的作用。骊山之乱后，西戎崛起，对中原华夏族构成严重威胁，如果不是秦国人以拼命三郎的勇气与战斗精神遏制并削弱西戎，西戎的势力早已经渗透到中原地带了。

胜利的消息传回国内时，秦宪公已是病入膏肓，眼看就要不行了。与此同时，看似平静的宫廷，实则暗流涌动。当时宪公的长子已被立为太子，权臣弗忌、三父等人则打算立其幼子出子。宪公一死，弗忌、三父马上发动政变，废掉太子，拥出子为君主。

不料几年后，弗忌、三父等人发现出子虽然年轻，却不愿意当他们手里的傀儡。这些权臣不禁在心里冷笑，我等既可立你，也可以杀你。公元前698年，三父等人派人假扮盗贼，把出子杀了。此时的出子年仅十一岁。

出子一死，国君的宝座又空出来。三父等人想来想去，有资格当国君的，也就只有出子的哥哥，以前被废掉的太子。没办法，只好又把太子扶上台，他就是秦武公。

秦武公也只是十几岁的小孩子，经历了被废的风波后，心智较他人更为成熟。他假意迎合三父等权臣，暗地里却策划诛杀权臣的计划。武公三年（前695），他以霹雳手段发动政变，把杀害弟弟的一帮权臣绳之以法，并处以夷灭三族的酷刑。

从武公的谥号可以看出，他乃是一代雄君，在武功上取得了骄人的成绩。

他初即位时（前697），便发动对彭戏氏（西戎的一支）的战争，一直追击到华山之下；十年后，秦武公重拳再度出击，讨伐戎人的分支邽戎、冀戎，逐一击破之。秦在与西戎的百年战争中，已是占尽优势。

不仅如此，秦武公还把目光盯在小诸侯身上。此时正是春秋时代初期，史无前例的大兼并战争已拉开帷幕，秦国自然不甘落后。公元前686年，秦国吞并了小虢国，迈出兼并诸侯的第一步。

从地缘来看，秦国在诸侯国中处于偏远地区、接近少数民族地区。这本是地缘劣势，但在一定的历史时期，劣势反倒成为优势。秦国的地理位置使其有向外拓展的广阔空间，通过对西戎的鲸吞蚕食，秦国的土地不断延伸向西方。

武公在位时间二十年，于公元前678年去世，时年也不过三十多岁。武公死后，采用活人殉葬制度，陪葬的人多达六十六人。殉葬是商周时代一种丑陋的制度，王公贵族不仅生前要享受，死后还要享受，这才有殉葬的陋习。《墨子》一书曾写道："天子杀殉，众者数百，寡者数十；将军大夫杀殉，众者数十，寡者数人。舆马女乐皆具。"进入春秋战国后，儒、墨等显学都极力批判殉葬制度，这一丑陋的制度才慢慢被各诸侯国废除，文化落后的秦国废除得最晚，这后面再说。

由于秦武公死时，儿子尚年幼，他担心权臣一手遮天的历史重演，没传位给儿子，而是传给同母弟弟，这就是秦德公。

秦德公只是个过渡人物，他三十三岁即位，两年后便死了，长子秦宣公立。

此时在秦国以东，一个伟大的国家正以火箭般的速度蹿起，这个国家便是晋国。晋国是春秋历史上最伟大的国家，也是秦国的克星。秦宣公四年（前672），晋献公大举讨伐骊戎（戎人的一支），灭其君，取得伟大的胜利。两个相邻的强国碰到一起，冲突不可避免。这一年，秦国与晋国爆发战争，双方战于河阳，凶狠的秦人占了上风。这也是两国的第一次交锋，在以后漫长的岁月里，两国还有无数次的兵戎相见。

宣公当了十二年国君，死时大约也不到三十岁。他同样没把权力交给年幼的儿子，而是给了弟弟秦成公。

秦成公是个短命鬼，只当了四年国君便死了，君位传给弟弟，他便是秦国历史上最伟大的一位君主——秦穆公。

二 / 韩原之战：迈向大国之路

在秦穆公之前，秦国的历史相当简略，甚至连君主叫什么名字，也无从考。尽管秦人以自己的坚强在西部杀出一片新天地，但中国文明的重心始终在中原。此期中原的史料已是相当丰富，秦国史料却几乎一片空白。直到秦穆公横空出世，在诸侯国中大放光芒，秦国的史料才丰富起来。有了这些珍贵的史料，我们才能对秦穆公的事业有更深刻的理解。

公元前659年，秦穆公正式即位。

这时距骊山之乱、西周灭亡已过百年。东周天子暗弱，早已失去统率诸侯的能力，天下政治形势大变，大诸侯国开始从幕后走到台前，挥舞霸业的旗帜，其中的领军人物是第一代霸主齐桓公。齐桓公能称霸的原因，在于任用管仲为相，以"尊王攘夷"为号召，建立新的政治秩序。

秦穆公深知秦国人民坚忍不拔、耐力超绝，然而文化上的落后，使得人才凋零，难以同东方诸侯一决雌雄。在国家小的时候，还比较好管理，随着疆域的不断扩大，秦国急需政治上的人才，来管理这个蒸蒸日上的国家。

人才引进，便成为秦穆公的基本国策。

穆公四年（前656），秦穆公迎娶晋献公的女儿，此举意在缓和两国紧张的关系。这个政治婚姻让秦穆公有意外的收获，在晋国公主的陪嫁奴仆中，竟然有一个大政治家，这个人便是百里奚。

一个政治家怎么会沦落到奴仆的地步呢？

这里有一段十分曲折的故事。

百里奚原本是虞国大夫。两年前（前658），晋献公向虞国借道攻伐虢国，百里奚力劝虞君，万万不可让晋军过境。收受贿赂的虞君根本不听百里奚的劝告，结果晋国攻占虢国后，顺水推舟把虞国灭了。百里奚成了阶下之囚，后来被当作陪嫁奴仆，跟随公主到了秦国。

一个堂堂的虞国大夫，从高官变成奴仆，百里奚哪里忍受得了这种耻辱。入了秦国境内，他找机会逃跑了。这一逃，逃到了楚国。

不料他的运气实在差得很，跑到楚国后，被楚国人当作秦国间谍，又一次身陷囹圄。求贤若渴的秦穆公早听说百里奚的贤明，听到他逃走的消息后，心中郁郁不乐。后来打听到百里奚在楚国被抓走，秦穆公愁眉顿展，喜上心头。

怎么把百里奚弄回秦国呢？

起初秦穆公的想法是，开高价换回百里奚。不过他转念一想，这时楚国人只把百里奚当作间谍，不知他乃是高明的政治家，倘若秦国开价太高，反而会引起楚国人的怀疑。只有低贱的价格，才会令楚国人相信这不过是个无足轻重的人物。

秦穆公开出的价格低得不能再低了：以五张羊皮换一个大活人。

据《史记》记载，此时百里奚已经年过七十，连干活的力气都没有，在楚国人眼中，连五张羊皮都不值，他们很乐意与秦国做交换。

这样，百里奚又被带回了秦国。

唉，难道自己一大把老骨头，竟然要以奴隶身份终其一生吗？

正当百里奚长吁短叹时，命运女神却跟他开了个大玩笑。

前来迎接他的，不是手执皮鞭的管家，而是秦穆公本人。秦穆公非但没把他当作奴仆，反而敬若上宾，谦虚地向他请教如何治国。老迈的百里奚不无感慨地说："老夫不过是亡国臣子，哪有资格让国君亲自讨教唯。"

秦穆公以恭敬的语气说："虞君不听您的劝告，才招致亡国的命运，并非您的过错。寡人虽然无才，却思贤若渴，希望您帮助寡人治理国家。".

命运果然鬼使神差，神妙莫测。自己曾在虞国久居高位，无奈忠言逆耳，以致亡国。今日身处异乡，地位卑贱，年纪老迈，不敢幻想未来。岂知山重水复，柳暗花明，枯木又逢春。上天把他流放到这片荒凉的土地，不正是要他成就一番丰功伟业吗？

百里奚与秦穆公相坐而谈，忘了吃忘了睡，竟整整谈了三天三夜。年轻的秦穆公不耻下问，年老的百里奚有问必答，君臣其乐融融。三天后，百里奚一跃成为掌管国政的大夫，因为他是以五张羊皮换来的，故而被称为"五羖大夫"。

峰回路转，百里奚并没有得意忘形。

他对秦穆公说："我的才能比不上蹇叔，蹇叔十分贤明，只是世人不知道罢了。"

接着，他对秦穆公讲了蹇叔的故事。

蹇叔是百里奚的好朋友。

与百里奚热衷功名利禄不同，蹇叔为人低调，深居简出，随遇而安，淡泊名利。百里奚年轻时曾经游历齐国，想混个一官半职，却落得个四处碰壁，以乞食为生。在落魄时，他认识了蹇叔，两人虽然性格很不同，但互相欣赏对方的才华，遂成为好友。在蹇叔的支助下，百里奚度过了最艰辛的日子。

有一次，百里奚到了周王室领地，遇到周惠王的弟弟子颓发动政变（前675），驱走了周天子，自己登上王座。他听说子颓喜欢牛，自己在养牛上有一套办法，想以此来博取子颓的欢心。这时蹇叔出来阻止，认为子颓的政变不可能成功。过了不久，果然周惠王成功复辟，子颓的跟随者大多被诛杀，百里奚得蹇叔的阻止而幸免于难。

多年一事无成后，百里奚决定到虞国去碰碰运气，捞了一个官职，步步高升。蹇叔警告他说，虞君昏庸无道，听不进大臣的劝告，这样的君主不值得跟从。名利熏心的百里奚听不进蹇叔的劝告，结果虞国被晋国所灭，自己沦为阶下囚。

百里奚将自己的故事说给秦穆公听，极力推荐蹇叔："每次我听蹇叔的建议，都可以化险为夷。只有一次没听他的话，就遭遇国破被囚的命运，由是可知蹇叔是个非常有智慧的人。"

秦穆公听了大喜过望，不久后，他以非常贵重的礼物诚恳地请来蹇叔，拜为上大夫。

百里奚与蹇叔成为秦穆公的左膀右臂，在内政治理方面取得了卓越成就。不仅如此，百里奚的儿子孟明视与蹇叔的儿子西乞术后来都成为秦国重要的将领。秦穆公仅仅以五张羊皮的代价，换来四位杰出的人才，绝对是划算的投资。

在百里奚与蹇叔的协助下，秦穆公得以从繁忙的内政事务中解脱出来，专心于外交事务与军事扩张。

秦国地处西隅，向东之路被晋国所阻。秦晋两国，受周边少数民族的影响很深，与中原诸国相比，军国主义思想非常鼎盛，崇尚武力，民风勇悍，是棋逢对手的两个国家。如何处理与晋国的关系，成为秦穆公最关心的问题。

雄心勃勃的秦穆公，不想去招惹这个强大的邻居，他积极改善与晋国的外交关系。

与秦国相比，晋国内部权力斗争趋于白热化。

公元前 655 年，晋献公宠幸的骊姬设了一个局，诬陷太子申生、公子重耳和夷吾三人欲陷害老爹。献公大怒，杀心顿起。太子申生自杀身亡，夷吾与重耳远走他乡避难。四年后，晋献公病逝，骊姬的儿子奚齐被立为国君。然而，对骊姬心怀不满的大臣们发动政变，杀死奚齐与骊姬。一时间，晋国的政局扑朔迷离。

晋国的内乱引起秦穆公的密切关注。

逃亡在外的晋国公子夷吾希望得到秦国的相助，他与秦穆公达成一项秘密协定。该协定的核心内容是：秦穆公帮助夷吾返回晋国当上国君，晋国将割让五座城邑给秦国作为酬谢。对秦国来说，这可真是太划算的买卖了。

秦穆公得到夷吾的许诺后，当机立断，派遣军队护送公子夷吾回国。在秦国的支持下，公子夷吾顺利返回晋国，登上国君宝座，史称晋惠公。

任务完成了，晋惠公该信守承诺了吧。

可是晋惠公翻脸不认账，拒绝割让土地。

这一刻，秦穆公感觉自己成了冤大头。

晋国与秦国的关系迅速恶化。

公元前 647 年，晋国发生大规模的饥荒。晋惠公厚着脸皮派人到秦国，请求秦穆公将粮食卖给晋国。秦穆公还为晋惠公违约而愤愤不平，现在晋国人找上门，要不要提供粮食援助呢？

公孙枝对秦穆公说："我看还是先给他们提供粮食援助，如果晋国人知恩图报，就会把约定的土地割让给我们；如果晋国国君再次忘恩负义，那么他的百姓必然离心，一旦政府失去了人民的支持，我们前去攻打，他们必败无疑。"

秦穆公心里很犹豫，又问百里奚："要不要给晋国人提供援助？"

百里奚回答说："天灾流行，这是各国都难免发生的事情，救灾恤邻，是符合道义的，多做善事，国家会有福报的。"

当时身在秦国的晋国流亡分子丕豹，他的父亲被晋惠公所杀，如今晋国饥荒，这是报复晋惠公的最好机会。他跑来对秦穆公说："现在正是攻打晋国的时候。"秦国大臣都力主对晋国实施人道主义援助，丕豹却投井下石，这令秦穆公很不高兴，他正色说："晋国国君着实可恶，但是人民却是无罪的。"

一个国君对敌国能有如此胸怀，秦穆公不愧为伟大的政治家。

救急的粮食通过水路，源源不断地从秦国运输到晋国灾区。这次大规模的粮食运输，又被称为"泛舟之役"。

晋惠公是否感恩戴德呢？

不。

他从来不是知恩图报的人。

风水轮流转。第二年，轮到秦国闹饥荒了。

秦穆公派人赶往晋国，请求晋惠公提供粮食援助。晋惠公是十足的地痞无赖，又一次忘恩负义，拒绝卖粮。

晋惠公的背信弃义，终于激怒了秦穆公。秦国人凭借自己的坚强，克服天灾，度过了最艰苦的饥年。第二年灾情缓和后，秦穆公要报复了。

穆公十五年（前645），秦国大举发兵，越过边界，杀入晋国，三战三胜，渡过黄河，兵临韩原。

面对秦国人凶悍的攻势，晋惠公不甘示弱，决意亲征，与秦穆公一较高低。

晋惠公亲抵韩原，先派大将韩简去侦察秦军的虚实。

韩简回来后向晋惠公汇报说："秦军的人数比我们要少，但斗士比我们多了一倍。"

晋惠公听了很纳闷儿，问道："这话怎么讲？"

韩简答道："秦国曾多次帮助晋国，晋国一次也没有报答，他们才兴师问罪。现在您不但不反省自己，与秦国和解，反倒倾国家之力迎战。我军士气低落，秦军士气高昂，这样看来，秦国的斗士何止比晋国多一倍呢？"

晋惠公听后怒气冲冲地说："一个普通人都不能受人轻侮，何况是一个国家呢？"他让韩简充当先锋，向秦军挑战，并传话给秦穆公："寡人不才，只能把军队集合起来，不能解散他们。您如果不退兵，将无处逃命。"

秦穆公听后不禁轻蔑一笑，派公孙枝答复道："您还未返回晋国时，寡人为您忧惧；您地位尚未稳固时，寡人为您担心；现在您的地位稳固了，我岂敢不接受您挑战的命令呢？"

韩简知道秦军上下同仇敌忾，气势如虹，他回到兵营对左右说："我们如果能活着当秦国人的俘虏，就已经是幸运了。"

连晋国大将都失去信心，更不用说一般的将士了。

九月十三日，秦、晋这两支最凶悍的军队在韩原展开巅峰对决。

秦军如饿狼扑食，晋军如猛虎下山；秦军的士气旺盛，晋军则人多势众。这是勇者的时代，两位国君亲自挥戈，各自在战车上参加战斗。晋军将领韩简的战术是擒贼先擒王，他的战车迅速插入秦军阵中，直扑秦穆公。

晋军人多势众，占据上风。秦穆公在战斗中负伤，形势很不乐观。正当此时，不知从哪冒出三百个野人，手执武器，力大无比，冲入晋军营中，把晋国人杀得人仰马翻。这到底是怎么回事呢？不要说晋惠公看得两眼发愣，就连秦穆公也不知这支奇兵是何方神圣。

有果必有因。

原来在几年前，秦穆公乘坐的一匹好马走失了，被岐山下三百个野人宰了吃掉。后来这些野人被秦吏抓到，打算严惩。秦穆公摆摆手说："算了。君子不能因为牲畜的缘故伤害人的性命。我听说只吃马肉不喝酒，是会伤身体的。"于是下令赐酒给三百个野人。这些野人虽没什么文化，却比晋惠公懂得知恩图报的道理。他们听说秦穆公与晋惠公大战于韩原，遂抄起家伙赶来助阵。正好瞧见秦穆公为晋军围攻，还挂了彩，野人们便冲上去解围，救了秦穆公一命。

由是看来，做善事还是有善报的。

三百个野人参战，秦军反败为胜。

与秦穆公相比，晋惠公倒霉得多，他的战车陷入泥泞之中，动弹不得。秦军一拥而上，将晋惠公活捉了。国君被生擒，群龙无首，晋军被打得大败而逃，同时被俘虏的，还有不少晋国大夫与将领。

晋惠公是个忘恩负义的家伙，秦人恨之入骨，若是被押回秦都，恐怕小命难保。秦穆公放出这样的话："我要拿这小子来祭祀上天。"

有一个人焦虑不安。

她就是秦穆公的夫人秦穆姬，也是晋惠公的异母姐姐。穆姬与弟弟不同，很有人情味，弟弟落难，她怎么能袖手旁观呢？

怎么救？女人有女人的办法：以死相逼。

穆姬带着两个儿子、两个女儿，登上高台，高台下堆满干柴。为了营造悲情效果，她光着脚，披着麻衣黑巾。

她派人对秦穆公说："天降灾难，使秦、晋两国兵戎相见。如果晋国君主白天被押进秦都，妾就在晚上自焚；如果晚上押进秦都，妾就在早晨自焚。这件事，请您好好考虑。"

秦穆公没有想到夫人来了这么一手，他叹气道："俘虏晋国君主，我本以为可以凯旋，倘若好事变成丧事，抓了晋国君主又有什么意义呢？"

想杀晋惠公者大有人在。

公子絷说道："不如把晋君杀了，以免他回国后又与我们作对。"

公孙枝不同意，提出另一个方案："不如有条件地释放晋国君主，条件就是让晋国太子到秦国来充当人质。晋是一个强国，我们无法消灭它，杀了晋君，只会加深两国的仇恨。"

秦穆公心里明白，晋国的实力绝不在秦国之下，韩原之战的胜利，实有侥幸成分。他兴师伐晋，只是为了给晋惠公一个教训，并非想杀了他。再加上夫人穆姬以死相威胁，这人更杀不得了。他认可公孙枝的方案，与晋国进行谈判。

晋惠公已是阶下之囚，当然没有资本谈判，只得委托国内执政大臣吕甥为全权谈判代表，前往秦国。

踌躇满志的秦穆公问吕甥："对于和谈一事，晋国内部的观点一致吗？"

吕甥回答说："不一致的。有些人以国君被俘为耻，为阵亡者悲伤，不怕征税赋、修兵革之苦，要立太子圉为国君；他们说，宁可事奉戎狄，也要报仇。有些人爱戴国君，知道其过错，因此不惜征税赋、修兵革以待秦国释放国君的命令；他们说，必定报答秦国之恩，虽死无二心。所以说晋国民众的看法是不一致的。"

秦穆公点了点头，又问："晋国人是怎么看待自己的国君呢？"

吕甥回答说："有些人表示担忧，认为国君很难幸免于难，他们说，我国得罪了秦国，秦国岂肯释放国君回国呢？有些人抱着宽恕之心，认为国君能安全返回，他们说，我们承认犯了过错，秦国必然会释放国君，这是天大的恩德，同时也是一种威严，秦国凭借此恩德与威严，可以称霸诸侯了。如果秦国废掉了晋侯，只会把以前的恩德变为怨恨，这样对秦国有什么好处呢？"

听了吕甥的回答，秦穆公肃然起敬，晋国有人才，晋国不可欺。

谈判的结果，秦国同意释放晋惠公以及其他俘虏；晋国割让河西之地，以及部分河东之地，同意遣太子入质秦国。

韩原之战，是秦国历史上重要的一次战役。在此之前，秦国一直处于东周政治的边缘地带，凭此一役，秦国重创晋国，震动诸侯。从此，秦国开始为东方诸侯所关注，政治地位及影响力也不断提升，跻身于强国之列。秦穆公在战争前后的表现，实有大国君主的雍容气度，秦国历史上的黄金时代，由是开始。

三 / 蜜月时代

晋国太子圉被送到秦国当人质。

秦穆公并没把他当人质对待，还把女儿嫁给他。当然，穆公有自己的政治算盘：太子圉是晋国未来的统治者，又是自己的女婿，只要他顺利继承君位，无疑秦国对晋国将拥有更多的话语权。

只是落花有意，流水无情，太子圉根本就不领情。一个堂堂大国的太子，居然沦为战败国的人质，在秦国一待就是六年，这不能不说是一桩奇耻大辱。

公元前 638 年，晋惠公病重的消息传到秦国。

太子圉对自己的政治前景忧心忡忡，他入质秦国已六年之久，国内还有好几个同父异母的兄弟对国君宝座虎视眈眈。近水楼台先得月，如果他不能及时回国，恐怕夜长梦多。他未必不知道强大的秦国就是自己最好的外援，但是多年近似囚犯的人质生涯，使他对秦国只有恶意，没有好感。他不想依靠秦穆公的力量上位，否则必受秦人的摆布。

于是他不辞而别，秘密逃出秦国，返回晋国。

几个月后，晋惠公病逝，太子圉即位，史称晋怀公。

人质跑了，秦穆公的计划泡汤了。他雷霆震怒，想到晋惠公与晋怀公都是忘恩负义之人，只把秦国当猴耍，这口气，他再也咽不下去了。

一定要把晋怀公拉下马！怎么做呢？秦穆公想到了一个人：流亡在外的晋国公子重耳。只要扶植重耳，把他送上晋国国君宝座，晋怀公就死无葬身之地了。

晋国公子重耳在外漂泊十几年了。

起初他被骊姬陷害，不得不远走他乡，逃到狄国。晋献公死后，骊姬被大臣们所杀，那么重耳可以回到晋国了吧？继位的晋惠公是他的兄弟，非但不让他回国，反而把他当作对自己权力的威胁。晋惠公派出刺客，前往狄国刺杀重耳，重耳只得再度亡命天涯，逃到齐国。

在之后几年，重耳与他的随从们四处流浪，希望得到诸侯的支助，返回晋国。只是他们所到之地，只遭人白眼，可谓尝尽人世辛酸。最后，他来到了楚国。此时的楚国是天下最强大的诸侯，当权者是武功赫赫的楚成王。楚成王对重耳优待有加，然而最终将他推上晋国君主宝座的人，却是秦穆公。

秦穆公向重耳抛出橄榄枝，重耳身边那些精明的谋士，从中窥见回国的机会已趋成熟，秦穆公必定会以他强有力的手腕，助重耳一臂之力。

重耳入秦后，受到了秦穆公的热情接待。

为了拉拢重耳，秦穆公送给他五位美女，这位年过六十的晋国公子艳福非浅。在这五名女子中，竟有一人是穆公的女儿嬴氏，她是太子圉（晋怀公）的夫人，只是太子圉逃回晋国去了，婚姻也就此为止。

不过重耳还蒙在鼓里，他不知此女乃穆公女儿，颇有怠慢之意。嬴氏大怒道："秦与晋的地位差不多，你为什么要瞧不起我呢？"这时重耳才意识到这个女人身份绝非寻常。

秦穆公得知此事后，以抱歉的语气对重耳说："我的女儿中，属她最有才能。当年太子圉作为人质时，我把女儿许配给了他，现在太子圉跑回晋国，我心里最疼这个女儿，想将她许配给公子，又怕公子落得个坏名声，没敢举办盛大的婚礼。现在出了这件事，让公子受辱了，这都是我的过错，我女儿就听凭公子处置吧。"

重耳惊出一身冷汗，这个女人既是秦穆公的女儿，得罪不得，也惹不起，不如把这桩婚事推掉算了。然而，他的谋臣们都认为，迎娶秦国公主，就能得到秦穆公的有力支持，这个婚约，绝不能推。

就这样，重耳正式迎娶秦国公主，同时在名分上成了秦穆公的女婿。这是一桩政治婚姻，秦穆公现在有充足的理由，为女婿返回晋国夺权而大动干戈了。

公元前 636 年，新年刚过，秦穆公派遣大军护送重耳返回晋国。

秦军渡过黄河，进入晋国，随即展开军事行动，连续击败晋怀公的军队，攻占令狐、桑泉、臼衰三座城邑。

军队失利，令晋怀公大惊失色。他命令吕甥、郤芮率领军队驻扎在庐柳，与秦军对峙。秦穆公派公子絷与吕甥、郤芮谈判，谈判结果是晋军阵前易帜倒戈，宣誓效忠重耳。重耳接管这支军队后，晋国的局势陡然之间失衡，胜利的天平已倒向重耳一方。

很快，重耳与秦军联手，攻取重镇曲沃城，而后向首都绛城进军。

肝胆俱裂的晋怀公逃往高梁。重耳的大军兵不血刃占领都城，在大臣的拥护之下，登上了国君的宝座，他就是历史上著名的晋文公。

一国不容二主。晋文公上台后，马上派人刺杀晋怀公。

看上去晋国的内乱已结束，秦穆公也大功告成。

然而，一波未平，一波又起。先前投降晋文公的吕甥、郤芮阴谋发动政变，他们制订了一个暗杀计划，打算刺杀晋文公。这个计划还没来得及实施就泄露了，晋文公大惊失色，他乔装打扮，不走大路，只走小道，秘密离开晋国，前往秦国求援。

秦穆公再度伸出援助之手。他派遣大军，陈兵于秦、晋边界，严阵以待。当吕甥、郤芮两人发现晋文公去向不明后，心知阴谋败露，方寸大失，无心恋战，纠集叛军，离开都城，逃往边境。秦穆公诱骗两人入秦军营地，就地处死。

晋国的这起政变，因为秦穆公的武装干涉，很快被平息了。秦穆公派遣三千名精兵，护送晋文公再度返回国内。晋文公流亡在外十九年，在国内根基并不扎实，他能迅速安定国家，凭借的就是秦穆公的武力支持。没有秦穆公，就不可能有晋文公的霸业。

秦穆公做了一件好事，结束了晋国长期以来动荡不安的局面。

这里还有一个离奇的故事。

据说秦穆公刚即位时，得了一场大病，整整卧床五天才醒过来。醒来后，他说自己梦到仙帝了，仙帝要他平定晋国内乱。后世的人认为秦穆公不是做梦，而是神魂出窍，跑到天上游了一趟。

或许，这就是他的使命。

政治是利益的博弈。秦穆公费尽心思把晋文公扶上台，不是因为他乐善好施、助人为乐，不是，根本不是。

他卷入晋国政治，只是为秦国寻找一条通往东方的道路。中国政治的重心在中原，秦国地处西陲，虽称得上是军事强国，但在政治上影响力远远与其大国地位不相匹配。雄才大略的秦穆公要在中原有所作为，必定要跨越晋国的阻隔。鼎力资助晋文公，换取秦国通往中原之路，在秦穆公看来，值。

只是秦国要向东扩张，晋国同样也要向东扩张。

近水楼台先得月，晋国终究占了地缘上的便宜。

公元前636年，周王室再起内乱。周襄王被弟弟王子带打得落荒而逃，只得号召诸侯勤王。

早对中原虎视眈眈的秦穆公自然不肯放过"尊天子而令诸侯"的难得机会，他马上率军队东进到黄河，准备渡河，开赴中原勤王。只是黄河的对岸，却是晋国的地盘。以秦穆公对晋国的恩惠，难道晋文公会不让他渡河吗？

确实，秦、晋两国的关系从未像现在这样亲近。但这种亲近并非是无间，摩擦还是存在的。事实证明，晋国人有厚黑的传统。

晋文公一面谢绝秦军东渡黄河，一面亲自率军勤王。叛军岂是精锐晋军的对手，很快被打得大败，王子带被俘虏并处死。晋文公把周襄王迎回首都洛邑，立下再造王室的伟大功业，掌握了"王令"这张王牌。晋国的霸业已呼之欲出了。

这个扬名立万的机会，竟然被晋文公给抢走了。秦穆公痛心疾首，却又无可奈何。

无论是晋文公或秦穆公，都晓得现在不是翻脸的时机，"蜜月之旅"还要继续。当时天下最强大的诸侯国，不是晋国，也不是秦国，而是南方霸主楚国。楚国连续几代出明君，雄踞江汉之地，公开自称为"王"，与周王室分庭抗礼，可谓狂妄至极。晋文公与秦穆公都有霸主雄心，他们两人后来都被列入"春秋五霸"。但要当霸主，首先得打败强大的楚国，否则就是空话。

晋文公在"勤王"行动中已占了大便宜，现在得分点小利给秦穆公。

在"勤王"行动结束后，晋文公出兵协助秦穆公发动一场旨在针对楚国的军事打击，目标是楚国的"啰喽国"都国。在这场战争中，秦国兵团显示出强大的战斗力，大破楚国援军，生擒楚军"总司令"斗克。

不过，真正改写历史的一战，却是公元前632年的城濮之战。

城濮之战是春秋划时代的战役，是晋国走向霸业的起点。在这场中原大战中，秦穆公也派出精锐部队参战，但真正的主角却是晋国兵团。

在晋国名将先轸的指挥下，晋军大破楚军于城濮，改写了中原政治版图，奠定了晋国百年霸业的基础。秦国作为晋国的盟友，尽管成为胜利的一方，秦穆公非但没有兴奋，反倒有一种挫败感。他一手扶植起来的晋文公在这场关键的战争中出尽风头，还被周天子任命为诸侯盟主（侯伯），地位已在他之上。

不是我不明白，是这世界变化快。

曾经四处流浪、无家可归的晋国公子重耳，如今成为叱咤风云的晋文公。女婿成了主角，岳父秦穆公只能屈居于配角的位置，这预示着两国亲密的关系已出现不可弥合的裂痕。

公元前 630 年，挟霸主之威的晋文公发动对郑国的战争，秦穆公又一次充当配角。谁叫秦穆公不甘心在中原无所作为呢？要东进中原，他一定要与晋国合作。

在两大军事强国的夹击下，郑国已是岌岌可危。

某天夜里，秦军大营里来了一位不速之客。此人乃是郑国"离职老干部"烛之武，他偷偷潜入秦军兵营，会晤秦穆公。

烛之武开门见山，对秦穆公说："如果郑国灭亡，只会使晋国坐大。秦在晋的西面，郑在晋的东面，秦与晋灭了郑国，晋国将独吞郑国土地，秦国只能坐视晋国的版图扩大。出了力气，却让邻国更加强大，得不到实际的好处。"

听到这些话，秦穆公心里不由得咯噔了一下。烛之武的话，说到了他的心坎上。

烛之武估摸着秦穆公的心思，把更狠的话放出来："晋国人多忘恩负义，当年您帮助晋惠公夺得政权，晋惠公答应要送给秦国河东之地，结果怎么样了？贵为国君，居然食言，不仅没有把地献上，甚至秦国闹饥荒时，拒绝施予援手。这些都是您经历过的，晋国人是不守信用的。"

"老干部"烛之武此来的目的，就是挑拨秦穆公与晋文公的矛盾。

能被挑拨离间，说明秦、晋两国关系并非铁板一块。

是呀，凭什么寡人出了力，好处却让晋文公独吞呢？

与其让晋国独吞郑国，不如秦国自己独吞。

但如果与晋国撕破脸皮，秦国就难以东进中原了，岂不是只能退回荒凉的西陲？秦穆公毕竟智慧过人，他想到一个主意：我干脆就留一支军队，驻留在郑国，在中原安插这么一支军事力量，日后重返中原时，正好可以有个照应。

秦穆公明确答复烛之武：秦国退出战争，同时派杞子、逢孙、杨孙三位将军率部协助郑国守卫都城。

这简直是天大的喜讯。秦国不仅不攻打郑国，还帮郑国守卫都城，烛之武仿佛有做梦的感觉。这不是梦。很快，秦穆公遵守诺言，率大军撤走了，留下一支部队入驻郑国都城。

这下轮到晋国人目瞪口呆了：秦穆公是在唱哪出戏呢？你不想打仗，自个撤兵就是了，还留下一支军队帮郑国人守备，这不是有意与我们为敌吗？

怒气冲冲的晋国将领们向晋文公提议：索性截击返回途中的秦穆公，一举消灭秦军主力部队。

晋文公摇摇头道："秦国有恩于我，我不能像前任惠公、怀公那样恩将仇报。"为避免与秦为敌，他下令晋国大军撤出郑国，打道回府。

由于晋文公明智的策略，秦、晋两国关系暂不至于恶化。

然而，秦、晋的蜜月时代已一去不返了，该来的，终究会来。

两年后，大器晚成的一代霸主晋文公病逝。

晋文公的去世，使秦、晋的关系急转直下。继任者晋襄公刚刚上任，便迅速调整对秦的政策。山雨欲来风满楼，秦与晋这两大强国，将刀兵再起，究竟谁才是强者中的强者呢？

四 / 殽山：挥不去的噩梦

秦穆公是一匹狼，一匹西域之狼。

他贪婪的眼光，紧盯着中原这块大肥肉，可惜的是，中间横亘着一头巨虎，这头巨虎就是晋国。秦国的风光完全被晋国压制下去了，在几次中原战争中，秦国完全是跟在晋国屁股后面，捡一些残羹剩饭。

伟大的秦国，岂能当小混混儿的角色！

没有晋国的提携，难道秦国就无法在中原立足吗？

秦穆公不信邪。

三年前，他在郑国布下一颗棋子。他留下一支军队，帮助郑国人守卫都城。说是帮郑国人，其实秦穆公并没有高尚的和平主义精神，这只是他阴险的计划，这支军队就是一颗地雷，有一天要把郑国人炸得粉身碎骨。

他开始策划夺取郑国的计划，只要郑国到手，秦国人的"魔爪"便可伸入中原，同时可从东、西两面夹击晋国。这个计划如此美妙，秦穆公不禁露出得意的笑容，似乎通往中原的大门打开了。

一支远征军组建起来，主将是孟明视将军，两位副将是西乞术与白乙丙。孟明视是百里奚的儿子，西乞术则是蹇叔的儿子。

深谋远虑的蹇叔与百里奚却旗帜鲜明地反对军事大冒险。

蹇叔说："秦国距郑国那么远，出动庞大的军队进行偷袭，行踪一定会暴露。将士远征劳累不堪，郑国人以逸待劳，将出师不利。"

百里奚说："从秦国到郑国要经过好几个国家，一支军队行进千里，不被发现是不可能的，各国间谍活动频繁，这事情准没法保密。"

秦穆公不高兴，没理会两个老头儿的意见。

远征军出发那天，秦穆公亲自为将士送行，在一片欢快的气氛中，突然传来很不和谐的声音——有人在哭泣。秦穆公很愤怒，回头一看，是蹇叔和百里奚这两个老家伙，正擦眼泪呢。

秦穆公怒喝道："你们哭啥呀？"

蹇叔用长袖擦擦眼泪说："我们的儿子都在出征的行列，我们都很老啦，恐怕他们这一去，就再也见不到面了。"

秦穆公已经听出弦外之音了，他怒不可遏，说了一句古代最有名的诅咒："尔何知？中寿，尔墓之木拱矣！"用现代文说就是："你咋知道，老家伙，要是你死得早点，坟头的大树已经可以两手合抱了。"

伴君如伴虎，蹇叔和百里奚不敢哭了，只是暗地里对儿子说："从秦国到郑国，要经过崤山。崤山地势险峻，容易设伏，现在秦晋关系恶化，如果晋国在崤山设下伏兵，就算是十倍的秦军也难逃厄运。至于晋国会不会利用这次机会，就要听天由命了。"

秦国远征军出发了，为了绕开晋国，他们行军于荒无人烟的山林野地。

如果不是一个意外情况的出现，远征郑国的计划几乎得逞。

当秦军行进到滑国时，与一位名叫弦高的郑国商人不期而遇。弦高以商人特有的敏锐嗅觉，判断秦军意在突袭郑国。他一面派人以最快的速度将情报送往国内，一面随机应变，献上四张牛皮与十二头牛，对秦军统帅孟明视说："我国君得知贵国军队前来，命我在此迎接将军，将军一路劳累，特献上一天的给养作为犒劳。"

孟明视被他天才的演技蒙骗了，以为自己的行踪已暴露。事实上，郑国对秦军的行动一无所知。当郑文公收到弦高带来的情报，他大惊失色，立即对留守郑国的秦军部队下达逐客令。

秦军失去偷袭的战机，又失去内应的部队，郑国已进入全面战备，想攻下已是不可能。奇袭郑国的计划完全失败了。就这样灰溜溜空手回去吗？要知道国家发动一次远征，要耗费多少人力物力，一箭未发就回去，脸上无光，对秦穆公又如何交代？

孟明视、西乞术等将军索性把小小的滑国给灭了。灭滑之战，不在原先计划之内，只是一场挽回军队面子的小战。然而，这次开战，却给秦国远征军带来毁灭性的后果。

在晋国国都绛城，刚刚即位不久的晋襄公主持军事会议。会议的核心议题，就是要不要消灭这支秦国远征军。

晋军高层分为两派：一派坚持遵照晋文公生前对秦国的外交政策，把秦国视为盟友；另一派则力主利用秦军孤军深入的机会，打一场歼灭战，一举摧毁秦国的军事力量。

三军统帅、一代名将先轸是最坚决的主战派，他力排众议道："国君刚刚过世，秦国人并没有表示哀悼，还借此机会东进奔袭郑国，并灭了滑国。滑国跟咱们一样是姬姓国，可见秦国是不讲道义的国家。对于不讲道义的国家，消灭他们的机会来了，这种机会不是经常有的，稍纵即逝，如果再争论下去，就没有机会了。上天要让他们的远征军栽在我们手中，我们是不可以违背上天的，放过敌人，就是留给自己灾患。我们要为子孙后代做打算，难道可以违背晋文公生前的意愿吗？"

先轸的意见获得大多数将领的支持，为全歼秦师，晋襄公决定不宣而战。

战场选择在殽山，这是秦军返回途中必经之地。

殽山，《读史方舆纪要》中记载："自新安以西，历渑池、硖石、陕州、灵宝、阌乡而至于潼关，凡四百八十里。其北皆河流，翼岸巍峰插天，约谷深委。终日走硖中，无方轨列骑处。"这是一个山高峰陡之地，以地势险峻而闻名，蹇叔曾经警告过，要特别注意晋国军队在殽山设伏。

先轸发布军事动员令，并邀请长于山地战的姜戎（戎人的一支）参加。晋军主力与姜戎部队陆续进入殽山区域，埋伏起来，等待秦军钻入预先设定的大口袋。鉴于这次会战对晋国未来有着决定性的意义，晋襄公虽在守丧期间，仍然亲临前线，并把白色的丧服染成黑色。

四月十三日（前627），西行途中的秦国军队行进到殽山最险峻的地带。

秦军统帅孟明视想起蹇叔的忠告：晋军一定会在殽山设伏。然而忠告却不能使秦军有效摆脱遭受伏击的命运，从去年冬季远征军出发，到现在已经过了四个多月，将士们已是疲惫不堪，进入殽山后，险峻的山岭使行军变得更加困难。

突然间，两侧山岭旌旗飘扬，战鼓隆隆。

孟明视最担心的事，还是发生了，自己已是身陷绝境。

晋国战车已占据有利的地形，晋襄公亲自坐镇指挥。从开战的那一刻起，孟明视就明白失败是不可避免的。晋国人以逸待劳，以众击寡，更控制了险关隘口与制高点，国君戴孝坐镇。无论天时、地利还是人和，晋国人都占据上风，秦国人何以抵挡呢？

但秦国人还是英勇反击，顽抗到底。这只是为尊严而战，这绝非势均力敌的战斗。挡在道前的是晋国精锐的战车部队，擅长山地战的姜戎人正沿着山坡向下猛冲，山顶上的箭矢如雨飘下，擂木滚石从天而降⋯⋯

殽山之战，秦军全军覆没。孟明视、西乞术、白乙丙三员大将全被俘虏。

这是秦国历史上最惨重的失败。在漫长的秦晋争霸中，秦国第一次咽下冷涩的苦果。

秦穆公东进中原的美梦被彻底打碎！

晋襄公向世人证明，没有晋文公，晋国仍然是无可争议的霸主。

在善后事宜上，晋襄公犯了一个非常严重的错误。

晋文公夫人文嬴是秦穆公的女儿，她想方设法营救孟明视、西乞术、白乙丙三员大将。她对晋襄公说："秦国与晋国原来关系很好，都是孟明视、西乞术、白乙丙三个人，从中挑拨离间，使两国关系恶化。如今三人打了败仗，秦君恨之入骨，巴不得吃其肉喝其血。不如把他们交给秦国处置，既能让秦君杀之解恨，又可显示晋国的宽大，您看怎么样？"

晋襄公被文嬴一糊弄，糊里糊涂地答应了。

文嬴以最快的速度释放了孟明视等三人。

这么重大的决定，晋襄公居然没有跟总司令先轸元帅打招呼。当先轸问起对孟明视等人的处置意见时，晋襄公不以为然地说："因文嬴夫人强烈要求，寡人已经将三人释放，让秦国人去惩罚他们。"

先轸听罢暴跳如雷，开口便骂："将士们在前线以生命相拼，才把这几个秦军将领活捉。现在凭那个婆娘几句话，就把他们给放走了，长敌人士气，灭自己威风，晋国离灭亡不远了。呸——！"他当着晋襄公的面吐口水，气呼呼地扬长而去。

晋襄公被他骂醒了，才知铸成大错，急派阳处父前去追赶，要在三位秦将还未离开国境之前把他们重新抓回来。阳处父还是迟了一步，他驾车疾驰到黄河边，三位秦国将领已经上了一条小船，悠然而去。

阳处父急中生智，高喊道："三位将军且留步。我主公以为三位将军空手而返未免礼数不周，特令我前来赠送马匹。"

孟明视等三人，好不容易死里逃生，恍如梦中一样，哪里会上阳处父的当。孟明视站在船尾，对阳处父抱拳道："多谢贵国国君手下留情，没有用我们的血来染红战鼓，我等甘愿回国受惩罚。倘若国君处死我等，我等死而无悔；如若侥幸不死，三年之后，我等自然会前来报恩。"

一叶小舟，悠悠远去了。

秦穆公亲自到郊外迎接，孟明视等人面带惭色，跪倒在地，自求惩罚。秦穆公拉起三人，想着大军出征，竟只三人得以生还，禁不住老泪纵横："这哪能怪你们啊。只怪寡人不听蹇叔的忠言，致使全军覆灭，还让你们遭受耻辱，责任全在寡人一人。你等勿自责。"

海纳百川，有容乃大。

秦穆公遭遇崤山之耻，能痛定思痛，自我检讨，确有一代君主的风范。把过错归于自己，气量果真不同一般。孟明视等三人，一概官复原职。

崤山之战进一步确定了晋国的霸权地位。

秦穆公向东扩张的激情被无情地遏制了。他知道，只要有晋国在，秦国断难向中原发展。只是崤山之仇不报，军队的士气、信心就无法重振。

两年后（前625），孟明视怀着一颗复仇的心，杀入晋国。决心很大，现实却很残酷，晋国又一次让秦人见识何为霸气。晋军反守为攻，攻入秦国，双方大战于彭衙。孟明视再尝败绩，复仇不成，又一次蒙羞。

屡战屡败，孟明视背上"常败将军"的恶名。但秦穆公仍坚定不移地信任他，这种信任，给了孟明视无穷的力量。为一雪前耻，他全身心投入重建秦军战斗力的工作中。

不报崤山之仇，秦穆公绝不罢休。

公元前624年，秦穆公亲自率领大军，孟明视为总指挥，东渡黄河，进攻晋国。渡河之后，秦穆公下令将船舶全部烧毁，以示不胜绝不西归。君主尚且如此，将士无不奋力，一时士气高涨，慷慨激昂之气弥漫全军。

这是为荣誉而战，为尊严而战。

面对秦人来势汹汹的进攻，晋国作出一个极为明智的决定：坚壁清野，只守不攻，避免与秦军决战。

秦军主力从茅津南渡黄河，进入殽山。大将孟明视到此，不由得一阵心酸，四年前殽山之战的惨败，历历在目。战场没有打扫，秦军将士的尸体早已腐败，只剩下一堆骨骸，终日风吹日曝，面目狰狞，以及散乱在山谷中的车轮与生锈的兵戈。

阵亡将士的尸骨就地掩埋，堆成一个土丘，在土丘前立一个牌，作为标记。此举表明秦国政府没有忘记曾经为国家浴血奋战的将士。这对于崇尚武力的秦人来说，无疑是一剂强心针，驱动更多的人走上战场，为国家、为荣誉而战。

尽管这次出征，并没有取得什么战果，但军队在晋国境内纵横一番，又掩埋昔日战友的尸骸，也算有所收获，勉强算得上报复晋国一下了。

秦穆公心里明白，自己一手扶植起来的晋国政权，已经振翅高飞，秦国已非其对手了。可是秦国不能就此沉沦，要对抗晋国，秦国还不够强大；然而在西方，却有广阔的开拓空间。

当通往东方的一扇大门缓缓关闭时，另一扇大门开启了。

五 / 东方不亮西方亮

西戎一直是秦国的头号敌人。

秦穆公即位初年（前 659），便发动讨伐茅津之戎的战争。秦穆公十一年（前 649），戎人进攻周都洛邑，秦国与晋国联合出兵讨伐戎人，保卫周王室。后来秦穆公全力向中原扩张势力，与戎人的关系相对缓和，秦、戎一百多年的战争也告一段落，双方甚至互派使节往来。

殽山之战的惨败，把秦穆公的眼光从中原转移到了西方。

一个人的到来，对秦穆公称霸西戎起到决定性的作用。

这个人，名叫由余。

公元前 626 年（殽山之战后第二年），西戎之王派遣使节团出使秦国，使节团首席代表便是由余。由余并非戎人，他的先祖是晋国人，因躲避内乱逃亡到西戎。他从小在西戎长大，博学多才，深得戎王信任。

秦穆公有意在由余面前炫耀秦国的富实，带他参观了壮丽的宫殿，堆积如山的财粮宝物。由余不露声色，只是淡淡地说："秦国的宫殿，即使是鬼神来完成，也会觉得筋疲力尽，又何况是人力呢？这不过是劳民伤财罢了，算不上什么政绩。"

这一番话令秦穆公肃然起敬，不由得收起骄奢之气，恭敬地请教道："请问先生，中国有先进的文化，以礼乐法度来治理国家、施行政事，还是免不了经常发生变乱。西戎没有中国的礼乐法度，如何治理国家与百姓，政事不是会更乱吗？"

由余回答道："礼乐法度正是中国变乱的原因所在。上古时期黄帝等先王创建礼乐法度，到了后世，君主们凭借这些法度约束百姓，自己却骄奢淫逸；百姓受到压制，生活在极度困苦之中，不禁要埋怨君主贵族。上下失信，纷争便起，人就失去淳朴的本性，热衷于篡权夺位，如此一来，不乱都不可以哩。"

秦穆公听后直点头，由余继续说："西戎与华夏不同，民风质朴。在上位者待民以惠，在下位者报之以忠诚，国家就像人的身体一样，上下和谐，虽然没有繁复的礼乐制度，却是一个有机体，浑然天成。圣人治国，大约也只能到这样了。"

由余的一番话，着实让秦穆公茅塞顿开。

西戎有由余这样明智之人，岂非是秦国的心腹之患吗？秦穆公问内史廖："我听说邻国若有圣人，一定是值得担忧的事。西戎有由余这等贤人，对我国始终是一个祸患，你看要怎么办呢？"

内史廖想了想说："西戎地处偏远之地，民风质朴，生活简单，不如向西戎王进献女乐数人，美妙的音乐与迷人的舞蹈，一定会让西戎王心动。用女乐消磨西戎王的雄心壮志，乘机离间他们的君臣关系，就有机会策反由余。"

秦穆公拍手叫好，吩咐内史廖挑选十六名女乐，送往西戎。同时，他又以种种借口，把由余留在秦国。

西戎文化落后，哪里见识过如此美妙的音乐与舞蹈。很快，西戎王便沉迷于美女、歌舞之中。民族质朴的文化被浮华所摧毁，政事也开始荒废了。

由余迟迟没有归国，引起戎王的猜疑，多次催促后，秦穆公才不得不放行。当由余回到西戎后，发现西戎王仿佛变了个人，终日不理政事。他不断地向戎王进谏，劝导君王远离女乐，勤于政事。西戎王哪里听得进去，反而嫌他碍手碍脚。君臣关系日益疏远，信任也降至冰点。

秦穆公不失时宜地拉拢由余。暗中派人前往西戎，游说由余归降秦国。由余本是正直之人，不愿背叛西戎王。然而，西戎王变本加厉，对由余的猜疑心越来越重，态度越来越冷淡。

由余在西戎已无立锥之地，无奈之下，他只得选择离去，投奔秦国。

秦穆公的离间计终于大获成功。他隆重欢迎由余的到来，亲自出城相迎，以上宾待之，并将西戎事务交给由余打点。

我们细数秦穆公时代军界政坛的重量级人物，百里奚、蹇叔、孟明视、西乞术以及由余，都不是秦国人。穆公对人才的重视程度，远远超过之前的任何一位君主，这也是他得以成就霸业的根本原因。由于穆公非凡的胸襟与气度，原本人才匮乏的秦国，一时之间人才济济。

征服西戎的战争，很快便被提上议事日程。

西戎是一个笼统的称呼，由许多部落组成（当时也称之为国），并不是一个真正意义上的统一国家。在穆公时代，西戎王名义上是诸部落的首领，其实并无实际权力，各部落的关系十分松散。

由余制订了一个计划，时不时派出军队开赴边界线，摆出进攻的架势。很快就有人报到西戎王那儿，说秦军要攻进来了。没过多久，秦军就从边界撤走了。如此几次后，当有人再报秦军入寇的消息，西戎王便勃然大怒，操起一把弓，冲着报信的人就是一箭。此后，没有人敢打扰西戎王喝酒赏歌舞的雅兴了。

雅过头了，灾难就降临了。

穆公三十六年（前624），秦军准备就绪。负责征讨西戎的总司令仍是孟明视将军，秦穆公对这名并不算优秀的将领不离不弃。与晋国元帅先轸相比，孟明视绝对不算天才，也缺乏高明的战略战术。不过他属于苦干型的人，用来对付战略不太高明的戎人，就有用武之地了。

秦军倾巢而出，直取西戎王。这时西戎王在干什么呢？他喝得酩酊大醉，不省人事，躺着呼呼大睡呢。等他睡醒时，睁开眼睛，才发现自己动弹不得，早已被杀进来的秦国士兵绑得结结实实了。

孟明视挟生擒西戎王之余威，横扫西戎。此役战果巨大，拓地千里，吞并多个西戎国（部落），使秦国成为西部名副其实的霸主。秦国究竟吞并了多少个西戎小国呢？史料有不同的说法。《史记》中的《秦本纪》记为"益国十二"，这个说法与《韩非子》一书的说法是一致的。但在《史记》的另几篇里，却有不同的说法，比如说《匈奴列传》中称"八国服秦"，《李斯列传》中称"并国二十"，《汉书》中的《韩安国传》则称"并国十四"。尽管记载不同，都可以看出秦国的赫赫战功。

凭借此役，秦国一扫数年前崤山惨败的颓势，其扩张之凶猛，令东方国家也为之震惊，周襄王也派召公前往祝贺秦穆公取得的丰硕攘夷战果。

称霸西戎，是秦穆公事业的顶点。后来，他被列为春秋五霸之一。

其实，秦穆公本不应被尊为霸主。春秋时代的霸主，不仅要有傲视天下的武功，也必须具备号令诸侯的资格。从这个意义上说，秦穆公是称不上霸主的。然而秦穆公得以入选，证明他的伟大成就得到世人的认可。在他之前，秦国默默无闻，甚至连史料都少得可怜。

正是从秦穆公开始，秦国才成为一个令人瞩目的政治大国。他任人唯贤，大力引进人才，吸收中原文明，使得秦国的实力有了质的飞跃。他在韩原之战中大败晋国，开始为诸侯所侧目，扶植晋文公更大大加强秦国的政治影响力。他积极把秦国的势力扩张到中原，参与城濮会战，在政治舞台上声名鹊起。殽山惨败后，他卧薪尝胆，再鼓雄风，横扫西戎，再现强秦之风采。

无论从个人修为、涵养、气质、才能以及成就诸方面说，秦穆公列为五霸之一，当之无愧。

后世大学问家孔子对秦穆公有一段评论。当齐景公问他说："秦国国土面积小，地理位置偏僻，为什么秦穆公能称霸呢？"

孔子回答说："秦国的国土虽小，但秦穆公有伟大的志向。地理位置虽偏，但秦穆公的所作所为公正有道义。以百里奚为例，穆公以五张羊皮换回他，仅仅谈话三天，就把国政交给他。从这点来看，穆公称王都可以，称霸还有点小呢。"

在百里奚落魄为奴时，他能礼贤下士；在忘恩负义的晋国遭遇饥荒时，他能不计前嫌，提供粮食援助；在重耳漂泊四方时，他能慷慨相助，安定晋国；在孟明视兵败殽山时，他能总揽责任，自我批评反省。这些事迹，足见其胸襟之广阔，实非他人所能及。

然而，善始者未必能善终。

这位伟大的君主死后，竟以一百七十七个活人陪葬，遂使秦国一代霸业凋零，重新回到闭关锁国的老路。

公元前621年，统治秦国达三十九年之久的秦穆公去世。

他的葬礼极其隆重，下葬的不仅仅是秦穆公一人，还包括一百七十七人组成的庞大的殉葬队伍。如此庞大的殉葬人数，在中国历史上也是罕见的。在他之前的秦武公，殉葬人数也只有六十六人。

在这些陪葬者中，还包括秦国著名贤臣子车氏的三个儿子：奄息、仲行、鍼虎。三个人在民众中的口碑不错，被认为一时之贤人，可惜生在这种专制的年代，还没来得及展现自己的才华，就被列入陪葬的行列中，与秦穆公的尸体一起腐朽，沉入暗无天日的漆黑墓室。在专制社会中，人的生命是何等一文不值。

《诗经》中有一首诗，题为"黄鸟"，是时人痛惜于三位贤人之死而作，表达出无可奈何的遗憾之情：

交交黄鸟，止于棘。
谁从穆公？子车奄息。
维此奄息，百夫之特。
临其穴，惴惴其栗。
彼苍者天，歼我良人！
如可赎兮，人百其身！

交交黄鸟，止于桑。
谁从穆公？子车仲行。
维此仲行，百夫之防。
临其穴，惴惴其栗。
彼苍者天，歼我良人！
如可赎兮，人百其身！

交交黄鸟，止于楚。
谁从穆公？子车针虎。
维此针虎，百夫之御。
临其穴，惴惴其栗。
彼苍者天，歼我良人！
如可赎兮，人百其身！

三位贤人还有人作诗以纪念，其他一百七十四人，甚至没有留下姓名。如果有朝一日，秦穆公的墓室得以重见天日，他们狰狞的尸骨，将会是对专制最好的控诉。

这时我们不禁要想个问题。

秦穆公一生爱才如命，死后却将有才之人陪葬，这究竟是出于秦穆公的本意呢，还是他的继任者秦康公借此来拔去眼中钉、除掉政敌呢？这些历史谜团，现在很难解开了。这次殉葬却给了秦国以深远的影响，使得欣欣向荣的秦国发展迟滞甚至倒退了。

秦国本来是文化落后的国家，秦穆公之所以可以称霸，跟他引进外来人才是密不可分的。没有这些国外人才，秦穆公无可作为。试问天下英才，有谁喜欢今天是座上客，明日是陪葬品呢？从此以后，国外的人才再也不愿意踏进秦国这片土地。秦国的发展势头被遏制，又回到缺乏政治人才的蒙昧年代，这一停滞，有二百多年之久。

不过，秦国赖以立国的军国主义传统始终没有断绝，尚武精神尚在，这使其在文化远远落后东方诸国的同时，仍然有实力保持军事大国的地位。

六 / 沉闷的拉锯战

秦穆公去世的同年，晋襄公也去世。

上一代的恩恩怨怨，随着两位君主的去世而淡化了。

秦国太子罃即位，史称秦康公。与秦国相比，晋国高层权力斗争太复杂，使得立君一事，一波三折。

晋国元帅赵盾有意改善与秦国的关系，决定立晋襄公的弟弟公子雍。春秋时代的诸侯国有一个传统，为避免诸公子争权夺利，君主经常会让他们侨居国外。公子雍侨居秦国，若立他为国君，势必可缓和与秦国紧张的对立局面。

赵盾派士会出使秦国，秦康公当然乐意看到公子雍上台，便痛快答应派兵护送他回国。公子雍在秦国待了那么多年，算得上是半个秦国人，如果他顺利即位，秦晋两国的和平即将降临，这也是众望所归。

护送公子雍的秦国军队已跨过边界，进入晋国境内。谁想风云突变，节外生枝，赵盾忽然变卦了。原来晋襄公的夫人大闹朝廷，凭什么要立襄公的弟弟呢？父位子承，不是天经地义吗？应该立自己的儿子夷皋。这女人一闹事，连元帅赵盾也没了主意，只得让步，同意立夷皋为君主，即晋灵公。

这不是胡闹吗？

那边派人请秦国护送公子雍回国即位，这边却突然立了新国君。一个国家怎么能有两个君主呢？

晋国人向来是不厚道的。赵盾一下狠心，索性出动大军，以武力阻止公子雍返回都城。在令狐，公子雍与秦国军队遭到晋军的突袭，被杀得抱头鼠窜，灰溜溜逃回秦国。

秦康公惊呆了。本想助人为乐，却被人当猴耍了。

出使秦国的士会惊呆了，自己也被晋国政治耍了，他索性不回国了，留在秦国。

赵盾的反复无常，葬送了秦、晋和平的机会，从此两国兵戎再起，杀得昏天黑地，望不到战争的尽头。

秦康公很生气。

一国之君生气，后果很严重，何况还是个军事大国。

康公二年（前619），秦国发动报复战，夺取晋国的武城。

一年后，晋国反咬一口，夺取秦国的少梁城。秦国不甘示弱，再度进攻晋国，夺得北徵。

双方你揍我一拳，我踢你一脚，你来我往，却只是小打小闹。

不过，秦康公正酝酿一次大规模的进攻。

公元前615年，寒冬到来，秦康公顶着风雪，率领大军越过边境线，袭击晋国的羁马城，来势汹汹。晋国元帅赵盾紧急动员三军迎战，所谓的三军，不是今天的陆、海、空三军，而是上军、中军、下军。晋军进抵河曲，与秦军对垒。

晋国上军副将臾骈建议："秦军远道而来，不利久战，我军可以深沟高垒，坚守阵地，以逸待劳，等他们撤退时再发起进攻。"赵盾深以为然，下令全军加强防御，不得出击。

以静制动，晋国这一招相当厉害。秦康公远道而来，利于速战速决，不利于持久作战，赵盾偏偏只守不攻，时间拖得越久，对秦军就越不利。

秦康公急得像热锅上的蚂蚁，他突然想起叛逃到秦国的士会。士会本是晋国杰出的战略专家，对晋军的底细自然非常了解，他对秦康公说："这定是上军副将臾骈的计谋，只要拖下去，就能把秦军拖垮。"

"那如何是好？"秦康公又问。

"晋军有个弱点，赵穿是赵盾的族弟，又是晋襄公的女婿，此人年轻气盛，不学无术，狂妄自大。臾骈是他的顶头上司，他却瞧不起臾骈，对其战术肯定嗤之以鼻。您只要派一支轻骑兵袭扰赵穿，他一定咽不下这口气，定会领兵出战。"

秦康公采纳士会的计谋，派出轻骑兵骚扰赵穿的部队。果不其然，赵穿沉不住气了，他命令军队集结，出营迎战。

只是秦国人并不与之交锋，虚晃一枪，掉头就跑，赵穿没能追上。

回到兵营后，赵穿恨恨地说："我们准备了粮食与盔甲，就是为了跟敌人一决死战。现在敌人已经到了眼皮底下，我们还在等什么呢？"

他手下的军吏回答道："是为了等待最佳时机。"

赵穿恨恨地吐口水骂道："我可不懂什么战术，我只知道敌人来了，就得出去打仗。"他自恃是晋襄公的女婿，又是赵盾的族弟，不把军令放在眼中，拉一队人马，私自出了兵营，准备找秦军较量。

这么一来，晋国的军事部署完全被打乱了。

赵盾非常担心赵穿的安全，对众将说："如果赵穿战败被俘，我们国家的颜面全无，我如何向国君交代呢？"于是下令全体晋军，尾随出发。

事实证明，秦国的武力虽强大，还是不如晋国。两军一交战，晋国人便占了上风。秦康公见势不妙，赶紧鸣金收兵。

秦康公掂量了一下，自认为还不是晋军的对手。三十六计，走为上策，还是先撤回国内再作打算。明明想撤退了，秦康公还是使了一个阴谋，他故意派人前去晋军大营下战书，并对赵盾说："今天打得很不过瘾，我军士气高昂，我们明天战场上见。"

这个诡计并没有骗过臾骈。

秦国使者离开后，臾骈对赵盾说："秦国使者的眼神与语气，都掩藏不了对我们的畏惧，看样子秦国人是想逃跑，我们可以出击了，只要追到黄河边，定可在秦军渡河前击败他们。"

论起用兵的谋略，秦国将领远远比不上晋国将领。

岂料又是赵穿坏了大事。他狗急跳墙般地跳出来阻挠道："不行！现在我军战死的士兵尸体还没有掩埋，伤者还没有得到救治，丢下他们不管，有违仁义精神。秦军约我们明天再战，约期还没有到，就要将敌人逼到险境，这不是勇士所为。"

这个赵穿，成事不足，败事有余。在的他极力反对下，赵盾放弃了对秦军发动进攻。

不出臾骈所料，当天夜里，秦军在黑夜的掩护下，悄然撤退了。

晋国失去了一次重创秦国的机会。

经此一战，赵盾意识到有必要屯兵要塞，遏制秦国人无休止的骚扰。

桃林要塞成为防御秦国的核心堡垒,这一要塞位于潼关至函谷关一带,地势险峻,易守难攻,乃是秦国通向东方的咽喉要塞。这个要塞在未来的秦、晋战争中发挥了重要作用,在整个春秋时代,秦国人被死死地压制在桃林要塞以西,无法越雷池一步。

令赵盾深感担忧的,并不是秦国军事力量的强大,而是叛逃到秦国的士会。士会是晋国首屈一指的军事家,只要他待在秦国一天,对晋国就是巨大的威胁。

必须想办法让士会回到晋国。

这件事难度很大,秦康公怎么可能平白无故拱手送还士会呢?

为此,赵盾策划了一个绝密计划。

首先要派遣一个士会信得过的人前往秦国,还不能引起秦康公的疑心。赵盾找到一个人,此人名为魏寿馀,是个贵族,采邑在魏地,靠近秦国。为了迷惑秦国人,赵盾与魏寿馀上演了一出双簧。赵盾找了个借口,将魏寿馀的家人逮捕,囚禁起来。魏寿馀在黑夜的掩护下逃出晋国,前去投奔秦国。

见了秦康公后,魏寿馀大骂赵盾,并表示愿意把自己的采邑魏地送给秦国。

秦康公听了大喜,当即把群臣召集到大殿。

士会也来了。

魏寿馀装作不认识士会的样子,从身旁走过时,只是用眼神示意一下,又故意踩了他一脚。士会何等聪明,马上意识到魏寿馀不过是假投降,此来另有用意,定是要迎自己回晋国。当初士会因为赵盾在立君的问题上反反复复,一怒之下离开晋国,但是随着时光的流逝,事过境迁,晋国毕竟是他的祖国,他岂有不怀念之理呢?

秦康公完全被蒙在鼓里,他满心欢喜,率着一支军队,会同士会、魏寿馀等人,前往接收魏地。一行人抵达黄河西岸,已经可以望到东岸的魏地。

魏寿馀对秦康公说:"请先派个人跟我渡河过去,最好是对河东情况熟悉的人,能够与当地官员打交道。"他把条件限定得这么窄,很显然,只有士会是合适人选。

秦康公没有怀疑,他对士会说:"有劳先生去一趟。"

士会故意推辞说:"不行。晋国人如虎狼一般,没有信誉可言,只怕我过去了,就会被他们杀死。到时您一怒之下,说不定会杀了我的妻儿子女。我不干！"

听士会这么一说，秦康公更放心了，安慰说："你放心，如果晋国人背信弃义，不以魏地降秦，到时寡人肯定送还卿家的妻儿，你不必有任何疑虑，寡人愿对着滔滔黄河水发誓。"

不知不觉中，秦康公钻进了士会与魏寿馀设下的陷阱。

士会与魏寿馀上了船，摆渡过了黄河。此时东岸冒出许多人影，原来是赵盾派来接应的人，大家齐声喝彩，欢迎士会归来。

秦康公傻了眼，到这个时候他才如梦初醒，知道中计了。

这能怪谁呢？

士会早就说了，他可能一过河就回不来了。得了，怪来怪去，只能怪自己的聪明才智不如士会。与晋国人相比，秦国人的信用等级要高得多。无论是秦穆公还是秦康公，都不会轻易违背自己的诺言，哪怕是上了别人的当。秦康公信守承诺，不仅没有杀死士会的家人，还把他们送还晋国。

不管怎么说，秦康公的表现十分大度得体，狡诈的晋国人也不能不表示钦佩。"士会事件"无形之间让两国关系趋于缓和。在秦康公在位的最后几年，秦晋两国没有爆发战争。

公元前609年，秦康公去世，秦共公即位。

此时晋国的战略重心，是与南方的楚国争霸。为避免两线作战，晋国十分希望与秦国媾和。秦共公刚上台，这是谈判的良机。不料倔强的秦国人根本不愿意与晋国谈和，有两方面的原因：其一，晋国人比较阴险狡诈，忘恩负义，经常干落井下石之事；其二，秦国与楚国结为军事同盟，秦国曾出兵协助楚国灭了庸国。

谈判不成，晋国人想到一个馊主意：以武力手段逼迫秦国接受谈和。

出这个馊主意的人，正是眼高手低的赵穿。他对元帅赵盾说："要与秦国和解，必须对其施加压力。不如我们先攻打秦的小喽啰崇国，以此为筹码，同秦国媾和。"

赵盾同意了。赵穿挥师进攻崇国，秦共公派出军队援救。进攻崇国不是目的，逼秦国谈判才是目的。可是赵穿想错了，秦国不是那么容易被人逼迫的，共公断然拒绝晋国的要求，毫不妥协。

赵穿的计划完全失败，并导致秦、晋战火重燃。

伐崇之战后一年，秦共公出兵包围焦邑，报复晋国的攻击。赵盾亲自率军救援，秦军遂撤围而去。

这次军事对峙并没有持续很长时间，因为秦、晋两国都意识到，你打我一下，我报复一下，并不能实现真正压倒性的优势，既劳民伤财，又收效甚微，最终只是两败俱伤。出于固执，秦共公不愿意与晋国和解，但战争基本上停止了，这种冷战中的和平，对双方都有好处。

七 / 麻隧之战与迁延之役

秦共公在位五年去世，秦桓公即位。

此时秦国与晋国的国力相差更大了，晋国在中原呼风唤雨，而秦国只是小打小闹罢了。尽管两国已有多年没有兵戎相见，但间谍战却悄然兴起。

秦桓公三年（前601），晋国侦破一起秦国间谍案，间谍在晋都绛城被公开处决。这一事件，致使两国战火重燃。晋国联合白狄（狄人的一支）攻略秦国，宁静的边境线又一次战鼓隆隆。

与晋国对抗几十年，秦国已完全落入下风。穆公的伟大时代已渐行渐远，秦国人才凋零，一个名将也没有。反观晋国，则人才辈出，特别在军事领域，优秀的将军层出不穷。

为了打败晋国，秦桓公耐心等待时机。

公元前594年，晋国发动对赤狄（狄人最强的一支）的全面战争。晋军主力倾巢而出，扫灭赤狄。秦桓公乘机出兵，杀入晋国，兵抵辅氏（今陕西大荔东）。晋景公亲自率一支军队，由魏颗担任"前敌总指挥"，阻击秦军。辅氏一役，晋国并没有派出最强的兵力，仍然大获全胜。秦桓公只得仰天长叹，仓皇而逃。

在晋国的威慑下，秦桓公不敢再轻举妄动。

公元前580年，在宋国的斡旋下，晋楚两大国进行停战谈判，史称"第一次弭兵之会"。"和平运动"的兴起，促使秦、晋在对抗数十年后，第一次正式媾和。

两国约定谈判的地点设在晋国的令狐，届时晋国新任国君晋厉公与秦国的秦桓公都将出席。到了和谈的日期，晋厉公抵达令狐，秦桓公到黄河西岸后，却犹豫不决了——狡诈的晋国人会不会搞什么阴谋呢？

在秦、晋两国关系史上，秦国的表现是令人称道的，历届政府的信誉都很好。虽然秦晋一直处于敌对状态，但在晋景公病重的时候，秦桓公还是很义气地派了一位名医来为他治病。相反，从史书记载来看，晋国人一直反复无常，精于阴谋，不太讲信用。

秦桓公心里估摸一下：东渡黄河，踏上晋国的土地，难以保证人身安全。不行，不能自投罗网。他止步不前了，派了一个官员，名叫史颗，作为秦国代表渡河与晋厉公签约。秦桓公不到河东，晋厉公也不往河西，同样派代表郤犫过河与秦桓公缔约。

历史上把这次晋秦之会，称为夹河之盟。

这次最高级别的外交和谈，两国君主甚至连面都未见到。相互防备到这种程度，一纸和平协议怎么靠得住呢？

夹河之盟后一年（前579），晋国与楚国达成和平协定。

晋楚弭兵，对秦国绝不是好消息。在此之前，晋国的第一号敌人是楚国，正是因为楚国牵制晋国大量的兵力，才使得秦国没有遭遇到重大打击。如今晋楚媾和，晋国便可以全力对付秦国了。秦桓公对此深信不疑，他趁晋、楚两国谈判之机，暗地里怂恿白狄出兵入侵晋国。

强大的晋国以攻代守，在交刚一役中重创白狄。

晋厉公把矛头对准秦国，指责秦桓公背后支持白狄发动战争，违背两国盟约。他同时派出使者往返于中原各国，向各诸侯国发出照会，共同出兵，打击秦国。

"弭兵之会"令中原盟主晋国的威望空前高涨，晋厉公振臂一呼，东方诸侯纷纷响应。齐国、鲁国、宋国、郑国、卫国、曹国、邾国、滕国八个国家都派出军队，协助晋国打击秦国。

中原烽火刚刚平息，西部的战鼓又要擂响了。

公元前578年，晋厉公派大夫吕相出使秦国，递交一份"绝秦书"。在这份绝秦书中，晋国历数自秦穆公以来，秦晋八十年的外交关系，将两国爆发战争的责任统统推卸到秦国人头上。吕相绝秦书，是春秋时期一份著名的战书，写得很有气势，如排山倒海，我们且来欣赏其中一些片段。

吕相把秦国历代君主的罪行都历数一番。写到秦穆公："蔑死我君，寡我襄公，迭我殽地，奸绝我好，伐我保城，殄灭我费滑，散离我兄弟，扰乱我同盟，倾覆我国家。"写到秦康公："欲阙翦我公室，倾覆我社稷，帅我蟊贼，以来荡摇我边疆。"写到秦桓公："入我河县，焚我箕郜，芟夷我农功，虔刘我边陲。"

一言以蔽之，统统是秦国的错，晋国是无辜的受害者。

这封信，自然没有写秦穆公如何帮助晋惠公上台，晋惠公如何忘恩负义，秦国不计前嫌援助晋国度过灾年；也没有提到晋文公如何得到秦国一而再的帮助，没有秦穆公的支持，哪来晋国的霸业呢？秦国对晋国的恩惠，只被吕相轻描淡写地说成"不忘旧德"。显然，这封著名的战书所写的，不见得都是事实。

晋国派出最强阵容，动用全部四个军（上军、中军、下军、新军）的兵力，以栾书为元帅，倾巢而出。除此之外，还有齐、鲁、宋等八个国家的联军，军容浩大，令人望而生畏。

秦国即便想对"绝秦书"进行辩解，也没机会了。

没有一个中原诸侯国肯听从于秦国，秦桓公唯一能做的，就是硬着头皮，与九国联军决一死战了。

秦军开进到麻隧，与以晋国为首的联军对峙。晋国原本实力就比秦国强，拥有多名天才级的将领，现在又有多国助阵，更是威不可当。秦军虽以悍勇而著称，但双拳不敌四手，哪里抵挡得住？溃不成军，大败而逃，秦军将领成差、护卫女父被晋军所俘虏。

晋军乘胜追击，渡过泾水，一路追击到侯丽才胜利班师。

麻隧之战，是晋国对秦国发动的规模最大的一次进攻。在战争发动的时间上，充分利用晋楚弭兵之难得机遇。此亦可见晋国将军们对战争宏观面的把握十分精准，战略思想非常明确，通过外交手段，联合八个诸侯，形成绝对优势，这些都是麻隧之战胜利的原因。

麻隧之战令秦桓公颜面尽丧，他在忧愁中郁郁而亡，其子秦景公即位。

此役令秦国元气大伤，晋国则如日中天。继麻隧之战后，晋楚撕毁停战协定，在鄢陵之战中，晋国再度大败楚国，巩固不可动摇的霸主地位。

公元前573年，晋悼公即位，把晋国霸业推向高峰。晋国连续用兵，伐郑攻楚，迫使郑国臣服；同时晋国大力扶植东南吴国政权，开辟对楚战争的第二战场。晋楚争霸数十年，楚国已居下风。在这种政治背景下，楚国与秦国结盟，便成为不二的选择。

秦楚不但是盟友，也结为姻亲。秦景公的妹妹嫁给了楚共王，两国的关系亲上加亲。有了楚国人的支持，蛰居十几年的秦景公蠢蠢欲动了。

公元前564年，晋国爆发大饥荒。

秦景公想乘机捞一票，又怕自己不是晋国人的对手，便派人出使楚国，希望得到楚国的支持。楚共王求之不得，爽快答应。于是秦景公出兵攻入晋国，楚共王派军队驻于武城（今河南南阳北），以威慑晋军。晋国人既要防楚军入侵，又没有足够的粮食，只得采取守势。秦军大掠一番后，扬长而去。

晋国岂是好惹的？灾年过去后，晋国元帅荀罃挥师入秦，同样蹂躏一番后才撤走。

又过了一年（前562），晋悼公在郑国的萧鱼举行十三个诸侯国盟会，晋军主力部队与之同行。此时晋国国内守备薄弱，秦景公自然不会浪费这样的机会，他派庶长鲍、庶长武入侵晋国。留守晋国的士鲂对秦军的力量过于轻视，他犯了一个严重的错误，疏于防守。秦军兵分两路，夹击士鲂，晋军丢盔弃甲、落荒而逃。

晋悼公匆匆忙忙地从萧鱼起程回国。

秦晋接壤，只要晋国有什么风吹草动，秦人便偷偷摸摸地杀来。那么晋国为什么没有想到把秦国灭了呢？

春秋时代的战争，规模上总体是比较小的，受制于当时的兵力及武器装备，想要灭掉一个大国，难度非常大。晋国拥有四个军的兵力，最多时有六个军，按照东周军事编制，一个军的兵力是一万两千五百人，四个军便是五万人，六个军是七万五千人。也就是说，晋国的总兵力在五万人至七万人之间。以这些兵力要灭掉秦国，显然不够。

另一个原因，中原先进富饶，秦国落后贫瘠，称霸中原，对晋国利益多多，占据秦国，没有实际利益。因此晋国对秦国的打击，都是惩罚性的，而非灭绝性的。这是春秋战争与战国战争的区别。也正因为如此，秦国虽屡屡战败，却能很快恢复元气。

不过，这次晋国真的被惹火了。

报复战如期打响，这一次，晋国出动的兵力可谓空前。

公元前559年夏季，晋国元帅荀偃率晋军主力以及十二个国家的联军，浩浩荡荡杀入秦国。然而刚到泾水边准备渡河时，他惊诧地发现，所有喽啰国的军队，都止步不前，不肯渡河。

对东方诸侯来说，秦国已经有七十年未涉足中原，对中原防务根本没有任何威胁。秦国只是与晋国有仇，让晋国自己去解决好了，干吗要兴师动众，把无关的人卷入战争的旋涡呢？

荀偃发布了渡河的命令，诸侯联军还是无动于衷，消极怠工，没有人吭声，一片沉默。与之前几位晋国元帅相比，荀偃魄力不足，给伐秦之战带来了隐患。大家都不肯渡河，他脸上挂不住，派叔向去游说鲁军统帅叔孙穆子。

叔孙穆子没办法，表示鲁国愿意为诸侯国做出表率，率先渡河。鲁国表态后，郑国也做出表率，郑国与楚国接壤，必须依靠晋国的保护，郑军统帅子蟜自告奋勇，游说卫、齐、宋、曹等联军将领，好歹说服众人渡河，继续向秦国挺进。

很快，麻烦事又来了。

联军渡过泾水后，在河边安营扎寨。早有防备的秦国人使出阴险的一计，在泾水上游投毒，联军士兵不少人喝了有毒的河水，毒发身亡。仗还没打，就出现大量的非战斗性伤亡，对士气打击甚大，大家又赖着不走。

荀偃真的很没面子，他这个"联军总司令"有名无实，不要说打仗，就是行军都困难重重，他开始有点手足无措。所幸的是，有一个人出来为他解围。

这个人，还是郑军统帅子蟜。

子蟜对荀偃说："我们郑国士兵愿意充当先锋。"郑国军队出发了，其他诸侯国没有办法，只好继续跟进。

就这样，这支多国部队拖拖拉拉地行军，抵达了棫林。

战争的最高艺术，是不战而屈人之兵。

联军内部不团结，荀偃希望凭借人多势众的优势，不战而让秦国举旗投降。

然而秦国人不怕死。

秦景公断然拒绝晋国的施压，摆开架势，准备与联军一决死战。

既然如此，那就战场上决一生死吧。荀偃传令各军做好战斗准备，次日天亮前，套好马车，填井平灶，展开阵形与秦军决战。

晋国下军主将栾黡是前元帅栾书的儿子，为人霸道，敢于顶撞上级，对才能平平的荀偃根本不放在眼里。这天夜里，他居然干了一件荒唐事，置主帅命令于不顾，拉着自己的队伍跑掉了。

栾黡都跑了，诸侯联军还待着干什么呢？大家二话不说，埋头整理行装，准备开溜。总司令两眼发愣，大家都跑光了，这仗还怎么打？没办法，只得打起退堂鼓，撤销对秦军发起进攻的命令，宣布全体撤退。

不过，晋国还是有勇士的。

有人不想撤退。

栾黡的弟弟栾鍼是积极的主战派，他对部下说："大军出征是为了报仇，无功而返，是国家的耻辱。"他与士鞅各自带着自己的部队，拒绝撤退。

身为武士，战死也比逃跑光荣。

面对晋国为首的十三国联军，秦景公压力很大，他虽骄傲地拒绝投降，心里却忐忑不安，对击败晋国人实无信心。岂料天亮时，奇迹降临，晋国的大部队已消遁无踪，只剩下一支人数不多的队伍立于风中。这支队伍，就是栾鍼与士鞅的部队。

秦军以疑惑的眼光看着这支人数不多的晋国军队发起自杀般的袭击，当他们发现真的只有这丁点人时，便不怀好意地冲了上去，把栾鍼等人围起来。栾鍼没有丝毫胆怯，视死如归，冲入敌营，结局不出人预料，他战死了。士鞅则杀出重围，逃回晋国去了。

这次的伐秦之战，虎头蛇尾，草草而终。

伐秦之战，战争的节奏非常慢，诸侯联军无心作战，每到一处就拖拖拉拉，故意耗时间。最后晋军内讧，对秦国的打击不了了之。

后来史家把这场战争叫作"迁延之役"。

"迁延之役"暴露了晋国内部诸多问题，可惜的是，一代雄君晋悼公在不久后便去世，没有时间来解决这些问题。之后，晋国诸卿家上演威逼君权、相互倾轧的血腥故事。晋国霸权由是开始衰落。

公元前550年，晋国爆发栾盈之乱，齐国乘机出兵袭扰。尽管晋国很快平定叛乱并击退齐国的进犯，但是其霸业已渐行渐远了。

正是在此背景下，晋国再度谋求与秦国和解。公元前549年，晋、秦两国各派使臣互访，缔结盟约。在夹河之盟三十年后，这两个死对头又一次握手言和。

八 / 在春秋与战国之间

自秦穆公死后，秦国的影响力一落千丈。在东方诸侯眼中，秦就是一个野蛮未开化的国度。故而此期的史料，对秦国的记载十分简略，主要集中在秦与晋的战争及外交上，对于秦国内政，几乎不提。

不能否认的是，秦国仍然是一个军事大国。

能够与天下霸主晋国对抗数十年，没有一点本事可不行。

秦景公在位共四十年，于公元前537年去世，秦哀公即位。由于晋国内乱不止，无暇理会秦国，两国倒是和平了几十年。晋国衰落的同时，南方霸主楚国也走向衰落，天下形势发生了微妙的变化。东方老大诸侯齐国以及新兴诸侯吴国强势崛起，特别是吴国，在一代雄君吴王阖闾的统治下，腾飞于东南，成为楚国的劲敌。

公元前506年，吴国兵团在名将伍子胥、孙武等人的指挥下，千里大跃进，捣破楚国郢都，鞭尸楚平王，曾强大一时的楚国几遭灭亡的命运。

有一个人从楚国郢都逃了出来，他举目四望，天下之大，能拯救楚国的，只有秦国了。他怀抱着一颗复国之心，拖着疲惫之躯，坚毅前行。他日夜行走，脚板裂开了，咬牙坚持，膝盖骨磨损过度，撕下衣裳裹住，凭着顽强的意志力，来到了秦国。

他就是楚国名臣申包胥。

秦与楚是战略同盟，也有联姻。楚国有难，秦国理应出手相救。不过，秦与楚结盟只是为了对付共同的敌人晋国，如今秦晋关系缓和了，秦楚关系相对便疏远了。两国虽有联姻，但秦国却有难言之耻。

原来被伍子胥鞭尸的楚平王干过一件十分荒唐的事，让秦哀公蒙羞。二十年前，楚平王曾经派使者到秦国，为太子找个秦国老婆。秦哀公挑了一名漂亮的公室女子，送往楚国。楚平王一看这个未来的儿媳非常漂亮，竟然自己霸占了，儿媳变成妃子。这件事，不仅导致楚国太子叛逃，伍子胥出走，也让秦哀公相当没面子。

当申包胥哭诉楚国的遭遇时，秦哀公无动于衷，懒得理睬。

秦哀公假惺惺地安慰他几句，就退朝去了。申包胥还站在殿内，不肯退下。左右拉他，他也不走，没办法，只好任由他站在大殿上。申包胥靠着墙，越想越伤心，国破家亡，自己竟无能为力，心里一片茫然，最后禁不住大哭。

这一哭，不得了，哭了七天七夜。

不仅哭，还绝食，饭也不吃，觉也不睡。

您还别说，哭也是一大本事，有时能发挥巨大作用。

这宫殿本是君主办公之所，被申包胥霸占着，还哭个没完没了，还怎么办公？秦哀公没办法，又出来见申包胥。

这几天申包胥除了哭之外，心里也在琢磨一个事：要如何才能说动秦哀公呢？老是低三下四求人，人家也未必愿意帮忙。如今晋国国内乱得不得了，秦国高枕无忧，并不需要楚国帮忙，楚国就算灭亡了，对秦国有什么损失呢？很显然，要说服秦哀公出兵，就要点明其中的利与害。

想明白了这点，申包胥便对秦哀公说："吴国乃是夷邦，贪婪无度，如果与贵国为邻，势必成为大患。趁现在吴国还未完全占领楚国，贵国若能出兵拯救，楚国将世代事奉秦君。"

秦国是要挑楚国为邻呢，还是要挑吴国为邻呢？楚国作为邻居，两国几十年来关系融洽，兵戈不舞。吴国呢？正处于疯狂扩张期，若吞并楚国，实力将超越晋国而成为天下第一强国，况且吴国拥有阖闾这样狞猛枭鸷的旷世雄君，有孙武这个千年不遇的军事奇才以及伍子胥这样谋略超群的名将。若吴灭楚，对秦国绝对是多了一个强横的对手。

秦哀公怦然心动。

只要楚国存在，吴国再厉害，也打不到秦国。

秦哀公思忖片刻，说道："你且回去休息吧，容寡人考虑考虑。"

申包胥一听急了，叩首道："国王流亡于草莽之间，没有安身之地，我作为臣子，哪敢安心地休息呢？"

秦哀公为之动容，不禁吟起《无衣》诗，这首诗是这样写的："岂曰无衣？与子同袍。王于兴师，修我戈矛，与子同仇！岂曰无衣？与子同泽。王于兴师，修我矛戟，与子偕作！岂曰无衣？与子同裳。王于兴师，修我甲兵，与子偕行！"意思很明显，秦国要出兵了。

申包胥一听，急忙跪倒在地，向秦哀公磕了九个响头，饿了七天七夜的他已经虚弱到了极点，再也挺不住了，晕倒在大厅之上……

秦哀公派大将子蒲、子虎率五百辆战车驰援楚国。

秦军入楚后，与楚国将领公子期的抵抗力量会师，进攻吴国人控制的沂地。

狡猾的秦国人还是要了些心计，他们不愿意打头阵，便对公子期说："我们不了解吴国人的战法。"公子期明白，秦国人把硬仗先留给楚国人，他没有怨言，毕竟这里是楚国，楚国人理所当然要为国家而浴血奋战。

公子期的军队率先对吴军发起进攻，吴王阖闾的弟弟夫概率军迎战，两支军队正杀得难解难分时，秦军参战了！以凶剽悍著称的秦国军队，突然出现在吴军的侧翼，五百辆战车掀起漫天尘埃。夫概大惊失色，这时吴军顶不住了，开始后撤。

秦、楚联军乘胜追击，大获全胜。

倘若不是两个外在因素削弱了吴国的力量，秦军能否打败吴军收复楚地，是很有疑问的。

第一个因素，越国趁吴军主力在楚，突然出兵进攻吴国本土，后方吃紧，这对前线作战的吴国军队十分不利。

第二个因素，吴王阖闾的弟弟夫概见阖闾留楚不归吴国，就悄悄回到吴国，自立为王，举兵作乱。阖闾大为震惊，他将楚国的战事托付给伍子胥、孙武、伯嚭等人，自己率主力杀回吴国。阖闾一走，滞留在楚国的吴军力量大大削弱了。

秦、楚联军乘机奔袭唐国。唐国是吴国的盟友，小国寡民，焉能抵挡得住虎狼之师，很快便被灭掉，吴国失去了一条臂膀。

唐国被灭后，秦、楚联军大举南下，直逼郢都，仍然是楚军打头阵，秦军做策应。伍子胥、孙武等人率军在雍澨迎战楚国军团，尽管吴军在人数上处于劣势，凭着伍子胥、孙武高超的指挥技术，吴军还是赢得了一场胜利。

然而，这并没有改变吴军被动的局面。

随后赶到的秦国兵团，兵强马壮，是一支生力军。即使兵圣在此，也无法扭转战局，吴军终于被打败了。

双方各败一场，旗鼓相当，仍在雍澨一线对峙。楚军将领子西采用火攻战术，逼近吴军。再往后退，就是楚都郢城了，是固守郢城，还是放弃呢？

伍子胥说："楚国人虽然打败了我们，可是我实力并未受到重创。"

他仍想同秦、楚联军再决死战。

孙武反对说："我们西破强楚，逐楚王，掘平王墓，割戮其尸，这已经足够了。"

敌强我弱，伍子胥沉思后说："自有霸业以来，从来没有哪个臣子能够这样报仇雪恨，我们可以走了，没有什么遗憾了。"

吴军放弃固守郢城，撤退回国。

救援楚国一战，是秦国在春秋末期参加的最重要的一次战争。没有秦国人的慷慨相助，楚国的版图恐怕已经被吴王阖闾轻轻抹掉了。纵观整个春秋史，秦国尽管文化落后，但是比较朴实，讲信用、重承诺。从秦穆公扶助重耳到秦哀公救援楚国，都可以看出这一点。

秦穆公之后的几个君主，还想着向东发展，只是被晋国教训几次后学乖了，老老实实待在自家地盘。再往后的君主，早把当年秦穆公的理想抛到九霄云外了。正好这时晋国、楚国都走向衰落，秦国也乐得享受和平的阳光。

公元前500年，秦哀公去世。接下来的两任君主，秦惠公与秦悼公，总计在位二十四年，无所事事，史料不留只言片语。

秦厉共公上台时，正是公元前476年，这一年也是春秋时代的结束，战国时代的大幕已缓缓拉开。

与前两任君主相比，秦厉共公是比较有作为的，他在位时间长达三十四年，其间最大的成就便是继续讨伐戎人。

在中国历史上，只要中原政权强有力，外部少数民族便归附，而当中原政权势力衰微时，少数民族便乘机兴起，这几乎成了一种规律。以晋国为霸主的中原政治体系崩溃后，戎人势力卷土重来。

秦厉共公十六年（前461），秦国沿着黄河修筑防御濠沟，出动两万人马，讨伐盘踞于大荔（今陕西大荔）的戎人。秦军势如破竹，直捣其王城。

此役是华夏族与戎人新一轮战争的开始。在秦灭大荔后的四年（前457），秦国再攻绵诸（今甘肃天水东）戎人。与此同时，晋国赵襄子灭代戎，吞并其地。秦厉共公三十三年（前444），秦国再度出兵进攻戎人中最强的义渠国，俘虏义渠王。同年，晋国韩、魏二氏共同消灭伊河、洛河之间的戎人。

在这场保卫华夏的战争中，秦、晋两国都取得骄人的战绩。长期与华夏为敌的戎人被迫远遁，自此中原不再有大的戎患。这也是秦国为保卫中原文明所作出的贡献。

秦厉共公在位期间，中国发生的最重大的历史事件，便是三家分晋。晋国长期实行六卿制，到了春秋末期，由于内乱频频，各卿家互相倾轧仇杀，六卿制蜕变为四卿制。公元前453年，四卿中的赵、韩、魏三氏联合起来，消灭势力最强的知氏，瓜分其地。晋国君主已全然被架空，国家落入各自为政的三卿手中，便是后来赵、魏、韩三国的雏形。这一变局，对未来的历史产生了极为深远的影响。

晋国的分裂，对秦国既是喜，也是忧。

喜的是晋国一分为三，力量自然就分散了，不再是当年那只威风凛凛的大老虎。忧的是分裂后的赵、韩、魏三家，都迫不急待地要扩张自己的势力。特别是雄才大略的魏文侯，他野心勃勃，麾下谋臣云集，名将群星闪烁，早把进攻的目标锁定在秦国了。

秦国能否顶得住这雷霆霹雳一击呢？

九 / 雷神之锤

在整个春秋时代，东方诸侯政变频繁，被孔老夫子斥为"礼乐崩坏"的年代。然而西方秦国的君主制居然稳如泰山，一起政变也没有。不过到了战国时代，秦国也终于迎来一起政变。

秦厉共公去世后，其子秦躁公即位。秦躁公在位十四年，于公元前429年去世，传位给弟弟秦怀公。仅仅四年后，秦怀公便死于非命。秦国庶长晁伙同一帮大臣，围攻秦怀公，秦怀公在绝望中自杀身亡。这起政变，在史书上只是轻描淡写，我们无法了解更多的内幕。政变过后，秦怀公的孙子秦灵公即位。

政变总令国家元气大伤，这也给了敌人可乘之机。

很快，秦灵公便遭当头一棒。

魏文侯正在释放战争的信号。

秦灵公六年（前419），一支魏军偷偷渡过黄河，在黄河西岸修筑起一座城堡，名为少梁城。很明显，魏文侯要以少梁城作为进攻秦国的桥头堡。

先下手为强，后下手遭殃。秦灵公趁魏兵尚未站稳脚跟，便率大军气势汹汹赶来，双方大战于少梁城下。这次战役的胜负，史书上没有明确记录。不过从次年魏文侯重修少梁城的记载来看，魏军是保住了城池，但城邑受损严重。

这是秦魏战争的开始。

为了遏制魏人，秦灵公在少梁北部修筑两座城邑以为防备，一为籍姑城，一为繁庞城，以威胁魏在黄河西岸的桥头堡。两城刚刚建成，秦灵公便去世，保卫家国的重任便落到秦简公身上。

不过，魏文侯很快就让秦国新君主蒙羞了。他派儿子魏击率领军队包围繁庞，一举击破，并把城里的秦国人赶出去。

魏文侯显然是吸取秦晋战争的经验教训。在春秋时代，晋国的军事力量要远强过秦国，为何不能重创对手呢？魏文侯认为晋国没有在黄河西岸修筑足够多的城堡，没有这些军事支撑点，就无法持久作战，因而打了胜仗后，也无法在河西长久立足。要彻底打败秦国，就必须尽量多地筑城，以堡垒战术蚕食秦国的土地。

在这个战略的指导下，魏文侯于公元前409年，在少梁城以南约八十公里处筑临晋城，在少梁城西南约五十公里处筑元里城。三个堡垒遥相呼应，全面夺取秦国河西之地的时机已成熟。

公元前408年，魏斯亲自率领大军，渡过黄河，入侵秦国。在三座城池的策应下，把秦国势力完全驱逐，尽占河西之地，而后又筑洛阴、郃阳两城。

秦简公颜面扫地，只得全面退守洛水，并沿着洛水修筑防御工程。

令秦简公稍感安慰的是，魏文侯并没有继续向西深入，因为他把进攻的矛头转向了北方与东方。在随后几年，魏文侯灭掉中山国，大破齐国，威震海内。公元前403年，周天子正式册封魏、韩、赵三家为诸侯。

魏国只是晋国分离出来的一个诸侯国，却足以把秦国打趴下了。在魏秦战争中，有一个人堪称是秦国之克星，他就是历史上与孙武齐名的大军事家吴起。

吴起本是卫国人，后来到了鲁国。适逢齐国入侵鲁国，他自告奋勇参战。他虽有不世之才华，却不擅长与人打交道，故而结仇甚多，处处受排挤。由于魏文侯礼贤下士，英雄归心，吴起遂离开鲁国，前往投奔魏国。

魏文侯知人善任，任命吴起为将，率领军队西击秦国。吴起一鸣惊人，在伐秦之战中，一口气攻下秦国五座城池，震动天下。魏文侯将其提拔为西河郡守，全权负责河西战区的军政。

西河郡就是魏国从秦国手中夺取的河西地带，也是秦、魏两国交锋最激烈的战场。在现存的《吴子》一书中，有如下的记载："与诸侯大战七十六，全胜六十四，余则钧解。辟土四面，拓地千里，皆起之功也。"在吴起生平指挥的七十六次战斗中，胜了六十四次，十二次打了个平手，无一败绩。这些战斗，绝大多数是与秦国的战斗。

吴起驻守西河，秦国人根本占不到便宜。

难道秦国就得被动挨打吗？秦简公的回答是：不！

魏国人把战火烧向秦国，在秦国的地盘上打仗，自然占便宜。秦简公暗地里策划了一个精彩的反击方案。这个方案是不与驻守西河的吴起正面交锋，绕一大圈，甚至绕过魏国都城安邑，突袭魏国后方。这个方案冒险却精彩绝伦。公元前401年，秦军迂回到魏国大后方，对阳狐城发起意想不到的进攻。

这一战大大鼓舞了秦军的士气，足以看出秦国人的韧性与勇敢。

不久后，秦简公与魏文侯相继去世，秦惠公与魏武侯接过战争大棒，继续对峙。

魏武侯视察西河郡，与吴起泛舟西河，行到中流，他望着险峻的群山、宽广的大河，不由得赞道："美哉乎山河之固，此魏国之宝也。"有此山河之险，魏国的西线无忧也。吴起答道："在德不在险，若君不修德，舟中之人尽为敌国也。"山河之险是靠不住的，若没有道义，身边的人都可能是敌人。

君臣两人还时常探讨军事问题，特别是如何对付秦国。吴起分析说，秦国人性格倔强，国家地势险要，易守难攻，秦政严厉，赏罚分明，士卒在战斗中有死斗之心。秦军士兵各自为战的能力很强，缺点是没有阵法，部署松散。击破秦军的方法是利以诱之，设置伏兵，在其阵势混乱后果断出击。

在吴起镇守西河的那段日子，秦惠公几度出击，都徒劳无功。

公元前393年，秦军出击洛水东岸的注城，被吴起的西河守军击败；公元前390年，秦、魏战于武城；公元前389年，秦、魏战于阴晋。由于史料残缺，这些战争的过程没被提及，武城之战与阴晋之战甚至谁胜谁负都没说。

在《吴子》一书中，保留有一个战例。

这个战例，或许便是史书中所记的阴晋之战。

据书中所载，秦国大举用兵，迫近西河。吴起请求魏武侯拨给五万名从未立过功的士兵，他说："我率领五万名渴望立功的剽悍战士，如同五万名亡命之徒一样，敌人又岂能抵挡呢？"他以奖赏激励士兵，军队士气高涨，一举打败前来进犯的秦军。

当初魏文侯夺取河西之地后，就止步不前，这是因为魏国地处四战之地，周边都是敌人，不能集中力量消灭秦国。吴起却敏锐地发现秦国可怕的潜力，秦国非但民风强悍尚武，地理优势更是远远强过魏国。秦国在西、北、南三面都没有强敌，只要守住东线，国家即可确保无虞。魏国则不然，北有燕赵，东有齐国，南有韩楚，西有秦国，四面受敌。在吴起看来，必须灭掉秦国，否则魏国的军事优势很快就荡然无存。

吴起开始筹划一个大战略，计划以几年时间，灭掉秦国。倘若这个计划得以实施，就没有后来统一天下的大秦王朝了。俗话说"枪打出头鸟"，吴起在战场上光芒四射，所向披靡，但是政坛上却一败涂地。他终于被政敌暗算了，被迫离开魏国。当他行至西河时，心头一酸，泣下数行，叹息道："主上倘若信任我，再给我几年时间，秦国必亡。如今主上听信谗人之言，不再信任我了，西河之地落入秦人之手的日子也不会远了，魏国大概从此就衰弱了吧。"

吴起离开魏国的时间是公元前387年。

他刚离开，秦惠公乘机出兵进犯武下。失去吴起的魏军像丢了魂一般，被打得大败，一位大将被秦军俘虏。只是秦惠公还未能实现收复西河的使命，便于同年病逝，其子秦出公（又称出子）即位。

在秦、魏第一阶段的战事中，秦国是吃了大亏，让魏国尽占河西之地，国家安全遭到严重威胁。此中的原因，除了魏国强大之外，也有秦国自身的因素。进入战国时代后，秦国政坛动荡，爆发多起政变。公元前425年，秦怀公被大臣所逼自杀身亡；四十年后，即公元前385年，又一位秦国君主死于政变。

这位君主就是秦出公。

秦出公即位时只是个小孩子，大权落入其母（史称小主夫人）手中。小主夫人临朝，任用奸臣，于是"群贤不悦自匿，百姓郁怨非上"。秦出公的母亲，着实不得人心。当时侨居魏国的公子连（秦灵公的儿子）风闻消息后，打算乘机入秦，取代年幼的秦出公。时任庶长的菌改驻守边塞，暗地里与公子连相通，放他入塞。

小主夫人得知公子连回国，大惊失色，急急派军队前往截击。为了掩人耳目，士兵们得到的命令是："有外敌入寇边关。"菌改暗中与军队将领联系，当这支队伍行进到一半时，公开宣布拥立公子连。

形势不可思议地发生逆转了。

公子连非但毫发未损，反倒率领这支军队进军雍城。杀入城后，包围小主夫人的宫殿，小主夫人自杀，年幼的秦出公也糊里糊涂地被杀。

政变的结果，公子连登上国君宝座，史称秦献公。

这场内乱，又让魏国渔翁得利。

魏武侯不会浪费这个机会，果断出兵，把秦简公收复的部分河西之地又夺了回来。

表面上看，魏国人在秦国内乱中捞得些许便宜。但若把眼光放远点，秦国政变其实影响深远。秦献公是继秦穆公之后又一位杰出的君主，也是一个承前启后的君主。他一上台，就废除了秦国沿用三百年之久的殉葬制度，堪称是秦国制度的一次革命。

自秦穆公死后以良臣殉葬，中原谋士谁也不愿入秦。虽说那次殉葬只是例外，一般殉葬止于妻妾宫女奴仆，但是君主的脾气谁摸得准呢？只要殉葬制度存在，在上位者就可以轻而易举把政敌送入坟墓，无需理由。试问天下英雄，谁敢以身试之呢？人才不来，秦国的文化始终落后，有蛮力没智慧，成不了真正的大国。

秦献公为什么会如此坚决地废除殉葬制度呢？显然，他是受到魏国文化的影响。他还是秦国公子时，侨居于魏国，公子出居他国，在春秋战国时非常普遍。当时正是魏文侯统治的年代，魏文侯颇崇尚儒学思想，他尊孔子高徒子夏为师，与著名学者田子方、段干木亦师亦友，田子方是孔子高徒子贡的学生。儒学不仅反对活人殉葬制度，甚至也反对以陶制人俑陪葬，孔子曾说："始作俑者，其无后乎。"正是受到时代思潮的影响，秦献公回国即位后，立即废除殉葬制度，为国外人才前来投奔解除了后顾之忧。

紧接着，秦献公又做了第二件事：迁都。他把秦国的都城从雍城迁到栎阳。栎阳的地理位置靠东，迁都于此，显然是表示收复河西的决心。而后又设立蒲、蓝田、善明氏诸县，完善秦国的行政区划。

秦献公并不急于同魏国开战，他深知魏国的实力，特别是经过李悝变法后，魏国各方面制度都要比秦国完善。献公七年（前378），秦国开始一项经济改革，称为"初行为市"，这是对工商业进行规范管理，增加国家的收入来源。献公十年（前375），秦国改革户籍制度，把五家划为一伍，实施集体化管理。

秦献公是有才干的君主，同时也是幸运的君主。

秦国最大的敌人是三晋，即魏、赵、韩。强大的晋国一分为三后，以魏国实力最强，魏文侯以大局为重，强调三晋一体的原则，与韩、赵两国亲同兄弟，共同对付秦国。不过，三家既然分裂了，这种亲密的关系就难以长久维持。魏武侯只是半截明君，在他听信谗言逼走吴起后，魏国开始走向衰落，其标志性的事件就是魏、赵两国由团结走向战争。

公元前386年（吴起离魏后第二年），魏国干涉赵国内政，导致魏赵关系急剧恶化。公元前383年，赵国入侵卫国，卫国向魏武侯求援，魏国出兵大败赵师。次年，魏国夺取赵国河东之地。一年后（前381），魏、卫联手攻入赵国，赵国求助于楚，反客为主，侵入魏国。与此同时，被魏国灭亡的中山国复国，魏国的实力急剧下降。

秦献公想浑水摸鱼，他把目标锁定在三晋中实力稍弱的韩国。献公十一年（前374），秦国派胡苏为大将，率大军进攻韩国。不料秦国竟连韩国也打不过，韩军在统帅韩襄的指挥下，在酸水与秦军展开决战，秦军大败。

这一战，着实令秦献公感到郁闷。

既然打不赢魏国，打不赢韩国，索性打打赵国。

三年后（前371），秦、赵开战。你猜结果怎样，秦军在高安一战中，又被赵国打败了。

当年秦国打不赢晋国，现在晋国一分为三了，三个独立出来的国家，秦国连一个也打不赢。看来秦国与三晋军事力量上的差距，不是一般的大。所幸的是，三晋都没有把精力放在对付秦国上，魏、赵为争夺卫国而大打出手，韩国则乘机吞并郑国。倘若三晋联手，纵使秦献公有三头六臂，恐怕也阻止不了国破家亡的命运。

秦献公吓出一身冷汗。

要怎么办呢？

只有一个字：等！

十 / 鹬蚌相争，渔翁得利

很多年以后，当魏、赵、韩三国一一被秦国吞并时，他们定会痛心疾首：上天给了我们机会消灭秦国，我们却没有好好珍惜，倘若时光可以倒转，过去可以重来，我们一定会把秦国灭掉一万次。.

只是追悔从来无济于事。

正当秦献公为自己奋斗十几年却不免在战场上连连受辱而灰心丧气之时，机会不期而至了：魏国内战爆发，继而演变成三晋大血战。

公元前370年，魏武侯去世。

魏武侯没有立太子，他死后，公子魏䓨与公子魏缓两人为争夺君位，大打出手，内战全面爆发。韩、赵两国为了争夺三晋老大的地位，卷入战争，魏国内战很快成了一场"三国大战"。

秦献公乐呵呵地坐山观虎斗。

这场大战一波三折，跌宕起伏。魏国内战之初，魏䓨占据绝对的优势，屡战屡胜，眼看毫无悬念之时，韩、赵两国突然参战。

韩、赵两军分别从南、北两个方向进军，夹击魏䓨。双方在浊泽展开大战，魏军大败。魏䓨被韩、赵联军团团围困，危在旦夕。他就像案板上的鱼肉一样，只能等待别人的宰割了。

可是令人瞠目结舌的一幕发生了。

韩、赵两国君主在如何处置魏国的意见上不和。赵成侯主张杀掉魏䓨，立公子魏缓，迫使魏国割地；韩懿侯却主张把魏国一分为二，分别由魏䓨、魏缓统治，分裂后的魏国将沦为二流国家，只能成为韩、赵的小啰喽。两人看法相左，最后竟不欢而散，在胜券在握的情况下，莫名其妙地撤军了。

大难不死的魏䓨乘机重振旗鼓，一举消灭公子魏缓，自立为君主，他便是魏惠王。魏惠王很快还以颜色，先是在马陵击败了韩国军队，继而又在平阳之战中力挫韩、赵联军。

三晋战争，令参战三方都元气大伤，精锐部队损失殆尽。

魏惠王与韩懿侯坐下来谈判，两国损失这么大，得从哪里弄点补偿才行。两个君主一拍即合，找秦国揩点油。是的，魏、韩都以晋国继承者自居，不把秦国放在眼里，在他们看来，一个国家对付秦国就足够了，何况两个一起上。

只是两人都忘了一件事：这几年的血战，早已让两国虚弱不堪了。

公元前366年，魏、韩两国联手，共同出兵。以逸待劳的秦军迎击于武都，貌合神离的魏韩联军被打败了。

既然从秦国那里没捞到任何便宜，魏惠王与韩懿侯再度撕破脸皮。魏国公子景贾率大军讨伐韩国，韩国兵团在阳地全力阻击，击溃了魏国兵团。曾经天下无敌的魏国，如今气力已大不如从前了。

冷眼旁观的秦献公要出手了。

在三晋斗得昏天暗地时，秦国却蓄势待发。此时秦献公已在位二十一年，经过二十年卧薪尝胆的改革，秦国实力有了突飞猛进的发展，而它的对手却在走下坡路。此长彼消，秦献公的信心高涨。

公元前364年，秦国兵团在大将章蟜的统领下，杀入魏国。在此之前，秦国虽以武力剽悍而闻名于世，名将却寥寥。即便是秦穆公时代的孟明视，也不足以称为名将，只能算苦力型的将领。到了战国时代，秦国将星闪耀，而章蟜可算是这些将星中的第一人。史料中几乎没有留下他的任何资料，只留下他伟大的勋绩。

石门一战，震惊天下。

章蟜指挥秦国兵团大败魏师，取得斩首六万的空前胜利。这是战国时代最重要的战役之一，奠定秦国超级军事强国的地位。当然，我们不能凭一场战役的胜负，就断定秦国的军力完全超越魏国。但是，它证明了秦国已具备与三晋全面抗衡的实力。

倘若不是赵国及时出兵救援，魏国的损失可能更大。

在此之前，赵国与魏国已交战多年，赵成侯之所以鼎力相助，并非出于大义，而是三晋再怎么互斗，其关系也要比秦国来得亲近。在对付秦国这一立场上，三晋都不含糊，可以暂时休兵，对付共同敌人。

早已被边缘化的周天子居然站出来庆贺秦军大获全胜，并给秦献公一个"方伯"的头衔，所谓方伯，就是一方之伯，即一方诸侯之长。按道理说，周天子本不宜在诸侯争战上站在偏向秦国的立场，只是他这些年被三晋压迫得喘不过气，看到有人教训不可一世的魏国，很有点幸灾乐祸的兴奋。

秦魏攻守格局已逆转，秦国开始了战略反攻。

石门之战次年（前363），秦军又一次大举出击，目标是黄河西岸军事重镇少梁城，意在拔除魏国设在河西的战略据点。在上一年战争中伤亡惨重的魏国再次向赵国求援，颇有义气的赵成侯又一次派人马渡过黄河，协助魏军挫败了秦国夺取少梁城的阴谋。

只是魏惠王与以前的晋国君主一样，着实缺少感恩之心。他非但没有报答赵国的救命之恩，反倒恩将仇报，悍然发动对赵、韩的进攻，在浍水之战中大败赵、韩联军，并占领赵国的皮牢城。

得道多助，失道寡助。

像魏惠王这样不讲道义的人，终究恶有恶报。

公元前362年，秦献公再攻少梁城，这回赵国人再也不施援手了。秦国庶长国大破魏军，俘虏其统帅公孙痤，夺取繁庞城。这座城池是当年魏文侯从秦国人手中夺取的，现在又回到秦国人手中。秦国在与魏国的河西争夺战中，已经占据了上风。

面对咄咄逼人的秦国，魏国已经没有优势可言了。魏惠王做出两个重大决定：第一，在河西修筑长城；第二，将首都从安邑（今山西夏县西北）东迁大梁（今河南开封）。

这两大决定，实际上是对秦战略的重大调整。

修筑长城，很明显是防御手段而非进攻手段。对比魏文侯、魏武侯，魏惠王的战略思想严重倒退。当年吴起便强调"在德不在险"，高山大川尚且不能凭恃，何况是长城呢？打仗要靠民心士气，民心士气要靠政府的"德"来维系。魏惠王非但不能团结兄弟般的国家，反而恩将仇报，好战成性，哪来的"德"呢？从此，魏国便陷入被动挨打之中，绝少主动出击。

迁都在古代是关系到国家兴衰的一件大事，也可从中窥视政府的战略方向。

秦献公迁都栎阳，靠近前线，以表明收复河西的决心。魏惠王迁都到大梁，表明魏国的战略重心转向中原，西线对秦国的防御力量也就相应削减。从以后的历史看，这一决策是相当致命的。

正当秦国由战略防御转向战略反攻时，在位二十三年的秦献公去世了。

他是秦国得以复兴的关键人物，他的改革虽然没有后来商鞅变法那么全面深刻，却也有许多制度是开拓性的，其中尤以废除殉葬制最为重要。他抓住三晋战争的良机，在石门之战中一举歼灭六万魏军，武功之显赫，即便秦穆公亦有所不逮。不过，他对秦国最大的贡献，大概是选对了接班人，继位者便是一代明君秦孝公。

秦孝公即位时，战国七雄的格局已明朗化。

大鱼吃小鱼，小鱼吃虾米，经历了几百年的兼并战争，在中国版图上，形成七个大国对峙局面。这七个大国分别是：秦国、魏国、韩国、赵国、齐国、楚国、燕国，号称"七雄"。除此之外，还有两个中等国家：宋国与中山国，其余的都是小诸侯，主要集中在淮河、泗水之间。

在七雄中，秦国是最被瞧不起的。

春秋战国时代，华夏文明高度发展，诸子百家兴起，儒、道、墨、法诸家粉墨登场，文化群星闪耀。可是这些与秦国一点都不沾边，有哪个文化大师出自秦国呢？一个都没有。在这场影响至深、至远的文化革命中，秦国一点贡献也没有。自殽山之战后，秦国进入中原的道路被晋国阻断，也失去与中原诸侯会盟的机会，在国内政治舞台上毫无影响力。在中原诸侯眼中，秦国就是一个不折不扣的夷狄，四肢强壮，头脑简单，岂能不被蔑视？

一个堂堂军事大国，却被人蔑视，秦孝公这面子往哪搁呢？

明明是周天子册封的诸侯，却被视为"蛮夷"，这岂非耻辱？

更大的耻辱是，被魏国占领的河西之地，迟迟未能收复，连领土都没收复，秦孝公敢自称"强国"吗？

秦孝公日思夜想的就只有一件事：如何让秦国变得强大。

他年轻的肩膀上，扛着不能承受之重担，把他压得喘不过气。他有雄心壮志，却不知从何处下手。数百年的封闭，早养成秦人保守的习性，不愿意接受新思想新观念，暮气颇重，毫无创新精神可言。靠这些人，收复失地尚有疑虑，谈何建立更伟大的事业呢？

知耻而后勇。

孝公上台后的第一年，他便发了一道破天荒的"求贤令"，以裂土为赏，求天下贤才。我们且来看看这道历史上十分珍贵的求贤令原文：

昔我缪公自岐雍之间，修德行武，东平晋乱，以河为界，西霸戎翟，广地千里，天子致伯，诸侯毕贺，为后世开业，甚光美。会往者厉、躁、简公、出子之不宁，国家内忧，未遑外事，三晋攻夺我先君河西地，诸侯卑秦，丑莫大焉。献公即位，镇抚边境，徙治栎阳，且欲东伐，复缪公之故地，修缪公之政令。寡人思念先君之意，常痛于心。国人宾客贤士群臣，有能出奇计强秦者，吾且尊官，与之分土。

求贤令首先回顾当年秦穆公的丰功伟绩，主要有两项：东平晋乱，西霸戎狄。那是秦国最风光的一段日子，秦孝公用"甚光美"的字眼，表达对先祖伟大事业的向往之心。写完秦穆公，孝公笔锋一转，转而沉顿，"国家内忧，未遑外事"，蒙受两大耻辱：其一，三晋夺我河西地；其二，诸侯卑秦。这两大耻辱，"丑莫大焉"。只要有人可以令秦国强大，孝公愿意"与之分土"，裂土为侯。

孝公"强秦"的决心，可见一斑。

这是一个动荡的年代。

动荡的年代，最不缺的就是冒险家与投机家。

秦国"求贤令"一出，天下士人无不兴奋，疯狂涌入秦国。谁想放弃这样的大好机会呢？孝公唯人才是举，不论国别，不论出身，不论贵贱，只要你有治国之才就够了。来的人五花八门，有政治投机家，有江湖骗子，有老学究，也有真才实学之人。但是能声震寰宇、名扬宇宙的，只有一个人。

他就是商鞅。

十一 / 时势造英雄：商鞅入秦

商鞅变法，非但是先秦时代最重要的一次变法，而且是中国历史上最成功的一次变法。

作为变法的总设计师，商鞅毁誉参半。毁之者认为他刻薄寡恩，强化专制，限制民权，对中国专制制度的发展起到推波助澜的作用，"二千年之法，皆是秦法"，而秦法即是商鞅之法。誉之者认为他乃罕见的改革家，有魄力有胆识，富国强兵，使秦国迅速摆脱落后，崛起于七雄之中并最终完成一统中国的伟业。

时势造英雄。

正是战国纷争的时势，才给了商鞅得以施展才华的舞台。他以坚忍不拔的意志，推行新法，革新政治，对保守势力毫不妥协。无论得或失，都不能不承认他取得的非凡成就以及对中国历史深远的影响。

商鞅，又称为卫鞅或公孙鞅，出身于卫国公室家族。他从小勤奋好学，特别喜欢刑名之学，也就是法家的学问。在他之前，中国曾有过几个著名法家人物，包括春秋时期齐国名相管仲、郑国名相子产，以及战国时代魏国著名的改革家李悝等。对商鞅影响最大的人，乃是魏国之李悝，李悝著有一册《法经》，成为商鞅囊中必备的书册。

卫国是周代一个老牌诸侯国，到了战国时代，国力衰微，屡屡遭到赵国的入侵。每当卫国有难时，魏国总是出手相援，卫国人对魏国抱有深深的好感，商鞅也不例外。卫国不仅外患频频，国内政局亦动荡不安，弑君事件时有发生。商鞅在自己的祖国无法实现政治抱负，遂前往魏国，进相国府当一名中庶子（官名，相当于相国的侍从官）。

相国公叔痤是魏国出类拔萃的人物，十分赏识商鞅的政治才华。只是商鞅到来的时机不对，此时正是魏惠王统治时期，魏国最迫切的事，并不是政治改革，而是在多条战线上同时作战。

魏国处于四战之地，在那一段时间，它几乎与周边的大国都交过手。对魏国来说，除了战争，还是战争，望不到战争的尽头。西与秦战，北与赵战，南与韩战，东与齐战，有时还与楚战，战争机器停不下来，魏惠王压根儿没考虑过政治改革的事。

一腔热血的商鞅，有一种英雄无用武之地的无奈。

几年后，连赏识他的相国公叔痤也死了。

公叔痤临死前，魏惠王前去探病。

望着相国瘦骨嶙峋的病躯，惠王悲伤地拉着他的手问道："相国倘若有什么三长两短，国家以后要怎么办呢？"

老相国以苍老的语气答道："我有一名侍从官，唤公孙鞅，虽然年纪轻轻，但有非凡的才能，希望主上能把国家大事交给他治理。"

公孙鞅？

魏惠王压根儿就没听说过这个名字。

相国在病重时居然推荐了一个名不见经传的小人物，魏惠王十分扫兴，沉默不语。公叔痤叹了口气，又说："主上如果不愿意用公孙鞅，就杀了他吧，不要让他到别的国家去。"

唉，看来相国是被病魔折腾得糊涂了。魏惠王心里觉得十分好笑，但他没笑出声来，为了表示对老臣的尊重，他一口答应公叔痤的请求。

魏惠王离去后，公叔痤差人唤来商鞅。

他对商鞅说："你快逃吧，不然会遭殃的。"

"我为什么要逃？"商鞅莫名其妙，他又没干过什么非法勾当，怎么会遭殃呢？

"因为我要魏王杀了你。"公叔痤毫不隐瞒，把对魏惠王说过的话重述了一遍。

"本想推荐你为相国，可是我看得出主上不会同意的。这时我要把国家、君主放在首位，把臣下放在次位，所以我劝主上杀了你，你一旦去了别的国家，会成为魏国的心腹之患。我把自己的意见先说给主上听,尽到臣子的职责;可是我爱惜你的才华,所以叫你赶紧逃跑。你还是快点离开吧,否则就来不及了。"

"人之将死,其言也善。"这一番话,推心置腹,既对得起国君,又对得起下属。

公叔痤可谓用心良苦。

那一刻,商鞅感动了。但他并不逃,他笑道:"主上如果不能听您的话任用我,又怎么会听您的话杀我呢?"

果不其然。

魏惠王回到宫中后,对左右的人说:"相国真是病得太厉害了。真可悲呀,他居然要寡人把国家交给公孙鞅治理,这岂不是太荒谬吗?"

过了不久,公叔痤死了,他的葬礼办得风风光光,他说过的话很快被遗忘了。魏惠王既没有给商鞅一个官职,当然也没有杀他。

商鞅被遗忘了。

就在这时,秦孝公推出"求贤令",广求天下贤人,能令秦国强大者,裂土为侯。

此令一出,改写了商鞅的人生。

此处不留爷,自有留爷处。商鞅怀揣一卷李悝的《法经》,离开魏国,动身前往秦国。

到了秦都栎阳,商鞅没有急着去见秦孝公,他还不了解秦孝公这个人。秦孝公改革的决心有多大呢?他的才能如何呢?是真心求贤,或者只是摆摆样子呢?"知彼知己,百战不殆。"商鞅毕竟是卫国贵族,对官场上的那套游戏自然心知肚明,要取得秦孝公的信任,只靠自己的才学是不够的,还得要有人举荐才行。

很快,商鞅找到一个人。此人名为景监,乃是秦孝公最宠幸的一个大臣。商鞅登门拜访,又送上礼物,托景监把自己引荐给秦孝公。

第一次见到秦孝公,商鞅显然小心翼翼。游说君王是一件十分困难的事,后世韩非子曾写了一篇《说难》,专门论述此门学问。但有一点是明确的,在没有洞悉君主真实内心想法之前,说一些"高大上"的东西总是万无一失。

古代中国人有崇拜先祖的传统，言必称"三皇五帝"。其实三皇五帝时间久远，多是些传说故事，既是传说，越传越高大上，最后成了毫无缺点的完人。商鞅在秦孝公面前大谈三皇五帝的"帝道"，孝公听着听着，无精打采，中途有几次差点睡着了，最后听得不耐烦，没好气地把商鞅赶走了。

商鞅初战失利。

秦孝公批评景监说："你所推荐的门客是什么人哪，哪里值得用！"

景监挨了骂，把怒气发泄在商鞅身上。

商鞅不慌不忙地说："我今天跟主上说的乃是帝道，这个学问太深了，主上思想不开悟，与帝道无缘。"他请求再安排与秦孝公见面，也许是他那无与伦比的自信心征服了景监，这位宠臣答应再帮他一次。

五天后，商鞅第二度与秦孝公会晤。

这一次，他不说帝道，而是说王道。所谓王道，就是夏王禹、商王汤、周文王、周武王等先王政治理论，这些人都是被后世推为"圣人"，无论文治还是武功，都有大成就。这回秦孝公没有打瞌睡了，只是还有不满意之处，因为禹汤文武都是几百年甚至上千年前的人，生活的时代与今天迥然不同，把他们的政治理论放到今天用，牛头对不上马嘴。

诸位读者，商鞅不是研究刑名之学吗？他不跟秦孝公谈论刑名之学，却大谈帝道、王道之学，岂非奇怪吗？

其实不然。

刑名之学，向来上不了台面。华夏政治文明传统，都是讲求道德至上，即便是表面一套，背后一套，也得装出道貌岸然的样子。总之一句话，把"道德"二字挂在嘴边，保管不犯政治错误。商鞅在未知秦孝公底细之前，当然得小心谨慎，不能犯政治错误的。他先说了三皇五帝的帝道，又说了禹汤文武的王道，这些圣人都是历史上的英雄，秦孝公为什么不爱听呢？靠修德取天下，时间太长了。就说大禹吧，治水治了十几年，三过家门而不入，如此辛苦，才积累些德行，容易吗？秦孝公可不想花那么多时间在积德上，他要的是速效药。

通过两次面谈，商鞅摸清秦孝公的底了，自己的那套刑名理论，不正是速效药吗？下次见面，必定可以征服孝公的心。

很快，秦孝公第三次召见商鞅。

商鞅不说帝道，不说王道，只说霸道。霸道，就是春秋五霸经验，这里也包括孝公最推崇的先祖秦穆公。商鞅剖析霸业，入木三分。霸道之说，太合秦孝公口味了。春秋时代几位霸主，他们称霸的模式各有不同，但都是因势利导的结果。理论与时势相结合，才能迸发出强大的力量。比如说第一代霸主齐桓公，当时周室衰微，诸侯争战，周边少数民族威胁，他不失时宜地提出"尊王攘夷"的口号，顺应天下民心，故能成就一代伟业。

秦孝公越听越兴奋，不住地点头。事后，他高兴地对景监说："你的门客很不错，可以跟他讨论问题了。"

三次见面，商鞅的人生在此转折了。

秦孝公召见商鞅的次数越来越多。两人一熟，孝公也把心里话掏出来说："您最早说的五帝三王那些道理，用他们的方法来建功立业，花费时间太长，我等不了。贤明的君主，应该在位时就扬名天下，而不是默默无闻地等上数十年乃至上百年才能成就帝王之业。"

商鞅答道："要使国家在短时间内迅速强大起来，方法是有的，但是这个方法，在德行方面，就无法与商、周时代相比了。"

儒家就是鼓吹德行，理想固然高远，可是实行起来，成功遥不可及。且不说后世儒生，就连鼻祖孔老夫子也混得不行，遑论他人？商鞅与秦孝公本质上是同一类型的人，他们要在活着时就名扬天下，而不是像孔子那样活着时如丧家之犬，死后却成了至圣先师。孔子是理想主义者，商鞅则是现实主义者。

现实主义者，注重今生而非来世。

秦孝公也是现实主义者。对他来说，道德家不是理想，他的理想是雪耻，是夺回被魏国占领的河西之地。

强国之路有吗？

有。

两个字：变法。

商鞅对孝公说："秦国一直以来所沿用的制度法令，很多都不适宜当下了。要改变国家，首先要变法。"他侃侃而谈，把多年的心得一一道出，知无不言，言无不尽。秦孝公听得入神，不知不觉之间，他的身体不断向前挪，膝盖已挪动到座席前，还浑然不觉。

整个宫殿里，似乎只有商鞅慷慨激昂的话语在回荡，秦孝公仿佛看到了一幅美丽的图卷，他与他的国家高高在上，傲视群雄，所有人都匍匐在他脚下。被人瞧不起的秦国，果真可以实现号令诸侯的伟业吗？

他的身体突然颤抖了。

变法，意味着要把历代先王的法令制度推倒重来，摧毁传统。这得有多大的勇气。人有惰性，国家亦然，传统就是惰性。当一件事成为一种习惯，就有一种巨大的力量阻止其变化。

秦孝公忽然想起吴起。这位秦国克星离开魏国后，前往楚国，在楚悼王的全力支持下推行变法。岂料楚悼王刚死，尸骨未寒，一群顽固派便反攻倒算，将他射死在楚悼王的尸体之旁，楚国的变法半途而废。这就是变革的下场！秦国顽固派的势力，比起楚国一点也不逊色，秦国的变法，也会无疾而终吗？秦国的强大，会只是一场不切实际的梦想吗？

想到这里，秦孝公焦躁不安了，吞吞吐吐地说："我想变法，又怕天下人非议我。"

此时的秦孝公只是二十多岁的年轻人，即便他是君主，要以一人迎战一国之人，他信心瞬间崩溃。

商鞅也只有二十多岁，比起秦孝公，更有破釜沉舟的勇气。他慨然道："优柔寡断者不会成名，迟疑不定者难以成功。真正高人的做法，必定超乎寻常人的见解；有独立见解的智者，必定遭众人的厌恶。有智慧的人在事情发生之前便能看到结果，愚蠢的人即便事情发生了也懵然不知。智慧的人少，愚蠢的人多，主上要做成一件事，不可与民众商量如何开始做，因为他们不过是鼠目寸光。您只需要在事成之后，让民众享用现成的果实即可。有高尚道德的人总是不合于习俗，建立大功业的人总是独断专行，不与众人共同商量。因此，只要可以强国，不必效法旧的规章制度；只要有利于民众，不必遵循旧的礼制。"

要成就不世之伟业，就要有超越凡尘的雄心。

雄心战胜胆怯。

秦孝公决心留下商鞅，推行变法，扭转暮气沉沉的秦国政局。此议一出，一片反对声浪，这原本是预料中的事。

这是一场没有刀光剑影的战争，却杀机密布。商鞅要舌战群臣，为变法辩护。面对疾风暴雨般的进攻，他能顶得住吗？

老官僚甘龙率先跳出来反对道："你简直胡说八道。自古以来，圣人教化人民不改变习俗，智者治理国家不变更法令。顺着民俗来教化，不费力却易成功；沿袭旧法来治国，官吏习惯，百姓安心。"

说白了，像甘龙这样的既得利益者，最不喜欢改变现状，只要窝在旧的体制下，他的个人利益就不会受到冲击。

话音刚落，商鞅就给他当头一棒，道："您所说的，不过是俗人的见解罢了。平庸的人被习惯所左右，学者们又拘泥于自己的见闻，不能突破常规。这两种人，不能跟他们讨论变法的事。历代的礼法制度都是不断革新的，而非一成不变。夏、商、周三代的礼制是不同，但都能称王天下；五霸的法度也各不相同，但都能称霸诸侯。我想告诉大家一个事实，揭示真相：智者创建法令制度，而愚者只是受其制约；贤者更改礼制，平庸者受其束缚。"

说到这里，商鞅用坚定的语气对秦孝公说："受制于旧法者，不可与之谈变法；受制于旧礼者，不可与之谈政事。主上不要迟疑不决了。"

又一人跳了出来，杜挚喝道："没有百倍的利益，就不要变更法度；没有十倍的功效，就不要变更工具。效法古制，可以不出差错，遵循旧礼，可以避免偏差。"

商鞅轻蔑地质问说："您口口声声说要效法古制，请问是效法哪一代的古法呢？又是遵循谁的礼制呢？伏羲、神农教化却不诛杀；黄帝、尧、舜诛杀而不过分；周文王、武王时代法度、礼制又异于前代。事实上，治理天下绝不仅有一种方法，何必非要效法古代呢？商汤、周武王不受古法的拘束，却成就王者之业；夏桀、商纣不变更古制，最终走向亡国。因此，循规蹈矩并非就是好，突破常规并非就是坏，关键是要顺应时势而定。"

"说得好。"秦孝公拍案而起,说道,"我听说居住在偏僻小巷的人少见多怪,学识浅陋的人只知道诡辩。愚者所嘲笑的事,正是智者所悲哀的。狂者所高兴的事,正是贤者所担忧的。那些拘泥于世俗的言论,真是不值得一提。寡人对变法一事不再怀疑了。"

没有秦孝公坚定不移的支持,就没有震古烁金的商鞅变法。

很快,商鞅被提拔为左庶长,变法运动轰轰烈烈地展开了。

十二 / 史无前例的大变法

变法只是手段，不是目的。

目的是富国强兵。

固然，秦国并不弱，它拥有一支能征善战的剽悍之师。但与其他诸侯相比，秦国也不强，否则沦陷数十年之久的河西之地，怎么迟迟没有收回呢？这是一个争雄天下的年代，战国七雄，无一弱者。要脱颖而出，鹤立鸡群，只能比对手更强、更壮。

富国强兵不光是秦国的目标，也是诸侯们的目标。在此之前，各国的改革已如火如荼地展开。魏国有李悝变法；楚国有吴起变法；齐国以邹忌为相，广开言路，政治最为清明；韩国以申不害为相，以权术治国。然而，这些国家的改革，无论在深度或广度上，都不及商鞅变法。

商鞅变法的理论核心是：最大限度地调动国家一切可资利用的力量，投入到农耕与作战中。农业是本，商业是末，把农业提升到国家战略的高度，这是富国之本，也是战争后勤的根本保证。为了最大限度地调动一切力量，采取赏与罚两手硬的手段。赏是要激起百姓的热情，罚是要用恐怖手段来控制他们，双管齐下，把生杀之权牢牢掌握在统治者手中。国家就如同一台大机器，所有人只是其中的一个零件。

秦国开始朝着高度集权迈进。

在集权主义之下，个人的自由空间被大大压缩了。

新法的条文相当苛刻。比如连坐法是这样规定的：百姓每十家为一"什"，五家为一"伍"，一家犯了法，其他九家有举报的义务与责任，倘若知情不报，十家连坐。不告发罪犯者处以腰斩的酷刑，举报者得到的奖赏与战场杀敌相同。窝藏罪犯的惩罚与战场投降相同。

连坐法的危险在于，你不再是个自由汉，你没犯法，也可以因为别人犯法而遭株连。所以你除了当一个守法良民，还得随时充当暗探与告密者的角色。只要生活在这个国家的土地上，每个人都别想置身事外。

在这个国家，最重要的事就两件：一是耕地，二是打仗。商鞅新法对农业的重视是前所未有的。经济是国家实力强大的根本，而农业又是经济之本。秦人尚武，向来注重军功，却不注重农耕，商鞅把农耕的重要性与作战相提并论。要提高农耕的效率，就得压制商业，让商人无利可图，他们破产了，就只好去务农。国家要求每个人都是有用的人，对游手好闲的懒人只有一种处置手段：把他们充为奴婢。

军事制度的变革更是变法的重中之重。建立起绝对的军事优势，是商鞅最大的努力方向，这同样需要使用赏罚作为手段。凡是在作战中立功的，按照功劳的大小受封爵禄。由于秦人尚武，民间私斗十分盛行，这必须坚决清除，对私斗者要视情节不同而给予不同的惩罚。一个国家全体国民，必须成为有机体的一部分，要服从国家意志，不许自作主张。对于有军功的人，得给予显赫的声名，没有军功的人，就算富有也不光彩，公室宗族倘若没有军功，也不能列入贵族行列。

法令制定出来了，如何推广实施呢？如何让百姓了解政府坚定不移的决心呢？倘若只是在城门张贴法令告谕民众，显然达不到目的。为此，商鞅精心构想了一个立威、立信的方案。

他在都城的南门立了一根约有三丈长的大木头，对围观的人群说："有谁能把这根木头从南门扛到北门，赏十金。"大家觉得很奇怪，扛这么根木头可以得到十金的奖赏，不可能吧？

大家不相信，没有人自告奋勇站出来。商鞅站在台上高声说："把木头扛到北门，赏五十金。"台下的人惊叫起来，议论纷纷，过了片刻，总算有一个人挤上前来说道："我来试试吧。"

此人扛起木头，从南门走街过巷，一路扛到北门。站在路边看热闹的人越来越多，想看看他是否能真的领到五十金的赏钱。那人把木头扛到目的地，商鞅绝不食言，当场发放五十金赏钱。众皆骇然，所有人都后悔了，早知如此，自己就应一马当先冲上前去扛木头。

整个都城轰动了，街头巷尾都在议论这事。商鞅徙木立信，花费五十金，值！这是给政府打广告，给变法打广告，向国人表明：政府是讲信用的，绝不欺骗百姓，有法必依，执法必严。

紧接着商鞅公布了新法的各项细则，变法的大幕就这样拉开了。

新法所招致的不满，如洪水般袭来。

秦国各地的官员百姓，都感受到了新法的威力，他们全被卷入变革的旋涡之中，以往的生活习惯完全变样了。每个人的生活，全都打上政治的烙印，不能游手好闲，不能无所事事，不能只顾着自家，还得盯紧邻人，否则哪天被株连都不知道。当习惯刚刚受到外力的剧烈改变时，人通常会感到很不舒服，有强烈的抵触心理。于是乎数以千计的人从全国各地集中到都城，抗议新法，其中有的是个人行为，有的则是有人在背后操纵。

变法的最大阻力，并不是来自底层的百姓，而是来自上层的贵族与官员，他们想方设法要中止改革，害怕自己的利益受损。商鞅必须采取更加强有力的手段，杀鸡吓猴，让所有人都知晓，新法的威力绝对是不可抗拒的。

改革，就要有硬碰硬的勇气。

小官小吏容易搞定，大官大吏则不容易摆平。

阻力巨大，要突破阻力，势必与权贵周旋到底。

机会来了。

这次，触犯新法的不是别人，正是国家储君，当今秦国太子。

这时太子年龄还小，没遵守法令，也是底下人纵容的，太子党显然认为根本不受新法的约束。商鞅借这个机会，向太子党开刀。这真是疯狂，太子是未来的君主，其他人巴结都还来不及，怎么敢与之作对呢？然而商鞅真的豁出去了，只要太子党屈服了，还有谁敢对新法阳奉阴违呢？

商鞅谒见秦孝公，说道："新法得不到强有力的执行，就是因为上面的人触犯了它。太子犯法，依法应当查办，只是太子作为国家储君，不能施刑，但太傅公子虔、太师公孙贾两人，作为太子的老师，其过不可恕，请允许我将此二人法办。"

对秦孝公来说，这是考验他变法决心的时刻。

刑不上大夫，这是那个时代官场的潜规则。商鞅公然挑战权贵，挑战传统，挑战潜规则。改革进入一个关键点，能否顶住压力，变法成败在此一举。令他欣慰的是，秦孝公的支持是毫无保留的，对年轻且雄心万丈的君主，富国强兵是压倒一切的大事。为此，秦孝公不惜砸碎一切绊脚石，与一切反对者为敌。

在伟大秦孝公的支持下，嚣张的太子党遭到当头重击。太傅公子虔与太师公孙贾两人被依法惩罚，公孙贾被处以黥刑，就是在脑门上刺字，一辈子都得留下耻辱的烙印。全国震惊！谁也没想到新政府动真格的，拿权贵开刀问路。太师下场尚且如此，其他大大小小的官吏岂敢再吭一声呢？

在商鞅霹雳般的一击下，所有反对新法者噤若寒蝉，无人敢抱怨了。所有人都知道商鞅背后有国君的支持，而且是无条件的支持。固然，许多人心里怨恨商鞅，但商鞅毫不在意，我行我素，他充满使命的狂热，他才是创造历史的人，其他人只是庸庸碌碌的无名之辈。

新法推行的进程越来越顺，在短短几年里，秦国的面貌焕然一新，老百姓路不拾遗，山里没有盗贼——这是儒家一直想做却做不到的事，商鞅全做到了。他能做到，是因为手段不同，儒家强调教化之功，而商鞅则迷信强权的力量。人皆有恐惧怵惕之心，商鞅看清这点，采取恐怖、强制之手段，故而能收一时之效。当然，商鞅也明白，光以恐怖手段难以长久，怨恨久了，人心必如火山喷发。因此，还要以利诱之，只有让百姓尝到甜头，享受新法的好处，社会才能长治久安。

新法带来什么好处呢？人人都丰衣足食，家家富裕，社会治安相当好。同时，私斗几乎绝迹了，国人怯于私斗，勇于为国家战斗，军队的战斗力比以前更强大了。只要秦国还能不断地从其他国家掠夺土地、财富，就可以转移百姓的注意力。当一个国家走向强大时，膨胀起来的爱国主义热情，能有效抵消对新法的抵触心理。

与变法同时进行的，是秦国一系列的军事扩张。

从秦孝公始，秦国开始崭露咄咄逼人的锋芒。

孝公元年（前361），秦军东攻魏国陕城，西伐戎人、斩獂王，亮出闪闪的刀锋。孝公三年（前359），秦国大举进攻韩国。韩国连战连败，秦军攻到怀地（今河南武陟西南），在附近筑城，作为长期威胁韩国的堡垒。孝公四年（前358），秦军再度攻韩国，在西山战役中再创敌军。

当秦国的威胁越来越大时，三晋之间仍热衷于战争。秦孝公八年（前354），赵国发动对卫国的战争，魏国出手阻止，以十万大军包围赵国首都邯郸。魏国重兵集结于东部，西部已露出大大的空当。秦孝公绝不浪费机会，再攻河西，大败魏军于元里，斩首七千，一鼓作气夺下河西重镇少梁城。尽管河西仍未全部光复，但秦国已经获得少梁城这座桥头堡，随时可以渡过黄河进攻魏国本土。

少梁城尘埃方定，秦孝公又把战火引向韩国。秦公子壮包围焦城，初战不利，转而攻略上枳、安陵、山氏诸地，在这些地方修筑城堡。秦人的势力，已如一把尖刀，插入魏、韩交界处。

魏国运气着实差劲。北线战场与赵国陷入旷日持久的战争，西线被秦国收复少梁城，此时齐国忽地从背后插入一把刀。齐威王围魏救赵，孙膑献计大破八万魏军于桂陵，生擒魏将庞涓。南方的楚国乘机浑水摸鱼，夺取魏国若干城池。魏国在东西南北四面受敌，狼狈不堪。

孝公十年（前352），商鞅被提拔为大良造，这也是秦国最高官职，相当于相国兼将军。

商鞅不当战争的看客，他也要过过战争瘾。

大家都知道商鞅是大政治家，他作为军事家的一面总被忽略。其实商鞅有很高的军事素养，曾钻研过兵学，写过《战法》《兵守》等文章，论述作战方法、防守手段等问题。他在新法中鼓吹战功，认为没有军功就不配享受爵禄。这条法令，对别人适用，对他也适用，他要以身作则，在实战中捞取军功。

在商鞅的指挥下，士气高昂的秦军东渡黄河，迅速向魏国境内挺进，包围安邑城。安邑是魏国旧都，重要性仅次于大梁城。只是魏国主力在北线战场与东线战场均陷入战争的泥潭不可自拔，如何还有兵力解安邑之围呢？安邑守军在孤城无援的情况下，被迫向商鞅投降。

安邑对商鞅实在是再熟悉不过了，他在此生活许多年，始终没有出人头地的机会。彼一时，此一时，当他再回到这座城市里，不再是当年落魄人，而是带着征服者的骄傲与光荣。

一年后，商鞅再度带兵杀入魏国，兵围固阳城，迫使守军献城投降。

魏国西线频频告急，魏惠王不得不放弃吞并赵国的企图，与赵、齐等国陆续握手言和，集中力量对付秦国。魏国的军事力量仍然不可低估，魏惠王大举反扑，杀入秦国，兵围定阳。这次进攻，雷声大而雨点小。魏惠王的战略重心在中原，对秦国的反击，显然只是报复战。商鞅看清了这点，遂提议秦孝公与魏惠王议和。果然不出商鞅所料，魏惠王赢了面子后，撤兵回国去了。

西线无战事。

商鞅利用这个时机，实施第二阶段变法。

第一阶段的变法，主要是变更法令，强化赏罚手段，限制民众自由，让他们服从于国家。在商鞅铁腕之下，变法取得极大成功，但仍不够深入。酝酿十年后，商鞅二次变法隆重推出。

二次变法，主要是完善、强化国家的行政功能，主要有以下几个方面：

第一，迁都咸阳。

秦国历史上曾数次迁都，秦献公二年（前383）迁都于栎阳。栎阳并不是十分理想的都城，更像是一个临时军事指挥中心，难以担当行政中心的职能。相较之下，咸阳的地理条件更好，四周有山河之险，易守难攻，扼东西、南北交通要冲。建都咸阳，中央政府对国内四境之地都有很强的掌控力。另外，作为新都，咸阳的保守派势力绝对不像雍、栎阳这些旧都那么强大。

第二，完善行政区。

商鞅把秦国的小乡小邑、村落整合为县，全国总共有四十一个县。每个县都设置县令、县丞、县尉，分别掌管县的民政、军事。以上三个要职都由国君直接任命，中央政府对地方的管理力度大大加强了。

第三，废井田，开阡陌，"以尽人力垦辟，弃地悉为田畴"。

农业是经济基础，是战争的坚实保障。秦国地广人稀，三晋地狭民贫，针对这种情况，商鞅从三晋引进劳动力，分给他们田地与住宅，允许三代人不用服兵役。这样做，既增加了秦国的劳动力，又削弱了魏、韩、赵三国的兵源后备力量，可谓是一箭双雕之计。商鞅又颁布法令，鼓励开荒，只要是力所能及，不限土地数量，任由百姓耕种。这一政策实施数年后，秦国一举成为最富裕的国家之一。

第四，统一度量衡制度。

秦国在战国七雄中能异军突起，标准化起到了十分重要的作用。以兵器制造为例，统一度量衡后，有了标准的量器、容器，国家要打造一批兵器时，只要在设计图中标明规格，如大小、重量、尺寸等，无论在全国的哪个工场打造，出来的兵器规格都是相同的。除了秦国，没有任何一个国家能做到这点。

第五，革除戎狄陋习，禁父子兄弟同室而居。

秦国僻居西北，受戎狄风俗影响至深。中原诸侯看不起秦国是有道理的，中原礼法，尊卑有别，长幼有序，儒家所谓"齐家治国平天下"，以"齐家"为本，秦国习俗父子、兄弟同室而居，在中原人看来，不合礼制。商鞅变风俗，把中原家庭礼制引入秦国，给这个文化落后的国家带来了文明的气象。

后来秦国名相蔡泽高度评价商鞅的二次变法："夫商君为孝公平权衡，正度量，调轻重，决裂阡陌，教民耕战，是以兵动而地广，兵休而国富，故秦无敌于天下，立威诸侯。"

十三 / 改革家之死

变法令秦国的面貌焕然一新。周天子特地派人送祭肉给秦孝公。在周代，诸侯得到天子的祭肉，这是莫大的荣宠，只是如今周室衰微，所谓的荣宠也就有名无实了。不过既然天子表了态，其他诸侯也装模作样前来祝贺。如今秦孝公已完成一个心愿了，秦国不再被人瞧不起，他打心里感激商鞅，没有商鞅，就没有秦的光荣。

有一个人高兴不起来。

他就是魏惠王。

自从与赵国和解，魏国似乎恢复了些霸气。首先是入侵秦国，迫使秦孝公签订城下之盟；紧接着，魏惠王又发动对燕国与楚国战争，攻城略地；最令魏惠王得意的是，泗上十二诸侯全部尊他为老大，魏国仿佛又回到了魏文侯雄霸天下的时代。

然而，秦国的崛起又令魏惠王相当担忧，若不出手，恐怕夜长梦多。

秦孝公十八年（前344），魏惠王纠集十二个小诸侯，以朝天子为名，打算向西攻略秦国。怎么办？战或是不战？商鞅力主谈和。原因有二：其一，魏国挟十二诸侯之威，以多打少，在兵力上占据绝对优势；其二，虽然魏国的霸业回光返照，其世界老大的地位并不稳固，与赵、韩、齐、楚等国的矛盾依然很深，一个在地理上被诸强包围的国家，不扩张就会陷入死地，一扩张就会引来敌人的联合。秦国应该耐心等待机会，不应该与魏国硬碰硬。

魏惠王想开战，商鞅有办法避免战争吗？

有。

对魏惠王这个人，商鞅太了解了。这个人好大喜功，野心很大，但才能与其野心不相匹配，缺乏战略眼光。只要给他送上糖衣炮弹，就容易搞定了。

送什么呢？

王的头衔。

为了叙述方便，我把魏䓨称为"魏惠王"，其实他此时还没有称王，而是称侯。在战国七雄中，只有楚国称王，其余六国仍是称为侯。商鞅打算给魏䓨送上一顶王冠。他代表秦孝公出使魏国，先是赞扬魏䓨的伟大功业，把他吹得晕乎乎的，然后又略为惋惜地说，有这么伟大的功业，却只能领导鲁、宋、卫这样的小国，实在与世界领袖的实力不相般配，不如称王，先有"王"的名号，然后可成"王"的事业。

商鞅信誓旦旦地说，秦国支持魏国称王。

魏䓨一听，高兴得不得了。只要称王，便当之无愧成为世界领袖。既然秦国服软，还要尊他为王，他很快就把攻打秦国的计划抛到九霄云外。不久后，魏䓨自称为夏王，在逢泽召开诸侯大会。只是去的都是小诸侯，六大强国中，只有秦国派公子少官出席会议，其余五国都不搭理魏国。

商鞅略施小计，不仅化解了一场战争，还激化了魏国与其他大国之间的矛盾，可谓是一箭双雕。

被视为小弟的韩昭侯居然也不来参加大哥的盛会，魏惠王愤怒了，他出兵攻打韩国。这一冒失的举动，彻底葬送了魏国的未来。

齐国再度出手，军神孙膑在马陵之战中一举消灭十万魏兵，魏国太子申、大将庞涓都死于这场战役。

秦国的机会再度降临。

商鞅乘机对秦孝公说："秦国与魏国就是死对头，不是魏国吞并秦国，就是秦国吞并魏国。为什么这么说呢？魏国西部是险峻的山岭，跟秦国以黄河为界，独占殽山以东的地利，一有机会就能向西出击，侵略秦国，倘若没有机会，它还可以向东扩张。自从主上即位以来，赖主上圣明，国家强盛，多次打败魏国。如今魏国在马陵遭遇新败，太子申被俘，庞涓被杀，诸侯反叛，这是攻打魏国的良机。倘若我们能一举打败魏军，魏国必定放弃西部而全力谋求向东发展，这么一来，我们将占有黄河、殽山的险要地势，向东控制各路诸侯，这可是帝王的伟大事业。"

一支强大的远征军组建起来，由商鞅亲自率领，杀入魏国。"兵者，诡道也。"在这场战争中，商鞅极尽阴谋手段。镇守魏国西疆的公子卬是商鞅的老友故交，商鞅写了一封书信，差人送到魏军兵营。这封信是这样写的："吾始与公子欢，今俱为两国将，不忍相攻，可与公子面相见盟，乐饮而罢兵，以安秦魏之民。"

这封信，写得极为诚恳。公子卬本是心胸坦荡之人，哪知老朋友一肚子坏主意呢？他还真信了商鞅的话，动身前往秦国兵营，打算罢兵会盟。可是他也不想想，倘若商鞅真的"不忍相攻"，带着这么多人马来干吗呢？

商鞅假惺惺地请公子卬喝酒，公子卬一点疑心也没有。正当公子卬喝得有点醉意时，事先安排埋伏在外的甲士突然杀出，将他生擒。统帅被俘虏，魏国军队群龙无首。商鞅果断地对魏军发动致命一击。

这一战，魏国人惨败，伏尸数里，血流成河。

此役对魏国的打击力度，堪比孙膑所指挥的马陵之战。这两大战役，使魏国在东、西两线全部遭到惨败，魏国的霸业就此泡汤。魏国的强盛始于魏文侯，经魏武侯而终结于魏惠王。后世学者雷学淇曾这样评论说："惠王之败于齐、秦，此盛衰一转关也。"此后，"齐威奋起于东夏，秦孝起于西陲"，天下重心，由魏国分移到齐国与秦国。

连遭惨败的魏惠王不得不做出重大让步，迫切希望与秦国和谈。

商鞅狮子大开口，要求魏国必须割让河西之地。河西之地对秦国有着至关重要的作用，由于魏国修筑有坚固的长城，成为秦国向东扩张时不得不防的心腹之患，只有把这根楔子拔掉，才能解除后顾之忧。河西经魏国几代人耗费巨大财力物力经营，目的就是遏制秦国，如今已经无力压制了。除了忍痛割爱，魏国如何能换取和平呢？

谈判的结果是魏国割让一部分河西之地给秦国。虽然还有若干重要城池控制在魏国人手中，但已经不足以威胁秦国了，因为魏惠王耗费巨资所营造的河西长城防线已经支离破碎。秦军收复河西，只是时间问题。

自秦孝公上位，便把收复河西作为雪耻的第一目标，如今这一伟大事业取得突破性的进展。这一切成就，归功于伟大的商鞅。他非但是变法的总设计师与执行者，也是卓越的统帅，智擒公子卬、大败魏师、光复失地，这一连串的伟大胜利，把商鞅推向人生的巅峰。

公元前340年，秦孝公兑现"分土"的承诺，把於、商封给商鞅，共计十五座城邑。商鞅把其地改名为"商"，故而后世不称他"卫鞅"或"公孙鞅"，而是叫"商鞅"。时人也不敢直呼其名，而是尊称为"商君"。

这一年，是商鞅入秦的第二十二个年头。

秦孝公与商鞅的合作，是双赢的选择。秦孝公得以复仇雪耻，只用二十余年的时间便赢得世人的尊敬，不复是被人嗤为"蛮夷"的君主，连续重创魏国后，河西之地虽未完全收复，业已看到希望的曙光。商鞅以秦国为政治实验田，大展宏图，实践其富国强兵的改革理念，最终名利双收，裂土称孤，实人中之杰也。

然而，亢龙有悔，高处不胜寒。

在登上顶峰的那一刻，人生已没有上升的空间，四面却是悬崖峭壁，一个不小心，就可以摔得粉身碎骨。

许多双不怀好意的眼睛都紧盯着商鞅，特别是曾被他打倒的太子党，更是虎视眈眈，随时准备反扑。

太子党有两大巨头，一为公孙贾，一为公子虔。从两人的名字来看，他们都是秦国公室成员，非但位高权重，背后还有庞大的家族势力撑腰。遇到商鞅，这两人倒霉到极点。先是公孙贾被施予黥刑，后来公子虔更惨，被施予劓刑。一个脸上被刺字，一个连鼻子都被割了，这怎么见人？公子虔躲在家里，八年不敢出门，但没有一天不想着手刃商鞅。

其实商鞅对这两人已经算手下留情了，其他人运气可没这么好。譬如一个名为祝懂的权贵，反对新法，被商鞅一刀"咔嚓"了。

商鞅摇身一变成为"商君"，春风得意，马蹄疾驰，一日览尽咸阳花。迷信权力的人，常死于权力，因为他们往往低估了对手。反对商鞅的人，早已凝成一股强大的势力，之所以迟迟未动手，只是投鼠忌器：只要秦孝公还活着，他们就没有机会。

表面上威风八面的商君并没有意识到，权力是很空泛的概念，拥有它时，认为它是万能的神，失去它时，它就是脆弱的芦苇。表面上，商鞅一人之下，万人之上，实际上他的权力只是来自秦孝公的恩赐，没有这座强有力的靠山，他就什么也不是了。

有一个人提醒商鞅了。

这个人名叫赵良。

一天，商鞅颇得意地问赵良："你觉得我治理秦国，与五羖大夫百里奚相比，谁更强呢？"

赵良没正面回答，而是说："要我说实话有个条件，你不要杀我。"

商鞅不由得一怔，随即满口答应。

赵良说："五羖大夫百里奚执政时，没有车马随众，从不操持兵器，夏天时不张伞，劳累了也不坐车。他死的时候，秦国上下无论男女老幼都为他流泪，小孩子也不唱歌，连舂米的人也不吆喝。这就是他的德行。而您呢？当年您能见到秦王，是靠宠臣景监的推荐，当了秦相之后，用严刑峻法来残害百姓，对太子师傅施刑，这不明摆着累积怨恨与祸患吗？您不断地树立自己的权威，老百姓几乎只知道您而不知道君主，这不是教化之道。可是您还不满足，还依靠旁门左道来巩固自己的地位，自称寡人，用新的法度来压制秦国贵族。自从公子虔受劓刑后，八年不敢出门见人，您还杀了祝懽，对公孙贾施黥刑，这些都是不得人心的。您每次出门时，前呼后拥，身后的车辆数以十计，车上满是全副武装的甲士，两旁还有两排卫队，手持长矛与戈戟，威风凛凛。如果没有这么大的阵仗，您绝对不出行。您这样做，大概也是害怕遭人暗算吧。恕我直言，您的生命就像清晨的露水，瞬息之间就可能消失无踪。如果能及时补救，或许还有一线生机。我建议您归还国君所赏赐的十五座城邑，在郊野灌溉田园，劝谏国君起用有才华的隐士，赡养老人，抚恤孤寡，敬重父兄，尊崇有德。倘若您还贪图财富与名位，增加百姓的怨恨，一旦国君有所不测，到时想要杀你的人难道还会少吗？您的死期不会远了。"

听完这些，商鞅两眼发愣，无言以对。

只是，他没有听赵良的劝告。要他拱手让出辛辛苦苦奋斗得来的权力与土地，那还不如把他杀了。

不过，他没料到，他真的被杀了，而且是以最残酷的手段杀死的。

五个月后，秦孝公死了。

靠山倒了。

即位的正是当年被商鞅指责触犯新法的太子驷，史称秦惠王，又称秦惠文王。太子党得势了，被割掉鼻子的公子虔终于走出家门，他等这一天，等了八年了！秦孝公尸骨未寒，对商鞅的反攻倒算就开始了。公子虔迫不及待地在新君主面前诬告商鞅，罪名是：谋反！

商鞅意识到自己后台垮了，好日子结束了。现在坐在台上的是自己的仇家，留在秦国死路一条，只能跑路了。

他一路狂奔，一直跑到边关附近。

当时天色已暗，商鞅饥寒交迫，实在没有气力，得找个小店歇歇了。他连续找了几家旅店，店主要求出示证件。他拿不出证件，店主说："那不能让你住宿，这是商君的命令。留宿没有证件的人，是要犯法的。"

商鞅不禁苦笑了。他本以为自己是制造法律的万能上帝，现在却成为无家可归的流浪者。他原本制造了一个大囚笼要把别人锁在里面，到头来发现囚笼造好之后，自己却被锁在里面了。

当一个人从山峰坠入谷底，那滋味绝对不好受。他早习惯了华丽的厅堂、众奴仆的服侍，如今连住个荒村小店竟也成为奢侈。无奈之下，他只得强打精神，步履蹒跚地向国境线奔去，终于逃出秦国，进入魏国境内。

问题是，魏国能收留他吗？

魏惠王对商鞅的痛恨程度，不亚于秦惠王与公子虔。想想这些年商鞅都干了多少落井下石之事：攻破魏国旧都安邑；表面奉承拍马魏惠王，背地里却捅一刀；施诡计以卑鄙手段生擒公子卬；逼迫魏国割地求和……每一件事，都令魏国蒙受巨大损失，令魏惠王脸上无光。这样的人，魏惠王会收留吗？

不能怪别人，只能怪商鞅自己做事做得太绝了，不给别人留活路，别人岂会给他留活路呢？

魏惠王不怀好意地下了一道命令："商鞅是秦国的犯人。秦国强大，得罪不起，犯人逃到魏国，必须把他遣送回去。"把商鞅遣送回秦国，与杀了他有什么不同？魏惠王不必亲自动手，他要幸灾乐祸地看看秦国人如何处死自己的英雄与救星。

商鞅被逐出魏国。事到如今，他只能铤而走险了。

他秘密回到自己的封地，拼凑起一支军队，做最后一搏。

在此之前，秦惠王是否要杀商鞅呢？这尚有疑问。固然，他对商鞅是痛恨的，再加上公子虔等人煽风点火，商鞅倒台已是必然。不过，商鞅既是孝公重臣，又有大功于秦国，秦惠王未必真有决心杀他。若非如此，以秦国律法之严密，商鞅何以能逃得出秦国，又何以被驱逐出魏国后，还能从容回到自己的封地呢？可见秦惠王是有所犹豫的。

如果说公子虔"谋反"的诬告只是一种莫须有的罪名，那么商鞅一起兵，谋反的罪名便坐实了。秦惠王不必有所顾虑了，他马上调动大军，镇压商鞅的叛乱。

以区区十五座城邑与整个秦国对抗，岂非以鸡蛋碰石头。

以一群乌合之众，去对付一支百战雄师，无异于自杀。

双方在彤地展开决战，战斗结果完全不出人意料，商鞅全军覆没，自己也沦为阶下之囚。他曾经手握生杀之权柄，只有他决定别人的生死，今天他被捆得严严实实，成为刀下之鱼，俎上之肉，一点自由也没有了。

等待他的，将是残酷的车裂之刑。

车裂是古代最残酷的死刑之一。

因为太残酷了，在政治文明颇高的春秋战国时代，绝少使用此酷刑。车裂又称为"车辗"或者"辗"，就是把囚犯平放在刑台上，用绳子或皮带把躯体固定了，手脚张开呈一个"大"字形状，头与四肢分别绑在五辆车上。行刑时，用马或牛从五个方向拉车，把人体撕裂为六块。由于人的四肢并不是一下子就能拉断的，受刑过程是极其痛苦的，正因为此刑罚太过于残酷，所以只用在罪大恶极的人身上，比如弑君者。

春秋时有几个车裂行刑的例子，都是针对弑君者。譬如周庄王三年（前694），郑国大夫高渠弥因弑杀君主郑昭公，被齐襄公以车裂酷刑处死。又如周定王九年（前598年），陈国夏徵舒因弑杀陈灵公，被楚庄王处以车裂之刑。

商鞅并未弑君，只是被逼反。包括秦惠王、公子虔等人当然心知肚明，可是他们对商鞅的仇恨委实太深了，特别是被割了鼻子的公子虔，被脸上刺字的公孙贾，如何能让商鞅死得舒舒服服呢？不，一定要用最残忍、最痛苦的刑罚，唯有如此，方可解心头之恨。

从极乐天堂到阿鼻地狱，其距几何？没有想象中的那么遥远。

几个月前，他还是天神，几个月后，他是待宰的羔羊。

吴起的悲剧又在秦国重演，而且更悲，更惨。是商鞅把秦国从一个军事大国变成政治大国与经济大国；是他让秦国抬头挺胸，以一个文明国而非野蛮国的面目出现在世人面前；是他令秦国从诸侯国中脱颖而出，成为首屈一指的强国。但等待他的，却是车裂的酷刑。

那一天，咸阳城万人空巷，齐聚刑场。

有人同情，有人幸灾乐祸，有人无动于衷……

商鞅在大庭广众之下，被撕扯身体，支离破碎，在巨大的痛苦中死去。他的尸体被挂起来示众，血肉模糊……这样的下场，着实令人嘘唏，一个英雄，本不应当有如此之下场。

人生就是大赌局，不仅要赌输赢，也要赌生死。商鞅全身心投入人生的赌局中，赌到最后一无所有。

但他并不全然是失败者。

他所创建的新法，比他的生命更长久。秦惠王恨商鞅这个人，却不恨他的法，也不废他的法，新法给秦国带来巨大的变化并结出丰硕之果，这是所有人都看到的。再说了，商鞅新法立足点是加强君主权力，哪个君主会拒绝呢？

关于商鞅变法的争议却延续了两千年。

他被指责最多的是刻薄寡恩。

大史学家司马迁这样写道："商君，其天资刻薄人也。迹其欲干孝公以帝王术，挟持浮说，非其质矣。且所因由嬖臣，及得用，刑公子虔，欺魏将卬，不师赵良之言，亦足发明商君之少恩矣。"西汉著名政论家贾谊则说："商君违礼义，弃伦理，并心于进取，行之二岁，秦俗日败。"

司马迁与贾谊是站在人道主义的立场上来批判商鞅，事实上也是批判他违背仁义之反道德主义。

也许只有政治家才能了解政治家的苦衷与事业之艰难。后世为商鞅辩护之人，不少是有名的政治家。

为秦一统天下作出卓越贡献的李斯说："孝公用商鞅之法，移风易俗，民以殷富,国以富强,百姓乐用,诸侯亲附。"

汉代著名的财政专家桑弘羊这样评价商鞅:"昔商君相秦也,内立法度,严刑罚,饬政教,奸伪无所容。外设百倍之利,收山泽之税,国富民强,器械完饰,蓄积有余、夫商君起布衣,自魏入秦,期年而相之,革法明教,而秦人大治。故兵动而地割,兵休而国富……功如丘山,名传后世。"

宋代的王安石是古史中唯一能与商鞅媲美的改革家,他的说法颇有中肯之处:"自古驱民在诚信,一言为重百金轻。今人未可非商鞅,商鞅能令政必行。"

不论世人喜欢或厌恶商鞅,都不能否认他导演了历史上最深刻、最成功的变法,富国强兵的理想实现了,秦国吞并天下的大门也由此开启。

十四 / "屌丝"逆袭：张仪的励志故事

魏国的霸业凋零，秦国的霸业方兴。

有趣的是，打败魏国的正是魏国人。从春秋时代始，晋国就是人才辈出之地，三家分晋后，魏、赵、韩三国仍是人才鼎盛，其中又以魏国为最。当魏国最强盛时，各国人才纷纷涌入，吴起、孙膑、商鞅都是其中佼佼者。结果呢？吴起被陷害去了楚国；孙膑被砍掉膝盖去了齐国；商鞅郁郁不得志去了秦国。此后便出了怪事，在魏国混得没人样的人，到了秦国后却成了一条龙，魏国几乎成了秦国的人才培训基地。司马迁在《史记》中写道："三晋多权变之士，夫言从衡（即纵横）强秦者大抵三晋之人也。"

商鞅死后，又有两个大神级的人物，从魏国去了秦国。

这两位大神，一个是公孙衍，一个是张仪。

此二人，皆是战国纵横家之代表人物。

所谓纵横，即合纵与连横，韩非子释义说："纵者，合众弱以攻一强也；横者，事一强以攻众弱也。"随着群雄兼并战争的加剧，外交活动的重要性也日益凸显，这给了纵横家脱颖而出的机会。一批权谋大师横空出世，令纵横术光芒四射，他们也成为那个时代真正的英雄与偶像。

先说说公孙衍。

他是魏国阴晋人，早年生平不可考，只知道曾在魏国当过官。估计混得不好，他便离开魏国，到秦国去碰碰运气。此时秦国广纳贤才，公孙衍如鱼得水，很快便声名鹊起。

秦惠王上台后，致力于全面收复河西之地。

公元前333年（商鞅被杀后五年），公孙衍率秦国兵团攻打魏国在河西的军事据点雕阴城，大败魏军。他不遗余力地攻打自己的祖国，秦惠王显然很满意，把他提拔为大良造。秦国如旭日初升，魏国却已暮气沉沉，老迈的魏惠王再无进取雄心，对付秦国虎狼般的进攻，他祭出的法宝是割地求和，把公孙衍的故乡阴晋城割让给了秦国，秦惠王将其更名为宁秦。

战争向来没有中庸之道，魏国退一步，秦国则进一步，此消则彼长。公元前331年，秦惠王派公子卬对河西发动史无前例的猛攻。魏军兵败如山倒，统帅龙贾被生擒，战死者不计其数。在《史记》一书中，有两种不同的说法，一种见于《魏世家》，记为："秦败我龙贾军四万五千于雕阴。"《秦本纪》则记为："虏其将龙贾，斩首八万。"前者为魏方的记录，后者为秦方的说法。不管哪种属实，都证明秦国大胜而魏国大败。

秦军乘胜而进，渡过黄河，攻入魏国，兵围焦、曲沃。

魏惠王再无继续战斗的勇气。他在位时间已经长达四十余年，或许是年龄的原因，或许是战场不断遭遇的惨败让他心灰意冷、自信全无，他再也牛不起来了。这一次，魏惠王将河西之地全部割给秦国，以换取和平。

自公元前419年魏文侯筑少梁城、经略河西以来，经过八十九年的反复争夺，魏国最终在河西战争中败北。全面收复河西，是秦国历史上的重大事件。钉子已经拔除，通往中原的大门即将打开，灼人的烈焰很快就要烧向东方。

魏国老大地位不再，从一流强国沦为二流国家。在东方诸侯中，在"围魏救赵"及马陵之役中异军突起的齐国取代魏国成为老大。

公元前334年，齐、魏两国在徐州先后称王，此举意味着周天子的王号失去权威。此后，各诸侯先后称王。

公元前325年，秦惠王正式称王。几个月后，韩宣惠王称王。公元前323年，赵、燕、中山等国称王。至此，战国七雄全部称王，分别是齐威王、秦惠王、楚怀王、魏惠王、韩宣惠王、赵武灵王与燕易王。

仅仅十一年的时间，重要的诸侯国全部称王，宣告周王室"天子至尊"时代被彻底终结。春秋时代"尊王"的口号彻底被抛弃，各国只为自己的利益而战，当然其间也有国与国之间的合作，但多数都是短暂性的。连横也好，合纵也罢，如何选择，都要视自己的利益而定。战国历史进入一个更加残酷的阶段，战争规模更大，也更血腥。

随着战争的全面推进，各国纷纷开辟第二战场，即外交战场。

这是辩士们纵横捭阖的黄金时代，连横与合纵成为最重要的外交战略，而一大批杰出的外交奇才也应运而生，张仪正是在此背景下来到秦国。

张仪是魏国人，与苏秦是同学，师从一位神秘的高人鬼谷子。在求学期间，他的聪明才智让苏秦自叹弗如，他才思敏捷，巧舌如簧，天生就是一块纵横家的料。不过刚出道那会儿，他却四处碰壁，狼狈不堪。

从鬼谷子那儿学成归来后，张仪自以为可以行走天下，开始他的游说生涯。此时魏国衰微，官场黑暗，张仪没有用武之地，他便动身去了楚国，成为楚相国府里的一名门客。岂料没过多久，他便遇上一件倒霉的事。

有一回，相府丢失了一块玉璧，大家怀疑是张仪偷的。为什么呢？因为张仪家里很穷，大家对相国说："张仪家里贫穷，品行不好，准是他偷了玉璧。"就这样，张仪被抓起来，严刑拷打，遭鞭笞数百下，被打得遍体鳞伤。穷也是过错吗，为什么穷人就要被怀疑？张仪咬紧牙关，死不承认。最后相国也没辙了，毕竟空口无凭，只得把半死不活的张仪赶出相府。

回到家后，张仪卧病好一段时间。妻子看着体无完肤的丈夫，心疼地说："唉，夫君您要是不读书，不学游说之术，怎么会蒙受这等冤屈与耻辱。"

张仪张大嘴巴说："你看看我的舌头还在不在？"

妻子笑着说："还在。"

"这就够了。"张仪十分乐观地回答。

这时他打听到一个消息，自己的同学苏秦混得不错，在赵国挂了相印，便心念一动：为何不去找老同学呢？于是他打点行装，动身前往赵国。

到了赵国，张仪前往苏秦的府邸，求见老同学。苏秦知张仪有过人之才，有意要刺激他一下，以激发其雄心壮志，故意装作十分冷漠的样子，让他等了好几天后才接见。

张仪进了内堂，苏秦也不吭声，让他坐在堂下，令人端上几盘下人们吃的菜肴摆在他案前。正当张仪心里颇有怨气时，苏秦慢条斯理地说："张仪呀，凭你的才能，竟然穷困潦倒到这个地步，我真为你感到羞耻。当然了，我可以在赵侯面前举荐你一下，让你富贵，只是你不值得我这样做。"

一个有血性的人，怎么能被这样侮辱呢？张仪双拳紧握，怒发冲冠。苏秦才不管他呢，像打发下人一样，把他打发走了。

耻辱，真是奇耻大辱。张仪恨恨地说，我定要出人头地，总有一天要回来雪耻！

魏国待不了，楚国待不了，如今赵国也没他容身之地。

要去哪呢？

当然是秦国了。

他打点行装，再不回头望苏秦相府一眼，向西而去。

张仪走后，苏秦才对一位门客说："张仪是天下奇才，我比不上他。如今我侥幸被赵国任用，赵国最大的敌人是秦国，能够掌握秦国大权的人，只有张仪。只是张仪还没有时来运转，他现在穷困潦倒，很难有机会接近秦国君主。我怕他会贪图小利，以至于浪费成就大功业的机会，所以故意羞辱他，就是为了激发他的斗志。如今他动身前往秦国了，一路上会遇到许多麻烦，您帮我在路上照应他。"

苏秦给了这位门客一包金币，配了一辆马车，让他跟踪张仪，暗中相助。门客依苏秦吩咐，有意接近张仪，与他住同一个旅舍，张仪缺什么，他就给什么。到了咸阳城后，门客又拿着金币四处打点，使得张仪有机会见到了秦惠王。张仪以为遇到好心人，内心十分感激。

张仪的三寸不烂之舌终于有了用武之地，他向秦惠王大谈远交近攻的连横战略。秦惠王听得意醉神迷，当即大腿一拍，给了张仪一个官职。

一路随行的门客见张仪已经在秦国站稳脚跟，便前来辞行。张仪一听急了，脱口说道："我是靠着您才有今天的地位，正想要报答您呢，您怎么就要离开呢？"

门客微微笑道："我跟您说实话吧。了解您的人不是我，是苏秦先生。苏先生担心秦国将攻打赵国，他认为除了您，没有谁能掌控秦国的政权，所以一心激您到秦国，又派我暗中提供财物相助。现在我完成任务了，要回去向苏先生交差了。"

这时张仪才明白真相，他动容道："苏先生的激将法，正是老师鬼谷先生所传授，我却没能领悟，很明显我的水平不及苏先生。我刚刚被任用，岂能谋取赵国？请您一定要代我向苏先生致谢。苏先生在位执政时，我哪里敢说些什么，又哪里能做什么呢?"

张仪为人精明,辩才无碍,有真知灼见,很快取得秦惠王的信任。

有个人不高兴了。

他就是秦国大良造公孙衍。

既生瑜,何生亮!既然有了我公孙衍,怎又生出了一个更强的张仪?

一山不容二虎。

两人都来自魏国,都是纵横大师,都充满权力的渴望,明争暗斗不可避免。两人斗了好几年,最终张仪技高一筹,把公孙衍给挤掉了。公孙衍气急败坏,一怒之下离开秦国,返回魏国,被魏惠王任命为将军。

秦惠王九年(前329),秦国以公孙衍叛逃为借口,大举出兵讨伐魏国。可怜的魏国已经想不到对付秦国的办法,汾阴、皮氏、焦、曲沃等城邑纷纷落入秦军之手。

秦国的进攻如疾风暴雨,令魏惠王连喘息的机会也没有。第二年(前328),秦军再次兵临城下,领兵打仗的,正是张仪。或许我们可以认为这是秦惠王对张仪忠诚的考验,让他去屠杀自己的同胞。在今天看来,张仪可称为"魏奸"、叛国者。不过战国时代国家观念没那么发达,张仪的理论是,魏王不肯用我,我才跑到秦国效力,这是天经地义的事。出自鬼谷门下的张仪不仅懂得纵横术,也学过兵法。他还是有两下子的,很快攻占魏国城池蒲阳。

对张仪的表现,秦惠王相当满意。

不料张仪班师回朝后,给了秦惠王两个看似荒唐的建议:其一,把蒲阳归还魏国;其二,派一名公子入质魏国。

这是什么话?秦惠王拉了拉耳朵,怀疑自己是不是听错了。辛辛苦苦才把蒲阳攻下来,又要拱手让出,你唱的是哪出戏呢?要派人质,也应该是失败者送上人质,哪有胜利者送人质的道理?秦惠王不禁要怀疑,你张仪是不是魏国派来的奸细?

若是大家都看得明白的谋略,怎么算得上是奇谋妙略呢?张仪自然有自己的算盘。他本质上是一个赌徒,既然要下赌,就得有赌注。城池与人质就是他的赌注。赌什么呢?赌魏惠王的面子。

魏惠王是个好面子的人，你越不给他面子，他硬要死撑着。若是给他一点面子，他必定会变得慷慨大方。魏惠王正为蒲阳的丢失而垂头丧气时，张仪来了，把城池送还，还附带送来一个秦国公子当人质。看上去秦国是做了赔本的买卖，其实不然，张仪此来，是要做交易的。

老子不是说过："将欲夺之，必固予之。"赠送是为索取更多。张仪见魏惠王乐呵呵的，便说："秦国对魏国这么好，魏国总得意思意思吧。"

魏惠王不禁一愣，怎么意思一下呢？

张仪早有方案。

去年秦国不是夺了魏国焦邑、曲沃数城吗？这些都是大城池，特别是曲沃，是晋国的发迹之地，历史名城。只要魏国拿些城池来交换，秦国将交还焦邑、曲沃。魏惠王已经当了四十二年的国君，垂垂老矣，早失去往昔的锐气与斗志，只是对虚名看得很重。能换回历史名城曲沃，自己面子上才过得去。他取来地图，大笔一挥，划了十五座城邑与张仪交换。

用蒲阳、焦邑、曲沃三座城池换回十五座城，秦国便宜占大了。张仪毕竟是魏国人，对魏惠王的心理摸得太准了，只要保全他的面子，准能捞到好处。是的，魏惠王自认为很有面子，秦国主动来求和，还送上人质，送还历史名城。只是秦惠王要在背后偷笑了，他只是用魏国的这块土地交换那块土地，自己分文未付呢！

张仪用一张利嘴，为秦国捞了十几座城。不必舞刀弄枪，三寸之舌功过十万雄师，果然是厉害角色。

秦惠王不能不服，他把张仪提拔为相国。

在此之前，秦国是不设相位的，最高官职是大良造，商鞅、公孙衍都当过大良造。秦设相国，是从张仪开始的。曾几何时，张仪四处碰壁，跑了半个中国也没混出个人样，如今穷书生逆袭，华丽转身为高富帅，丑小鸭变成白天鹅。没有秦国开放的政治，就没有张仪的励志故事。由此看来，秦孝公当初求贤天下的政策，可谓是目光远大。

十五 / 新战略：连横 VS 合纵

"纵横术"是张仪的看家法宝。

纵横术包括合纵与连横，要使用哪种策略，得随机应变。若是在弱国，就得鼓吹合纵，譬如张仪的同学苏秦，跑到赵、燕这些较弱的国家，他得鼓动诸侯联合对抗强国；若是在强国，用法则不同，须鼓吹连横，远交近攻。

张仪的时代，天下形势明朗化。东部的齐国与西部的秦国崛起为两大超级强国；三晋没落，夹在两大强国之间；楚、燕两国各据南北，没有雄心壮志。

秦国欲席卷中原，势必要与三晋战斗到底。

"上兵伐谋，其次伐交。"谋略与外交，是军事的上乘之道。张仪深谙此理，他祭出"连横"法宝，在外交上积极拉拢齐国与楚国，打击魏、赵、韩三国。

公元前324年，张仪与齐、楚两国外交大臣会晤于龁桑（今江苏沛县西南），商讨合作事宜。一旦三国结盟，魏、赵、韩将陷入西、东、南三面的环形包围圈，到时就相当被动。但我们不要忘了，三晋是纵横家的大本营，人才还是有的，挺身而出的，正是张仪的老对手公孙衍。

公孙衍被张仪挤出秦国后，回到魏国，这位纵横大师着实本领不同一般，很快取得魏惠王的信任。针对张仪"三国结盟"的企图，公孙衍精心策划"五国合纵"，五国就是魏、韩、赵、燕、中山五个国家，以合纵战略对抗张仪的连横战略。

棋逢对手，公孙衍这一招，实在大大出乎张仪的意料。

一计不成，张仪再生一计。

不久后，一个消息震动天下：张仪被秦惠王免去相国之职！

天下无双的权谋大师张仪，难不成就这样丢了饭碗吗？

当然不是了。

张仪与秦惠王合演了一出双簧戏，一个愿挨，一个愿打。目的何在呢？张仪的目的是回到魏国，拆毁公孙衍苦心建立起来的"五国合纵"。他自告奋勇充当冤大头，只是为找一个返回魏国的理由。

魏惠王没那么讨厌张仪，因为张仪曾保住他的面子。对张仪的回归，他是欢迎的，希望这位纵横大师能给魏国带来新气象，重振雄风。

张仪对人性十分洞悉，知道魏惠王要什么。魏惠王打了几十年的仗，越打国家越衰弱，越打土地面积越小，他太需要胜利了。既然需要胜利，就不应该与强国为敌，而应该与弱国为敌才对。

他对魏惠王说，魏国不应与秦为敌，应与秦国联手进攻实力较弱的韩国，魏国出兵攻南阳，秦国出兵攻三川，韩国势必要割地求降。

魏惠王听罢眼睛不由得一亮。丢失了那么多土地后，他真的很需要从别人那里获得补偿。他对张仪提出的计策大加赞赏，甚至授予相位。张仪果然好本事，摇身一变，从秦国宰相变成魏国宰相。只是有一件事，魏惠王是始料不及的，张仪自始至终，都是秦国的奸细！

张仪的阴谋差一点得逞。

他可以忽悠魏惠王，却瞒不过一个人的法眼。

此人正是他的对手、纵横术的另一大师公孙衍。

公孙衍在秦国栽在张仪手上，回到魏国后，张仪又尾随而至，真乃不是冤家不碰头。张仪一来，又抢走了风头，轻松爬上相位。公孙衍苦心经营起来的五国合纵，眼看就要断送在张仪手中了。不行，绝不能让张仪得逞。

谋士之间的决斗，不是动手动脚，而是智力上的搏斗。

如何整垮张仪呢？公孙衍老谋深算，既然张仪的目的是发兵侵略韩国，那他就先下手为强，游说韩国出让一部分权益给魏国，不战而屈人之兵，同时又可保全五国合纵联盟。问题是韩国如何肯吃亏呢？

关键要说服韩国执政的韩公叔。公孙衍前往拜访韩公叔，告知张仪的阴谋，并说："只要魏国与秦国联手侵韩，韩国必定要丧权失地。"韩公叔听得冷汗直流，这如何是好？公孙衍不急不慢地答道："您为什么不把一些政事交给我来处理呢？如果我不用战争手段，却能让魏王得利，魏王定会抛弃张仪而重用我，这样做对韩国也是有利的。"

两相权害取其轻。韩国迫于压力，同意公孙衍的意见，出让部分国家权力，以避免战争的发生。公孙衍不战而捞足好处，比起张仪的建议更胜一筹。老迈的魏惠王在公孙衍的游说下，又一次摇摆到了"合纵"的立场，以公孙衍为相，灰头土脸的张仪跌下神坛。

秦惠王拆散五国合纵的阴谋破产，勃然大怒，发兵攻打魏国，连下曲沃、平周等地。张仪丢了相位，待在魏国，闭门不出。秦惠王没有忘记这位纵横术大师，悄悄派人前往魏国，给张仪送去了很多礼物。直到四年后，张仪才又离开魏国，前往秦国。

与后来的乱世不同，战国时代的特色是纵横家左右政局的发展。

在公孙衍的主持下，东方针对秦国的合纵运动如火如荼地展开了。

公元前319年，在位长达五十年之久的魏惠王去世。魏襄王即位，力图重振魏国雄风。此时魏国风光不再，已从一流强国沦为二流国家，仅靠单枪匹马，难与秦国争锋。然而，魏国的政治影响力犹存，振臂一呼，仍有合纵诸国的能力。魏相公孙衍成为此期叱咤风云的人物，领导东方合纵运动以对抗崛起中的秦国与齐国。

在公孙衍的努力下，合纵运动取得了实质的进展。

公元前318年，魏、赵、韩、燕、楚五国达成协议，共同出兵，组建一支多国部队，讨伐秦国。这次合纵运动表面上来势汹汹，五国联合，兵强马壮，却有一个致命的弱点：无论哪个国家都无法领袖群伦，各诸侯各自心怀鬼胎。这些国家之间都有矛盾，互有戒心，谁也不肯全力以赴。你要保存实力，我要避敌精锐，这样的军队，如何能战胜精锐的秦师呢？

五国联军抵达函谷关（今河南灵宝北），秦军出兵迎战。秦军同仇敌忾，气势逼人，联军只知扯嘴皮子，真到战场上，谁也不卖力。战争的结果并不出人意料，多国联军被轻而易举地击败了。

不过公孙衍并非毫无所获。

在公孙衍的策反下，一直归顺秦国的义渠突然叛变，令秦惠王手忙脚乱。义渠是古戎国，与秦国关系错综复杂。下面我简单梳理下义渠与秦国之间的恩恩怨怨。

自秦庄公始，西戎便成为秦的死敌。经过数百年的战争，西戎基本上被秦所征服。义渠是戎人中最强的部落，公元前444年秦厉公大举征伐义渠，俘虏义渠王。十四年后，义渠卷土重来，进攻秦国，直抵渭水北岸。此后两国进入相持阶段，秦国的战略重点转向河西以防御魏国的进攻，与义渠的关系相对缓和。

公元前331年，义渠国内爆发动乱，给了秦惠王难得的机会。他毫不犹豫地投入重兵，派庶长操率领大军入侵义渠，义渠被迫臣服。四年后，公元前327年，秦惠王将义渠并入秦国，置为一县，纳入政府的管辖。

心怀不满的义渠王等待时机雪耻复仇，东方合纵运动兴起后，他潜往魏国朝见魏王。公孙衍对义渠王说："若中原没有发生重大行动，秦国就要焚烧侵略您的国家；倘若中原诸侯能联合起来，一致对秦，秦国就会用贿赂手段来讨好您的国家。义渠的命运与中原诸国息息相关，就看您如何选择了。"

义渠王当即表示，一定会与中原诸侯站在同一条战线上。只要东方有所行动，他将在西方发动起义，脱离秦国统治。

当公孙衍率五国联军杀奔函谷关时，秦国震动。谋士陈轸建议说："义渠王是蛮夷部落中的贤者，如今东方有战事，义渠蠢蠢欲动，不如以重金贿赂他们，以免他们有叛志。"秦惠王遂以上等锦绣千匹、美女百人贿赂义渠王。

然而义渠王不为所动，他牢记公孙衍的警告，不接受秦的贿赂，毅然起兵反秦。此时秦国精兵猛将都调往东线，西线兵力不足，只得临时拼凑一支杂牌军迎战义渠，被打得大败而还。

义渠的胜利，令吃了败仗的公孙衍看到了希望。

他检讨何以五国联军一战即溃，得出的结论是同盟各国的积极性是不同的。燕国与秦国并不接壤，尽管出兵了，只是摆摆架子，没有死战之心；楚国虽惊恐于秦国的强大，但楚、秦向来和平相处，自然不可能成为反秦的急先锋。真正充满危机感的，还是魏、赵、韩三国。毕竟从历史关系来看，三晋的命运是捆绑在同一辆战车上，唇亡则齿冷。

为了配合义渠对秦国的进攻，魏、赵、韩三国抛开燕、楚两国，再次组建联军，发动讨伐秦国之战。

然而，此役却成为三晋的伤心之战。

粉碎三晋反扑的英雄人物,是秦国名将、绰号"智囊"的樗里疾。

与商鞅、张仪等人不同,樗里疾是土生土长的秦国人。他是秦孝公的庶子、秦惠王的弟弟,单名一个"疾"字,因长年居住于樗里,故而人称樗里疾。汉语中的智囊一词,最早便是出自樗里疾,这是称赞他满脑袋都是锦囊妙计。他是秦国王室中出类拔萃的人物,能言善辩,足智多谋。

西有义渠之患,东有三晋大兵压境,此时的秦国两线受敌。两线作战向来是军事大忌,稍有不慎,满盘皆输。可以说,秦国面临的局面是很不乐观的。樗里疾临危受命,挑起反击三晋的重任。

樗里疾并没有匆匆上阵,战争是一门艺术,绝不仅仅是战场上的拼杀。上兵伐谋,比厮杀更重要的,是谋略上的较量。他审时度势,在纷繁的天下乱局中整理出清晰的思路。要破三晋之合纵,就须与他国连横。当今天下,最强大的国家,西有秦国,东有齐国,要对付三晋,最好的办法,莫过于拉齐国入伙。

樗里疾遣使入齐,说服齐宣王,联手夹击三晋。齐宣王是齐国历史上最有雄心与进取精神的君主,此时正是打败三晋、树立霸权的良机,他岂肯错失?

公元前317年,秦、齐两强与魏、韩、赵三晋的决战在东西两个战场同时展开。"智囊"樗里疾于脩鱼迎战以韩国兵团为主力的三晋联军,取得一场令人瞠目结舌的伟大胜利,斩首八万二千,另俘获韩国两员大将。与此同时,齐国不甘落后,在东线迎战魏、赵联军于观泽,同样取得不俗的战绩,令魏、赵两国蒙羞。

这一战,把魏襄王的中兴美梦砸得粉碎。

自此之后,魏国再也没有挑战秦国的勇气了。

当魏国举国同悲之际,有一个人却幸灾乐祸。

此人便是待在家里无所事事的张仪。

魏国的失败,就是合纵运动的失败,就是公孙衍的失败。公孙衍是张仪的政敌,两次合纵运动,第一次止步于函谷关,第二次覆师于脩鱼、观泽。看到政敌失魂落魄的模样,张仪不怀好意地笑了。他迫不及待地跳出来,又要用他的三寸不烂之舌来翻江倒海。

张仪游说魏襄王,内容大致有三方面:

其一，魏国的地理位置十分恶劣，是所谓"四分五裂"之地。张仪分析说，魏国方圆不过一千里，地势平坦，没有大山大川倚为天险，周围强敌环伺，乃是天然的战场，随时可能遭到周围列强的围攻。

其二，魏国的合纵战略是错误的。鼓吹合纵的人以天下为一体，诸侯约为兄弟，刑白马歃血为盟。然而，就算同父同母的亲兄弟也会为钱财而相互争夺，更何况是诸侯呢？参与合纵的诸侯，不过是想靠欺诈虚假的手段来牟取利益罢了。

其三，魏国最好的策略，是投靠秦国。只要投靠秦国，其他诸侯一定不敢轻举妄动。没有外来的灾祸，便可以高枕无忧。秦国对楚国虎视眈眈，若魏国出兵相助，定可与秦联手瓜分楚国，这就叫转移祸害从而使国家获得安定。

比起魏惠王，魏襄王性格中更少了一份韧性。

两度合纵的失败，令他心灰意冷，很快就对现实妥协了。在张仪的忽悠下，魏国打起退堂鼓，率先退出合纵同盟。同时，魏襄王请张仪出马，作为魏国向秦国妥协的中间人。张仪离开魏国，返回秦国。

作为秦惠王安插在魏国的间谍，潜伏多年后，张仪终于不辱使命，成功地破坏了魏国与其他国家的合纵运动。不战而令魏国屈服，张仪的功劳可谓大矣。他仅凭一张利嘴取得的成果，与樗里疾斩首八万相比，也不见丝毫逊色。为了表彰张仪对秦国的巨大贡献，秦惠王第二度任命他为秦国宰相。

接下来，秦国要把打击目标放在哪个方向呢？

张仪认为首先要进攻韩国。一来韩国在前一年的脩鱼战役中惨败，遭到前所未有的重创；二来魏国已投靠秦国，韩国已不能指望得到魏国的协助；三是韩国与周王室相邻，打败韩国后，可直捣周王室，挟天子而令诸侯，掌握政治上的话语权。

正当张仪精心设计攻韩方案时，西南发生了一件大事，迫使征韩计划不得不推迟。

十六 / 志在长远：秦灭巴蜀之役

在张仪二度出任秦相的这一年（前 316），中国西南两个国家爆发战争。这两个国家，一个是巴国，一个是蜀国。

巴国与蜀国位于今天的四川、重庆一带。巴国首都是巴，位于重庆嘉陵江北岸，是西南重要少数民族地区，军队以强悍勇猛而著称。战国七雄先后称王，巴国君主也自立为王，称为巴王。此时巴国国力已经衰微，邻国蜀国崛起成为西南最有实力的国家。

蜀国是西南古国，立国时间大约是东周初。古代蜀国的文明已达一定规模，在三星堆出土的一系列蜀国青铜器、金器、玉石等证明了这点。特别是青铜器造型夸张、离奇，富有想象力，器形巨大，结构复杂，闻名天下。蜀国虽属少数民族地区，但文明程度较高，在西南称雄一方，被称为"戎狄之长"。

由于蜀国地处富饶肥沃的成都平原，号为天府之国，秦国自然对之虎视眈眈。不过从秦入蜀的道路险阻难行，秦惠王迟迟未对其用兵。攻打蜀国的关键是要在崇山峻岭之中打通一条道路，难度可想而知。要如何修筑这条路呢？秦国人想出一个妙招。

蜀王是个贪财之人，人有了弱点便可以利用。秦国故意造出五头石牛，吹嘘说这石牛能拉出一粒粒的黄金粪便，称为"牛便金"。秦惠王放出风声，称若蜀国愿意与秦交好，便把这五头能下金的石牛送给蜀王。利令智昏的蜀王大喜，派使者前往秦国。秦惠王假戏真做，特地派一百人"养"这五头石牛。每天蜀国使者便收到几锭金子，据说是石牛拉出来的。蜀王闻讯大喜，当即向秦惠王请迎石牛。

秦惠王很"慷慨"地把石牛送给蜀王，不过石牛相当沉重，用人搬运到蜀国是不行，得用马车运送。有马车还不行，没有马车行驶的路，得开一条路才行。蜀王动用大量的人力物力，在崎岖山岭中修了马车可以通行的道路。在他看来，只要石牛送到，每天拉几锭黄金出来，很快就能把开山修路的本钱收回来了。

路修好了，蜀王派五名大力士去秦国，把五头石牛拉回蜀国。只是石牛到了蜀国后，水土不服，愣是没拉出一小粒黄金。蜀王天天盯着牛屁股发呆，总算明白过来了：他就是个大傻帽儿，被秦国人骗了！

秦国人略施小计，只花了小小的代价，就骗得蜀国修了一条车马行走的路。接下来要做的，就是等待攻蜀时机的成熟。

公元前316年，机会不期而至。

蜀国发生内乱了。

这是兄弟窝里斗。

事情是这样的：蜀与巴两国本是宿敌，蜀王的弟弟苴侯偏偏与巴王交上朋友，老兄认为老弟勾结外敌，遂起兵讨伐。弟弟打不赢哥哥，逃到巴国，蜀王一鼓作气杀入巴国，两国战争爆发。

面对蜀军凌厉的进攻，巴王抵挡不住，只得派人前往秦国求援。

要不要救援巴国呢？

此时秦相张仪正推出征韩方案，当然不愿意临时变更计划，故而坚持己见："应该先征韩。"

有一个人不同意张仪的看法，此人名唤司马错，他说："应该先伐蜀。"

征韩还是伐蜀，秦惠王犹豫不决，只得举行公卿会议讨论。张仪与司马错在会上展开唇枪舌剑的较量。

张仪先发言，他滔滔不绝地大谈征韩方略：

"如今魏国已投靠我们，只要再拉拢楚国，就可以进兵三川（韩国战略要地），封锁韩国交通要道。魏国出兵攻打南阳，楚国出兵威胁南郑，秦国军队猛攻新城与南阳，韩国势必无法阻挡。只要控制了韩国，就可以把二周（周王室分裂为东周与西周）控制在手心，周天子穷途末路，必定要献出国家宝藏、象征权力的九鼎。到时我们占据了九鼎，又可以得到周室所藏的全国地图、户籍资料，挟天子而号令天下，天下诸侯，谁敢不听从呢？这才是王者的事业！至于蜀国，不过是西部偏远的国度，又是戎狄之地，就算兴师动众去攻打，也不可能赢得什么功名，得到那片荒凉的土地，不能带来什么好处。我听说争功名就得在朝廷争，争利益就得在市井，现在明摆着周室、韩国的地盘不去争，而去争蛮夷之地，这不是王者所做的事。"

征韩的好处是显而易见的，只要消灭韩国，就可乘机夺取二周，抢夺政治制高点。

张仪的铁嘴是何等厉害，司马错并没被他吓倒，寸步不让：

"不是这样的。王者的事业，必须有三个坚实的基础：第一，要使国家富裕，必须要扩大国土面积；第二，要使军队强大，必须使百姓富有；第三，要称王就得广施恩惠。这三点做到了，王者的事业就具备条件了。

"现在秦国土地还不够大，百姓还不够富有，当务之急是要先解决这两件事。蜀国是西部偏远的国家，又是戎狄之长，国内面临危机，秦国如果能乘势发动进攻，就如同狼对羊群发动突袭一样，必定手到擒来。夺取蜀国的土地以扩大秦国的地盘，夺取蜀国的财富来充实秦国百姓的腰包，改善军队的装备。蜀国实力不强，我们不必付出重大伤亡，就可以令他们举国投降。救援巴国，师出有名，灭掉蜀国，天下人也不会说我们残暴；捞足了好处，天下人也不会说我们贪婪；真是一举多得、名利双收。

"倘若攻打韩国、挟持天子，背上不义的恶名，未必能得到多少实际好处。为什么这样说呢，请听我的分析：周在名义上是天下诸侯共尊的王室，韩国与齐国是盟友。如果周王室面临丧失九鼎的危险，韩国面临丢失国土的困境，必会困兽犹斗，向齐国、赵国借兵，谋求与楚国、魏国和解。楚国一直觊觎周室的九鼎，若是周天子情急之下把九鼎送给楚国，楚国必定会一马当先出兵相救；魏国一直想得到韩国的三川之地，韩国迫于无奈之下，将三川之地拱手相送，魏国势必会与韩国联手对付秦国。综上所述，可以看出，攻打韩国的战略，不如攻打蜀国来得圆满。"

司马错的看法是，秦国攻打韩国，必定会引来其他诸侯的围攻，未必能收到预料的战果。攻打蜀国，师出有名，中原诸侯也不会为一个"蛮夷"之邦而出手相救，可坐收全功。

对比两套方案，征韩显然急功近利，伐蜀则志在长远。

秦惠王拍板决定：伐蜀！

指挥伐蜀之役的秦国将领，包括张仪、司马错、都尉墨等。

秦惠王支持司马错，是因为他早有伐蜀之打算。他以坑蒙拐骗的方法，诱使蜀王开凿通道，便是为伐蜀做准备。若论军事力量，蜀国当然不是秦国的对手，伐蜀成功与否，关键看能否克服地形的障碍。

秦军入蜀所行的通道便是石牛道，又称为金牛道，就是蜀王开凿的道路。这条通路是蜀与秦的交通要道，大约是从今天陕西勉县向西南行，越过七盘岭，入四川境，经朝天驿趋剑门关，一路上有许多险隘之处。道路虽已开通，却只是简陋的路，行几辆马车没问题，一支大部队要穿行就有许多困难了。且不说是战国，就是在一千年后的诗人李白眼中，蜀道仍是"难于上青天"，"尔来四万八千岁，不与秦塞通人烟。"

只要蜀王在沿途要隘险关布下重兵，凭着"一夫当关，万夫莫开"的地形优势，秦军想顺利挺进就不是容易的事了。蜀王只想着灭巴国，岂料螳螂捕蝉，黄雀在后，张仪与司马错已神不知鬼不觉地穿越崇山峻岭了。

蜀王麻痹大意，因为历史上从未有一支大军能穿越"难于上青天"的蜀道。只是历史总是不断被创造出来，旧例总会被打破。

当秦军入蜀的消息被证实后，蜀王面如死灰。他赶紧把军队从巴国调回，屯兵于葭萌，抗拒秦师。

司马错发动强攻。秦军武器精锐，训练有素，个个都是如狼似虎的斗士，蜀军士兵还没上阵就心胆俱裂了。这一战，蜀军大败。狼狈而逃的蜀王运气着实欠佳，逃到武阳，被秦军骑兵逮个正着，几刀捅过去，便倒在血泊之中。

蜀国太傅、宰相、太子等人率残兵败将退守逢乡。眼看不是秦军对手，连国王都死于非命，他们还能怎么办呢？这几人凑在一起商量，只有一条路可走，就是向张仪、司马错投降。

号称"戎狄之长"的蜀国就这样灭亡了。

灭蜀之战是打着救援巴国的名义，蜀国灭了，巴国又如何呢？

俗话说，唇亡则齿寒。巴国与蜀国本是唇齿相依的两国，秦国灭了蜀，又怎么会独存一个巴国呢？

据《华阳国志》记载，吞并巴国是张仪的主意。打动张仪的，是巴王与苴侯的财富。我们从三星堆出土的文物中可以看到古代巴蜀的富有，黄金面具就是其中一例。可以想象张仪那贪婪的眼光，既然干掉了蜀国，何不把巴国一同吞并呢？于是秦军继续深入，以雷霆万钧之势攻破巴国。

巴王灰头土脸地成了俘虏，秦国并没杀他，给他封了个"君长"的虚衔。

在春秋时代，秦国是一个非常讲信用的国家，或者说风俗很淳朴。秦穆公曾以德报怨，在晋国粮荒时施予援手，曾力助晋文公上台；到了春秋末期，秦国又出兵帮助楚国复国，打败吴国的入侵；这些都堪称有信用、有道义。自从商鞅变法后，秦国的朴实便荡然无存，东方的法家、纵横家把生机与活力带到秦国的同时，也把尔虞我诈的阴谋诡计带到秦国。商鞅计擒公子卬，张仪毁约灭巴国，宣告秦国"无节操"时代的到来。

秦国把蜀国收入囊中，置蜀郡。秦惠王封公子通为"蜀侯"，陈庄担任蜀相，张若担任蜀郡守。巴国也成为秦国的一个郡，即巴郡。后来秦国政府又从巴郡、蜀郡各划出一块土地，置汉中郡。

由于有义渠叛乱的前车之鉴，秦惠王认为蜀国虽然投降，但作为西南地区"戎狄之长"，其势力仍然不可低估，反叛随时可能发生。最好的方法，莫过于大量向蜀地移民。于是，一场大规模的迁移开始了，秦政府动员上万个家庭移居到蜀地。这个移民政策改变了蜀地的面貌，先进的中原文化开始在蜀地扎根。随着大量人口的涌进，蜀地的耕地得到更多的开发，"天府之国"的优势逐渐显露出来，这里成为秦国的粮库，也是秦国能进取中原的强有力的后方保障。

巴、蜀这块土地毕竟受制于交通，秦国中央政府对其掌控力度比较有限，故而只要稍有风吹草动，难免会发生叛乱。下面简单地介绍一下秦国政府所任命的几任蜀侯的命运。

在张仪、司马错伐蜀后五年，即公元前311年，蜀侯公子通与蜀相陈庄发生严重冲突，陈庄杀死了蜀侯，据蜀而反。秦惠王去世后，继位的秦武王派庶长甘茂连同张仪、司马错等人率军队入蜀，杀死蜀相陈庄，平定叛乱。

陈庄死后，秦武王以公子恽为蜀侯。公子恽担任蜀侯共计七年，颇得秦王的信任。公元前301年，公子恽以蜀侯名义祭祀山川，把祭祀的食物献给秦昭王，岂料招来杀身之祸。公子恽的后妈故意在进献的食物里下毒，等秦昭王要吃时，阻拦说："这些食物是从两千里外的蜀地送来的，吃之前要试一下。"秦昭王便把食物分予身边的人，结果那人一吃便毒发身死。秦昭王大怒，派司马错入蜀，赐一把剑给公子恽，勒令他自裁。公子恽自知被陷害，难逃此劫，遂与妻子一同自杀。

公子恽死后，秦昭王封其子公孙绾为第三任蜀侯。

几年后，公孙绾年长懂事，得知父亲被人陷害获诛，便查明真相，上报秦廷。在秦昭王的同意下，公孙绾把父亲公子恽的遗骸从城郊迁到城内，为他立祠纪念。可是公孙绾最终的结局竟然与父亲毫无二样，封侯十五年后，即公元前285年，多疑的秦昭王怀疑公孙绾有反叛之心，遂将他处死，从此撤销了封侯，只保留了蜀郡太守作为蜀地最高行政长官。

连续三任蜀侯都死于非命，这证明一件事：秦国政府宁可错杀，也不愿冒着丢失蜀地的风险。由此可见吞并巴蜀对于秦国的重要意义。在取得巴蜀这块富饶之地后，秦国变得更加强大，既稳定了大后方，又获得了大量的兵源。

如果说商鞅变法让秦国获得内在优势，那么吞并巴蜀则让秦国获得外在优势。秦国占据辽阔的西部，控制"天府之国"的粮仓，在陆地则有高山峻岭为天然屏障，既能阻挡东方诸国的进攻，又能凭借居高临下的优越地理条件，不断向东方发动鲸吞蚕食。从水路上看，中国河流都是由西而东，秦国稳居上游，沿着水路正可顺流而下，对下游的东方诸国又取得另一个地理优势。占据巴蜀后，秦国获得了侧击楚国的机会，从此楚国再也不可能高枕无忧。这样，秦国在地势上进可攻，退可守，据西河、殽山之险，控长江上游，居高临下，雄视东方，隐隐有窥视天下之势矣。

十七 / 无节操的外交

灭蜀之战，开启了秦国大扩张的序幕。

史书上写道："蜀既属秦，秦以益强，富厚，轻诸侯。"在张仪的游说下，魏襄王被迫低下高贵的头颅，臣服于秦国，三晋的另两个国家——赵国与韩国——便被推向风口浪尖。

公元前 316 年（是年秦灭巴蜀），秦发动对赵国的战争，夺取中都、西阳等城邑。

公元前 314 年，秦国以名将樗里疾讨伐韩国，双方会战于岸门，秦军大获全胜，斩首万余。面对秦军凶悍的进攻，韩宣惠王只得向魏国求援。已经臣服于秦国的魏襄王很想置身事外，但魏韩两国关系如同唇与齿，唇亡则齿寒，不能不救。魏襄王派公孙衍率军入援韩国，在岸门附近被秦军击败。

韩宣惠王信心全无，被迫以太子入质秦国，以换取和平。

魏襄王的背叛令秦惠王有攻打魏国的借口。樗里疾掉转马头，攻入魏国，略取曲沃城，占领该城后，把城内的魏国百姓逐出城。曲沃失陷后，另一座城邑焦城也举旗投降。

在一系列失利面前，魏襄王被迫再次与秦国签订城下之盟。秦国人不仅要蚕食魏国的土地，还要干涉魏国的政治。在秦惠王的干涉下，魏襄王不得不依秦国的意思，立公子政为太子。魏国的力量更加衰微，曾经的中原霸主如今沦为秦国的小喽啰。

公元前 313 年，樗里疾指挥大军攻赵，俘虏赵国大将赵庄，拔取蔺城。

曾经威风凛凛的三晋，已不是秦国的对手，只有招架之功，而无还手之力。

不过，秦国并非一枝独秀。

与秦国一样霸气外露的还有齐国。

此时的齐国正是齐宣王统治时期，他是战国史上最杰出的君主之一。与秦灭巴蜀几乎同时，齐国也完成了一项令人瞠目结舌的成就：吞并七雄之一的燕国。公元前314年，齐宣王乘燕国内乱之机，大举发兵，以名将匡章为统帅，仅仅用了五十天的时间，便一举吞并燕国。齐国的疆域几乎扩张了一倍，足以与西方的秦国相媲美。

为了与齐国争雄斗霸，秦国必须加紧扩张的步伐。

秦惠王把目光盯在一块大肥肉上，这块肥肉就是楚国。

伐蜀之役的胜利，为秦国侧击楚国打开了一扇大门。

在春秋时代，楚国是与晋国并驾齐驱的超级强国，只是晚节不保，在春秋末期，吴王阖闾以孙武、伍子胥为将，席卷千里，击破楚都，鞭尸楚平王，楚国几乎灭亡。在秦国的相助下，楚国总算侥幸躲过一劫，只是从此江河日下，霸气荡然无存。楚悼王振衰起敝，任用吴起实施变法，楚国的变法随着悼王去世、吴起被杀而中止，终究未能像秦国那样东山再起。

在数百年时间里，秦、楚两国关系不错，时有通婚。商鞅变法后，秦国强势崛起，成为东方诸侯最危险的敌人，为了遏制秦国的扩张，楚国与魏、韩、赵等合纵，兵进函谷关，与秦国对峙。楚国虽已衰微，然而其国土辽阔，军队数量多达百万，是秦国不可忽视的对手。

早在征蜀之前，秦将司马错、中尉田真黄曾向秦惠王进言："从蜀国有水路通往楚国，加上巴国劲卒的配合，可以乘大船沿江而下，直取楚国，则楚地可得。得到蜀国后就可以得到楚国，楚国一旦灭亡，就可以吞并天下了。"

这个战略非常明确，楚国将成为秦国的下一个鲸吞蚕食的对象。

伐蜀战役结束后，司马错以巴、蜀两地的士兵为主力，纠集十万大军，造大船万艘，米六百万斛，沿着涪水漂流而下，向东进攻楚国。这次作战大获全胜，秦军攻城略地，秦惠王把这块新得来的土地并入秦国。

面对秦人咄咄逼人的进攻，楚怀王慌了手脚。此时，东方超级强国齐国抛来橄榄枝，拉楚国入伙。齐宣王与楚怀王歃血为盟，共同对付秦国。

在齐国的撑腰下，楚怀王对秦国展开复仇战。楚军大举北进，攻克曲沃城。在秦惠王眼里，三晋（魏赵韩）已不足为惧，齐、楚联手却是可怕的对手。当务之急，是要开展外交战，拆散齐、楚同盟。这一外交重任，理所当然落在名嘴张仪身上。

秦相张仪出使楚国，一见到楚怀王，便开出一个令人心动的条件："大王如果能对齐国闭关绝约，秦国将献上六百里的商於之地。"

天下有此等好事？

什么事都不要干，只是宣布与齐国断交，便可得到六百里的土地？都说天上会掉下大馅儿饼，这不，还真掉下来了。

楚怀王急急召集群臣，宣布这个好消息。群臣纷纷表示祝贺，能唾手得到六百里之地，与齐国断交又有什么关系！马屁精们的吹捧让楚怀王飘飘欲仙，只听得有人喝道："这事不值得祝贺，反倒值得担忧。"

谁这么不知趣呢？谋士陈轸。此人也是战国时代著名的纵横家。

怒气冲冲的楚怀王黑着脸质问道："寡人不动一刀一枪，唾手得到六百里的土地，你非但不高兴，还担忧什么呢？"

陈轸答道："秦国重视楚国，是因为楚国有齐国作为盟友。张仪夸夸其谈，楚国却还没有得到六百里之地。没得到地，就与齐国绝交，楚国就孤立了；一旦孤立了，秦国又岂会看得起楚国呢？最好的办法是：表面上与齐国断绝关系，暗地里仍通好，然后派人跟着张仪到秦国。倘若秦王把六百里之地送给我们，再正式与齐国绝交也不算迟。若大王迫不及待与齐国绝交，再向张仪要地，一定要被他给蒙骗了。一旦大王觉得被欺骗，心生怨气，就不得不与秦国为敌。如此一来，楚国西面有秦国之患，北面与齐国为敌，岂不是失算吗？臣对此很担忧。"

还没等陈轸说完，楚怀王便暴跳起来，不怀好意地说："你给我闭嘴，等着瞧吧，看我怎么得到六百里之地。"于是急急宣布与齐国断交，还以相印授张仪，就是封他为"名誉宰相"，并赏赐许多礼物。

这笔买卖，真是太划算了。

楚怀王很开心，心花怒放。

张仪亲自出马，很快就圆满完成外交使命，拆散齐、楚同盟。大功告成后，他告辞回秦国。楚怀王派了个使者一同入秦，接收六百里商於之地。

接收土地的事情一点也不顺，因为张仪"病倒"了。据说那天他酒喝多了，不省人事，从马车上掉下来，就卧病在床整整三个月。连张仪的影子都没瞧见，六百里地更是虚无缥缈了。楚使等了许久，发现没有人提起交割土地的事，无奈之下，只得向楚怀王禀告。

楚怀王也看出这件事不妙，只是他三省吾身的功夫不错，反省自己是不是哪里做得不够，哪里让秦国不满意呢？最后他得出一个结论：楚国虽与齐国断交，态度还不够强硬。若是再强硬点，秦国人满意了，才会交割土地。

如何强硬呢？

呆头呆脑的楚怀王想了一个馊主意，派人到齐国，当街骂齐宣王。这种泼妇的行径果然激怒了齐宣王，他转而向秦国示好，以孤立楚国，教训一下傲慢的楚王。

此情此景，只会令张仪躲在被窝里偷笑。既然楚国与齐国彻底撕破了脸皮，他也就不必再演戏了。张仪的"病"神奇般地好了，他穿好朝服，接见楚使。见到张仪终于露脸了，楚使心里石头总算落地，秦国该兑现承诺了吧。

果然，只见张仪让人取来一幅地图，装模作样地比画说："为了回报楚国，秦国打算割地赠楚，从某地到某地，总计六里。"

六里？

不对吧。

明明说好是六百里的。

楚国使者张大嘴巴，一时间竟哑口无言，呆住了。

张仪冲着他喊道："您怎么不前来接受赠地呢？"

使者怒不可遏地说："我得到的命令是接收六百里之地，不是六里！"

张仪带着夸张的惊讶说："您何出此言呢？我明明说的是六里呀。"

见过坑人的，没见过这么坑人的。

见过无节操的，没见过这么无节操的。

堂堂一个大国，竟然毫无信用可言，堂堂一国宰相，竟然使用这种下三滥的手段。原来坑蒙拐骗并非小商小贩的专利，简直是张仪的代名词。

六百里土地就这样泡汤了。

土地没捞着，与齐国还结了怨。楚怀王里外不是人，他两眼发愣，呆呆望着天空，又羞又恼，又愤又怒。楚立国数百年了，还从来没被坑得这么惨。这让堂堂楚怀王情何以堪！一怒拔剑，凡是有血性的人就不能忍气吞声。楚怀王没经历什么挫折，但血性还是有一点的：老子拼了命，也得要回面子！

楚国大举发兵，进攻秦国。

向来只有强者攻弱者，楚怀王要以弱者拼强者，岂非自寻死路？谋士陈轸反对这种无谓的冒险计划，别出心裁地提议："与其攻打秦国，不如干脆再送给秦国一座城池，与秦国共同出兵，攻打齐国。既然与齐绝交，就铁下心来联合秦国攻齐，把楚国的损失从齐国人身上捞回来。"

楚怀王勃然大怒：老子被张仪羞辱得还不够吗？人家欺负我，我还要拿着地盘低声下气地送给他们？不行，定要攻秦！

楚国发兵十余万，由大将屈匄出任总司令，大举伐秦。

秦惠王求之不得，正好堂堂正正与楚国干上一场。如今魏国投靠秦国，齐国与楚国断交，楚怀王没有外援，只能靠自己的力量一搏。

"智囊"樗里疾再次光芒四射。他与魏章、甘茂等将领反击楚军，很快逆转战局，转守为攻，杀入楚国。双方在丹阳展开决战，秦军再次展示其天下无双的战斗力，斩首八万，楚军总司令屈匄、裨将逢侯丑等七十余名将领悉数成为秦军的俘虏。

八万将士，横尸疆场。

楚怀王呆了，愣了，傻了。

这一天，楚国都城风雨声与哭泣声交织成一片……

六百里地没捞到，反倒损失了六百里。

楚怀王像赌红眼的赌徒，非但不知收敛，反倒孤注一掷，抱着侥幸的心理企图翻盘。他把所有筹码都押上了，全国总动员，要以举国之力与秦国决一死战。

奇迹没有出现。

蓝田一战，楚国拼光血本，再度被樗里疾打得大败而回。

屋漏偏逢连夜雨。

魏、韩两国也搅了进来，他们狐假虎威，要争几块肉骨头啃。两国乘机出兵，席卷楚国北疆，攻城略地，如入无人之境。

强敌环攻之下，楚怀王惊慌失措了。楚国无力再打下去，只能与秦国媾和，当然，少不了要割地。楚怀王忍痛割了两座城池给秦国，才换得停战的喘息之机。

这场由张仪导演的阴谋，令秦国获益匪浅。

对秦国来说，打垮楚国是不够的，必须要逼迫齐国把吞进肚子的肥肉吐出来，燕国必须复国，否则齐国终究是秦的大患。

此时齐国已同楚国断交，而魏、韩都已臣服于秦国，齐国尽管国力强大，在战国时期则比较孤立。秦惠王抓住机会，一方面支持燕国内部的复国势力，另一方面动用武力干涉。

名将樗里疾再次临危受命，他指挥秦国、魏国联军，攻入齐国。此时齐军主力正全力围剿燕国的复国势力，国内守备较空虚，樗里疾在濮水之役中打败齐军，俘虏齐国将领声子。紧接着，秦、魏联手北略燕国，为燕国各地起义军助威。

在秦、魏武力干涉下，齐宣王被迫从燕国撤军，燕国得以复国。

这是齐、秦势力消长的一个关键点。

秦国在西南吞并巴、蜀，齐国在北面吞并燕国，双方势均力敌。唯一不同的是，秦对巴蜀的占领是长久性的，而齐对燕国的占领仅仅两年时间，最终功败垂成。

倘若齐宣王能吞并燕国，那么将使齐国的领土扩张一倍，重新取得与秦国的均势，但事与愿违，燕国只能是烫手的山芋，最后不得不完全放弃了。

齐国的失败，证明了其外交策略远远不及秦国。

秦国深知天下诸侯中，唯一能对其构成威胁的，只有齐国，绝不可以对齐国的扩张坐以观望，必须要采取武力遏制的手段。秦国打出的两张外交牌是其胜利的保证：其一是离间齐、楚联盟，其二是与魏国联合对付齐国。这两张外交牌令齐国在列国舞台上处处被动，成为孤家寡人，没有强国可作为盟友，因而失败在所难免。

至此，秦国的势力开始超越齐国。

双雄并峙的局面很快被秦国一枝独秀所取代。

十八 / 化险为夷：政坛不倒翁

相较其他诸侯，秦国有四大优势：

其一，地理优势。秦国地处关中，除了东面之外，在北、西、南三面均无强敌，加上黄河之险，殽、函之固，易守而难攻。

其二，军事优势。秦以勇武立国，从秦庄公始，秦人便以骁勇善战而闻名天下。及至战国，更是名将辈出，兵力雄厚，可以征战沙场的士卒在一百万人以上。

其三，政治优势。自商鞅变法后，秦国面貌焕然一新，法纪严明，人才政策灵活，重视农业。郡县制的推行，加强君主专制的权力，政府运作效率奇高。

其四，外交优势。三晋纵横家纷纷入秦，令秦国开启大外交时代。秦国的外交政策是大棒加胡萝卜，一面以军事手段恫吓，一面以利诱之。张仪的到来，深刻影响秦国的外交，开辟扩张的第二战场。

在秦惠王时代，秦国在外交战场上纵横捭阖，所向无敌，其中张仪最为光芒四射。他以一张利嘴，拆毁东方合纵联盟；他以满口谎言，计骗楚怀王与齐国绝交。我们可以鄙视其为人，却不能不佩服他的能耐。

且来看看张仪还有怎么样的表演。

自吞并巴蜀后，秦国对这个大后方十分重视，希望把隶属楚国的黔中合并过来，使巴蜀与黔中连为一片。秦惠王派人出使楚国，向楚怀王提出一个土地交换计划，打算以秦国的汉中交换楚国的黔中。

又是土地！

当初楚怀王不是在土地问题上被秦国给坑了吗？现在秦国又来说土地的事，他能不火冒三丈吗？

"要黔中也行，只要把张仪交出来，我就送上黔中。"楚怀王恶狠狠地说。

看来这笔买卖是做不成了。

大家都知道楚怀王对张仪恨之入骨，欲杀之而后快。秦国怎么可能用张仪去交换黔中地呢？

正当所有人都认为交易无法达成时，张仪自己跳出来说话了："用我一个人换一块土地，何乐而不为呢？请让我到楚国吧！"

明知山有虎，偏向虎山行。张仪的胆子也忒大了吧！

秦惠王瞪大眼睛，一脸困惑地说："楚王没有得到商於六百里之地，对你恨之入骨，巴不得置你于死地。你前往楚国，不是找死吗？"

"楚王不敢对我动手的。"张仪胸有成竹地说。

"为什么？"秦惠王不解。

张仪答道："从国力上说，秦国强盛，楚国弱小，楚王不能不有后顾之忧，这是其一。我与楚国大夫靳尚是好朋友，靳尚深得楚王夫人郑袖的信任，楚王最为宠幸郑袖，她所说的他都会听，只要我搞定靳尚、郑袖，楚王必不会害我，这是其二。再说了，我是奉秦王之命出使楚国，怎么说也是大国使者，楚王哪敢加害于我？这是其三。若楚王一意孤行，非得要杀了我，用我一条小命，换得黔中之地，也算是值了。"

分析固然有几分道理。道理毕竟只是道理。

人并不都是理性的人，特别是当一个人被愤怒冲昏头脑时，什么事做不出来？楚怀王若一心要杀张仪，谁又阻挡得住呢？因此张仪此行，风险巨大，没有几分视死如归的武士精神，断然不敢接下这项使命。

张仪又来了！

楚怀王大感意外，他从来不相信张仪会来，只有傻瓜才会来，张仪不是傻瓜，怎么会自投罗网呢？来了更好，楚王不禁冷笑了，既然来了，老子就整死你。

还没见到楚怀王，张仪就被抓起来，投入监狱。

进了监狱，离死期就不远了。

但张仪还是谈笑风生，神色自若，因为他有一张王牌。

靳尚开始活动了。他对楚王宠幸的妃子郑袖说："夫人，您很快就会被大王冷落了，您知道吗？"

这话说得莫名其妙，郑袖搞不懂。

靳尚说："楚王一心要报仇，想杀张仪解恨。秦王十分器重张仪，绝不想让他受到伤害，他打算用六座城贿赂楚国，再挑几个美女嫁给大王，陪嫁的还有宫廷里能歌善舞的宫女。出于对秦国的尊重，大王必定要宠幸秦女，夫人您的地位就岌岌可危了。"

郑袖有点慌了："要怎么办呢？"

靳尚说："只要您能说服楚王，把张仪放了，秦国就没必要使用美人计了。"

这套说辞，定是张仪教的。

郑袖轻而易举掉进陷阱，她对楚怀王说："大王为什么把张仪抓起来呢？妾听说，臣子也是各为其主罢了。您说要用土地交换张仪一个人，土地还没给秦国，秦国就已经派张仪来了，可见人家是敬重大王的。大王不仅没有回礼，反倒要杀死张仪，秦王岂不是要雷霆大怒，到时必定攻打楚国。臣妾就不敢想象结局会怎么样，恳请大王让我们母子迁徙到江南去吧，以免被秦国人当作鱼肉任意宰割。"

说完后，郑袖掩面而哭。

女人哭的时候，更加楚楚可怜，男人怎么会不怜香惜玉呢？

女人的眼泪，浇灭男人内心愤怒的火焰，软化男人的意志，摧毁男人的斗志。楚怀王的杀意，随着飞扬的泪花飘散空中。

张仪又自由了。

他不仅被释放，还被楚怀王敬为上宾。在所有人认为他必定一败涂地之时，他奇迹般地逆转败局。这位史上最负盛名的纵横大师，果真有深不可测的本领，在鬼门关逛了一圈后，阎王爷也没敢收留他。

与张仪的刚强相比，楚怀王是软弱的；与张仪的诡诈相比，楚怀王是愚蠢的。

楚怀王遇到麻烦了。

他扬言，用张仪来换取黔中之地。现在，张仪来了，他岂非要丧失土地了？

不交出土地也行，但有一个条件：楚国要臣服于秦国！

张仪又要发挥铁齿铜牙的威力了，他说：

"天下强国，非秦即楚。秦国土地占了天下一半，兵力足以抵挡四个国家，背靠天险，有黄河为天堑，四面都是要塞，牢不可破。秦国有虎贲战士一百多万，战车千乘，战马万匹，积粟如山。想用合纵的手段抗衡秦国，无异于驱赶羊群攻击猛虎，下场可想而知。大王不与猛虎交往，却与群羊往来，无疑是不明智的。倘若与秦国交恶，秦国就会挟持韩国与魏国进攻楚国，秦国攻打西部，韩、魏攻打北部，楚国就危险了。

"现在有一小撮人鼓吹合纵，集合一群弱小的国家去攻打最强大的国家，这是使国家陷于危亡的做法。明明兵力不如对方，就不要轻易挑衅；明明粮食比不上敌方，就不要打持久战。这都是简单的道理，主张合纵的人只会胡说八道，只挑着有利的一面说，却不说不利的一面，一旦国家陷入祸害中，就后悔莫及了。我这些话，请大王仔细考虑。

"我给大王分析一下吧。秦国已经据有巴蜀，粮食充足，若沿着长江而下，只要十天的时间就可以打到楚国的扞关。同时，地面部队从武关出发，向南进攻，楚国北部的土地就会被切断。只需三个月的时间，楚国就要陷入危险之中，就算其他诸侯国想救援，恐怕也得等半年以后吧。等待弱国的救援，却忽视强秦的祸害，这使我不得不替大王您忧虑。秦国与楚国土地相接壤，本来就应该成为亲近的国家。大王如果听臣的意见，与秦国互换太子为人质，使秦、楚两国长久成为兄弟般的国家，世代互不侵犯，那才是高明的计策。"

这是给楚怀王灌迷魂汤，别指望以合纵手段对抗秦国，臣服秦国才是硬道理。

楚怀王是软弱的君主，只能看到眼前的利益，对未来的灾祸没有丝毫洞察力。不是所有人都愿意服软，大夫屈原极力反对向秦国妥协，只是忠言逆耳，反对无效。楚怀王我行我素，同意了张仪的要求。

在张仪的外交攻势下，魏国、韩国、楚国都被迫臣服于秦国。东方六雄，已有三个被秦国控制，秦的实力已超越齐国，成为当之无愧的天下第一。

正当张仪春风得意时，坏消息来了。

秦惠王死了。

这的确是相当坏的消息。一朝君主一朝臣，帝王是权臣的靠山，帝王之死，总意味着权臣的失势。商鞅就是前车之鉴,秦孝公一死,他就落得个车裂身死的下场。张仪看到一双不友善的眼睛,即位的秦武王绝非友善之人。

秦武王好勇斗狠,崇尚武力。如果要给秦国历史上的君王来个排名,以武功华山论剑,秦武王无疑要排名第一。《史记》称"武王有力好戏",他天生神力,武艺高强。迷信拳头的人,看不起油嘴滑舌的人。秦武王还是太子时,打心眼里就瞧不起张仪,鄙视他。我们看看秦武王身边都是些什么人,跟他最亲近的有任鄙、乌获、孟说等,这些人都是江湖高手,满脸横肉的力士。

政客们最擅长的事,就是落井下石。既然新君王不喜欢张仪,攻击张仪的奏折便如雪花般飘入宫中。一向强势的张仪豁然发现自己立于悬崖边上,随时可能坠入万丈深渊,他不得不收起尾巴,小心翼翼。

有人忧,就有人喜。

东方诸侯们终于可以喘上一口气了。在秦惠王时代,魏、楚、韩等国被强大的秦国打得丢盔弃甲,溃不成军。雕阴一战,魏国八万人授首;脩鱼之战,三晋八万将士丧命;丹阳一役,楚国男儿弃尸八万。无可奈何之下,魏、楚、韩不得不委曲求全,臣服秦国。现在秦惠王死了,张仪眼看也混不下去了,莫非秦国的好运不再了吗?三国颇有默契,纷纷叛离而去,又扯起"合纵"的大旗,幸灾乐祸地冷眼旁观秦武王与张仪的较量。

张仪毕竟是聪明人。

商鞅的下场历历在目,一个臣子要斗过君主,胜算太小了,不值得去尝试。尽管他小心翼翼,仍不免被政敌砸砖头,《史记》的说法是"群臣日夜恶张仪",不分白天黑夜、轮番攻击。人言可畏。假的说多了就变成真,死的说久了都可以变活。张仪在秦国执掌大权十余年,得罪的人多了去了,现在许多人想要整死他。

好汉不吃眼前亏。

三十六计,走为上。

逃跑也是一门艺术,商鞅不懂艺术,所以失败了。张仪若是落荒而逃,势必被人逮住口实,下场未必比商鞅强。他要离开秦国,不是偷偷摸摸,而是光明正大离开。天下没有能难倒他的事,他想出一个金蝉脱壳之计。

张仪对秦武王说:"我有一个不成熟的计划,希望能试一下。"

秦武王道："你说吧。"

张仪说："东方若时局动荡，对秦国最有利，大王可以乘机得到更多的土地。齐国人一直想置我于死地，如果我去魏国，齐国必然出兵攻打魏国。只要齐、魏开战，大王便可进兵韩国，攻打三川，进逼周室。到时周朝必定要交出祭器，大王您挟天子而号令天下，同时得到王室所藏的地图与户籍资料，可成就帝王的伟业！"

说得冠冕堂皇，其实就是要逃跑，永远离开秦国。

秦武王批准了，还派了三十辆精美的、裹有皮革的马车供张仪使用。张仪驱车回到自己的祖国，与秦国永别了。

当初张仪说服魏襄王投靠秦国，这些年魏国跟在秦国后面狐假虎威，攻楚伐齐，捞得不少便宜，故而魏襄王对张仪颇有好感，不仅接纳他，还拜他为魏相。

一年后，这位在政治舞台上叱咤风云数十年的纵横大师病逝，竟得善终。作为魏国人，他一生多数时间为秦国人效力，晚年叶落归根，还捞了高官厚禄，比商鞅要幸运得多了。

张仪是秦国扩张史上的重要人物，他最伟大的成就，就是以连横的战略破坏东方诸国的合纵，使得秦国牢牢占据外交的主动权。

在专制时代，个人对国家的强弱兴衰有很重要的影响。失去张仪的秦国会不会倒退呢？这是对秦武王统御力的巨大考验。这位年轻且朝气蓬勃的君王，身上流淌着先祖尚武的血液，他要以一往无前的精神，将秦国的扩张事业进行到底。

十九 / 扛鼎而死的秦武王

秦武王二年（前309），秦国首次设立双丞相制度，樗里疾出任右丞相，甘茂出任左丞相。

樗里疾是秦国历史上伟大的将领，一生未尝败绩，战功赫赫。他南征北战，几乎与所有强国都交过手，有战必胜。他在脩鱼之战歼灭三晋联军八万人；在岸门之战大败韩军，斩首万余；在丹阳之战大破楚师，斩首八万；他还远征齐国，为燕国复国立下殊功。由他出任右丞相，可谓众望所归。

甘茂原是楚国人，博学多才，后来前往秦国，由于才干非凡，受到张仪与樗里疾的赏识，开始平步青云。甘茂曾追随樗里疾参加伐楚之战，蜀相陈庄叛乱后，他又跟随司马错入蜀，平定蜀乱。

秦武王之所以设立双丞相制度，乃是担心出现像商鞅或张仪这样权力太重的大臣，这是对君主的巨大威胁。右丞相樗里疾的地位比左丞相甘茂略高，但秦武王对甘茂更器重，因为樗里疾功劳太大，功高震主。秦武王对樗里疾有很强的防备心理，不想让他掌握兵权。

刚刚上台的秦武王雄心勃勃，他本是尚武之人，渴望建立不世之武功。在秦惠王死后，原本臣服的魏、韩、楚三国纷纷叛去，不教训一下不行。他手握雷神之锤，要先砸向谁呢？

韩国！

为什么是韩国呢？

秦武王对甘茂说："寡人欲车通三川，以窥周室，而寡人死不朽矣。"此时周王室已经风光不再，天子没权力了，但他有一样诸侯没有的东西：象征权力的九鼎。

九鼎是什么呢？它有点类似后世的皇帝玉玺，是权力的象征。据说九鼎乃是大禹所铸，九鼎象征九州，象征天子至高无上的权力。商汤灭夏桀后，九鼎由夏入商；武王灭商纣后，九鼎由商入周；九鼎在哪里，王权就在哪里。

如今战国七雄都自称为王，可是谁也没有九鼎，九鼎还在周天子手中。秦武王要超越之前的伟大君王，他要把九鼎夺过来。秦与周王室领地并不接壤，要窥周室，首先必须要通三川。三川就是宜阳，是韩国的一个县，境内有河（黄河）、洛（洛水）、伊（伊水）三条河，故而得名"三川"，是中原的腹地。

只要能实现"车通三川，以窥周室"的理想，秦武王就可以"死而不朽"了。

要攻略宜阳（三川）并不是容易的事。宜阳是军事重镇，方圆百里，城池坚固，韩国在此驻扎十万最精锐的部队，城中储备的粮食可供数年之用。韩国军队虽不如秦国军队强悍，仍有自己的强项。据史书载："天下之强弓劲弩皆从韩出"，"韩卒超足而射，百发不暇止，远者括蔽洞胸，近者镝弇心"。韩国的弓弩制造水平在诸国中最高，用于守城优势明显。

进攻韩国，樗里疾固然是最合适的人选，秦武王却要交给甘茂。

甘茂明白，樗里疾功勋盖世，秦武王不想看到他锦上添花。只是甘茂左右为难，樗里疾的地位不仅在自己之上，也是自己的恩人，怎么能把他冷落在一旁呢？他索性向秦王建议：不要攻打韩国。

秦武王大感意外，问道："为什么？"

甘茂答道："宜阳是韩国重镇，名义上是一个县，实际面积相当于一个郡。千里奔袭宜阳，难度极大。大王听说过曾母的故事吧，有人对曾母说，曾参杀人了，曾母一点也不相信；可是三个、五个人都这样说，曾母就吓得翻墙逃跑了。人言可畏。大王对我的信任，比不上曾母对儿子的信任；怀疑我的人，又绝不止三五个。要攻打韩国宜阳，必定是一场艰苦的战争，不可能短时间内就取得成功。倘若在这段时间里，有人在背后说我的坏话，大王您一定会怀疑我。如果因为这个原因，攻打宜阳半途而废，还不如不攻打。"

有一句话，甘茂没说出口。由他指挥攻打宜阳，樗里疾必定会骂他忘恩负义，到时定会干涉阻挠，若秦武王心志动摇，自己就里外不是人了。

秦武王一心要建立奇功伟业，怎么可能取消既定的计划呢？他安慰甘茂说："你放心吧，寡人不会听他们的，我给你写一份保证书。"

秦武王三年（前308），宜阳会战打响。

这是一场硬碰硬的较量。

韩国不仅在宜阳驻屯十万精兵，还有二十万兵力作为后备力量，随时可作为后援。宜阳城高墙厚，固若金汤，秦军打得非常辛苦，却始终无法越雷池一步。

五个月过去了，战事仍处于胶着状态。

这场战争，成为天下关注的焦点。

甘茂的处境不妙，一方面进攻宜阳没有取得重大进展，另一方面南方楚国蠢蠢欲动，随时可能增援韩国。楚怀王派大将景翠屯兵于边界，静观其变。这位软弱的君主在援韩一事上举棋不定，错失良机。

与前线不乐观的局势相比，后方的流言蜚语更有杀伤力。宜阳之战旷日持久，秦国内部反对声浪高涨，樗里疾、公孙奭等人都强烈要求退兵，攻击矛头直指甘茂。面对各方施加的压力，以尚武著称的秦武王内心动摇，打起退堂鼓，想要放弃攻略宜阳。

这一切，早在甘茂预料之中。

甘茂派人快马奔驰回咸阳，对秦武王说："大王的保证书还在这里。"秦武王想起来了，当初他就答应过，不论什么人反对，他都会无条件地支持甘茂。身为君主，一言九鼎，不能反悔。以秦武王直率刚强的性格，当然不会赖账，事到如今，他只能硬着头皮，顶住各方压力，把宜阳之战进行到底。

又有几批生力军投入宜阳战场，秦武王几乎把看家部队都用上了，倾全国之精兵，全力攻略宜阳。如此生猛的架势，把在旁窥视的楚怀王吓坏了，他终究没敢越过边界参战。

宜阳城之坚固，实是名不虚传。尽管甘茂获得生力军的支持，以钢铁般的意志对固若金汤的城池发动一波又一波的猛烈进攻，仍然举步维艰。一向英勇的秦国兵团疲备不堪，甚至厌战，听到战鼓声响，谁也不愿前进了。

甘茂对亲信说："我作为一名客将，能在秦国担任丞相，是因为秦王想通过我占据宜阳。如不能攻克，樗里疾、公孙奭等人一定要排斥我，韩国一定会通缉我，天下之大，恐怕没有我的容身之地。"

重赏之下，必有勇夫。

为了攻克宜阳，甘茂悬赏重金组织一支敢死队。为提高赏金，他不惜将自己的钱财拿出来倒贴。他召集全军，下达死令说："明日若不能一鼓作气攻下宜阳城，宜阳城郊就是我们的葬身之地。"

秦军固然疲备不堪，宜阳城内的守军更是处境不妙，他们苦苦支撑，敌人却越来越多。甘茂深知，谁的意志力更胜一筹，谁就能获得战争的胜利。最后一波进攻在疯狂中展开，敢死队拼了老命，奋勇登城。在甘茂的严令之下，后续部队紧紧跟上。秦人的决心最终占据上风，宜阳守军全线崩溃。

宜阳沦陷，韩国军队战死六万人！

这是秦军继脩鱼、丹阳之战后取得的又一场伟大胜利。

甘茂如释重负，他意犹未尽，乘韩军大溃败之机，扩大战果，涉河夺取武遂。韩国再也无法抵抗了，宰相公仲侈亲自入秦请罪求和。韩国在此役战败，秦军的伤亡也绝不在少数，据《战国策》所载，"秦死伤者众"。甘茂指挥的秦国兵团业已是强弩之末，秦武王遂同意韩国的请和，秦韩战争结束。

宜阳之战令秦武王实现了"车通三川"的梦想，接下来便是"窥周室"。

进入战国后，周王室一蹶不振，分裂为二：一称为西周，一称为东周，天子周赧王居于西周王城。

秦武王派右丞相樗里疾率领一百辆战车进入西周，此行的目的，表面上是向天子献捷，实际上是想趁西周不备时，夺取九鼎。

狼子野心，昭然若揭，周赧王岂能不知？他思前想后，想出了一条妙计，派人前往欢迎樗里疾的车队。天子安排一队持戈的士兵，走在车队前面；又安排一队强弩手，走在车队后面。名义上是保护樗里疾的安全，实际上是监视他的一举一动。

说实话，倘若秦国必要抢走九鼎，周天子估计也无能为力。只是周王室命不该绝，秦武王竟在此时意外身亡，夺鼎行动便不了了之。

身体强壮的秦武王，怎么会意外身亡呢？

问题恰恰出在"尚武"二字。

眼看"车通三川，以窥周室"的梦想即将实现，秦武王心情大悦，为了显示自己的武力，他与大力士孟说举行一场扛鼎大赛，看看谁举的鼎更重，举得更久。

在中国历史上，恐怕没有哪个君王参加过这种比赛。秦武王要证明自己是独一无二的勇士，他非常自信，只是自信过头了。一座大鼎重达数百斤，比赛终究是有风险的。很不幸，意外发生了。秦武王扛起大鼎，正想举着绕行一周，岂料重心不稳，其中一条腿受力过猛，只听得"嘎"的一声，腿骨断裂。

一声惨叫后，秦武王已是身负重伤。

这个伤，是致命伤。

卖弄武力者，死于武力之下。

伤势恶化，这位好勇斗狠的秦国君王，竟英年早逝。

想要夺鼎，却死于鼎之下。这就是秦武王的宿命，他为鼎而生，也为鼎而死。

秦武王之死引发秦国政坛的动荡。

他死得太突然，膝下无儿，谁能成为下一任秦王呢？各方势力粉墨登场，争权逐利，最有实力问鼎王座的是武王的两个兄弟，一个是公子壮，一个是公子稷。

公子壮是秦武王的亲弟弟，秦惠王的嫡子，名正言顺，最有资格继承王位。他得到惠文王后与武王后的支持。

公子稷是秦惠王的庶子，当时入质燕国，远在天边，看上去即位可能性很小。然而，他的母亲芈八子是个非常厉害的角色。芈八子是楚国人，工于心计，深得秦惠王宠幸。更重要的是，芈八子的两个弟弟在秦国政坛上是重量级的人物。

她的两个弟弟，一个叫魏冉，被封为穰侯；一个叫芈戎，被封为华阳君。有人会奇怪，既是兄弟二人，怎么姓氏不同呢？说来有趣，魏冉与姐姐是同一个妈生的，芈戎与姐姐是同一个爸生的。也就是说，魏冉与芈戎虽名为兄弟，既不是同一个爹，也不是同一个妈，两人没有丝毫血缘关系。

除此之外，秦国大夫向寿也是芈八子的外族亲戚。

芈八子果断刚强，她与弟弟魏冉秘密从燕国接回公子稷，立为秦王，他就是秦国史上著名的秦昭王。芈八子一跃成为太后，史称宣太后。不甘示弱的惠文王后、武王后也拥立公子壮为秦王，史称"季君"。

一个国家冒出两个国王，这怎么行？

有一个王必定要死。

内战无可避免。

宣太后把弟弟魏冉提拔为将军，镇守首都咸阳。先发制人的战略使她赢得了政治上与军事上的主动权。为了得到军方的支持，宣太后留用名将樗里疾为丞相。

这是秦国历史上最严重的一次内乱，史称"季君之乱"，内战整整持续了三年。在魏冉的铁腕下，昭王的军队彻底打垮了季君的军队。失败者的下场殊为可悲，政治斗争残酷无情。在宣太后的指示下，魏冉尽诛公子壮（即季君）、惠文王后、昭王异母兄弟以及追随季君的大臣。只有一个人免于一死，她就是秦武王的王后，被逐回自己的娘家魏国。

由于秦昭王年龄尚幼，宣太后与魏冉遂专国政，威震秦国。

三年的内乱令秦国无暇东顾，齐国乘机主导中原政局。备受战争之苦的东方诸侯们终于有了一线喘息之机，他们能翻盘吗？

二十 / 自投罗网：诱拘楚怀王

自从张仪离开后，秦国强势外交大受挫折，在列国中形同孤家寡人。持续三年之久的"季君之乱"，令秦国对外扩张戛然而止。

内战结束后，执掌权柄的宣太后与魏冉再次把目光投向东方。要恢复强势外交，首先就得找盟友。宣太后与魏冉都是楚人，当然想把楚国拉入自己阵营。

齐宣王不能袖手旁观了。

当年楚怀王被张仪忽悠，与齐国断交，还派人咒骂齐宣王，摆出决裂的架势。只是楚国非但没有捞到任何好处，反倒被秦国打得元气大伤。齐宣王对楚怀王的行径当然耿耿于怀，只是他大人不计小人过，当务之急是要防止楚国再次投入秦国怀抱。

齐宣王给楚怀王写了一封信："我听说楚国要事奉秦国。这样的话，魏国与韩国势必会担心，肯定也得倒向秦国；魏、韩倒向秦国，燕、赵必然也要追随其后。魏、韩、燕、赵四个国家争先要事奉秦国，楚国在秦人眼中，不过就是一个郡县罢了。大王何不与寡人结为联盟，齐心协力招揽魏、韩、燕、赵四国。六国合纵，共尊周室，可安兵息民，令行天下了。到时大王必定声名远扬，统率各路诸侯讨伐秦国，击破秦国是必然的。大王曾被张仪忽悠欺骗，丧失汉中地，兵败蓝田，天下人莫不替大王深感痛惜与愤怒。现在听说楚国想事奉秦国，这件事请大王要深思熟虑。"

要倒向秦国还是倒向齐国呢？

楚国大臣们认为国家蒙受奇耻大辱后，"必将取地于秦，而后足以刷耻于诸侯"，要报仇雪恨，就得与齐国结盟。楚怀王同意了，于是齐、楚达成合纵同盟。不久后，在宜阳之战中损失六万精兵的韩国也加入同盟。

三国同盟的建立，令秦国大惊失色。

雷厉风行的魏冉马上策划阴谋，欲瓦解齐、楚联盟。为了达到目的，他采取三管齐下的方针：第一，以重金贿赂楚怀王及楚国重臣；第二，秦、楚通婚，楚怀王娶秦女，秦昭王娶楚女；第三，秦国将其占有的上庸归还给楚国。

楚怀王原本就是个贪小便宜的人，秦国给点小恩小惠，他又把奇耻大辱给忘得一干二净了。他就是一个呆子、傻瓜，又干了一件傻事，傻乎乎地与齐国断绝关系，把太子横送到秦国当人质。他忘了一件事：秦国只会顾及自己的利益，他们的任何做法，都是有阴谋的。

后来史书这样评论："楚之祸自此始。"

这个不慎重的决定，是楚国无休止大灾难的开始。

正当楚怀王自以为找到一棵大树好乘凉时，发生了一件意想不到的事情。

公元前302年，被送往秦国作为人质的楚国太子横，与一位秦国大夫发生口角，口角最后演变为一场斗殴。身强力壮的太子横在斗殴过程中，把秦国大夫给打死了。这可闯下大祸了，太子横不敢待在秦国，匆匆忙忙地逃回楚国去了。

堂堂的秦国大夫，竟然被楚国的人质给打死了，这简直是对秦国的羞辱！秦昭王暴怒之下，也顾不上与楚国所谓的"合婚之欢"，派遣庶长奂率领秦军攻入楚国。这下楚国惨了，不仅秦国人要算账，觑准了机会的齐宣王乘机纠集魏国、韩国，联合出兵攻打楚国。

楚怀王只得硬着头皮应战。他派昭雎抵御秦军，唐昧抵御齐、魏、韩联军。

以一敌四，楚国的下场可想而知。

西线战场，秦国大败昭雎，斩首两万。

东线战场，齐、魏、韩三国联军在名将匡章的指挥下，大破楚军于垂沙，楚国最精锐的部队损失殆尽，总司令唐昧被击毙，宛城、叶城以北的土地被魏、韩两国瓜分。

更可怕的是，楚怀王的噩梦还远远没有结束。

公元前300年，秦国丞相樗里疾去世，魏冉自任丞相，对外政策更加激进。

魏冉上台后的第一件事，就是派遣弟弟华阳君芈戎率领大军再度攻楚。在上一年刚遭重创的楚国显然还没有从失败的阴影中走出，面对秦军饿狼般的进攻，楚怀王任命景缺为大将，全权负责前线指挥。景缺的下场与唐昧相同，没有顶住秦军的强大攻势，战死沙场，楚军又有三万名将士阵亡。

楚怀王绝望了，他竟然把希望寄托在鬼神身上，"隆祭祀、事鬼神，欲以获福助，却秦师"，只是鬼神没有现身，也没有保佑楚国。

万般无奈之下，楚怀王只得向齐国求助，并送太子横入齐当人质。

我们不禁要问，楚国在外交上究竟是何立场呢？在秦、齐之间不停地来回摇摆，最终结果，是两头不讨好。

倒向齐国的结果，是秦国的疯狂报复。

一年后（前299），秦军再次卷土重来，如入无人之地，连下八城，兵锋之盛，楚军莫可抵挡。

怎么办？怎么办？

楚怀王焦头烂额，无计可施。

这时，秦国派使者来了，还带来一封秦昭王的书信。

信是这样写的：

"最初寡人与大王结为弟兄，在黄棘会盟，大王以太子为人质，两国关系十分融洽。不料太子盛气凌人，杀死寡人重臣，非但不认错，还不辞而别。寡人确实压抑不住怒火，这才派兵侵犯楚国边境。如今听说大王您竟然让太子作为人质送往齐国，以此向齐国求和。秦国与楚国的边境接壤，为了和平相处，这才有联姻之事，秦楚通婚已有数百年，历史久远。现在秦楚两国交恶，兵戎相见，无法号令天下诸侯。寡人希望能与大王在武关会晤，当面签订条约，重新结盟。这是我的心愿，冒昧把这个提议告诉您，希望您认真考虑。"

武关是秦国地盘，前往武关会晤秦昭王，风险很大，要不要去呢？

大夫昭雎、屈原等人都力主不能去，秦国向来无信用可言，岂能相信？楚怀王的儿子子兰却说："秦王这么有诚意，岂能拒绝他的好意？"

最后，楚怀王下定决心，去！

这一去，羊入虎口，永无归期。

自商鞅、张仪以来，秦国外交以诡诈善变而著称。楚怀王吃过亏，上过当，可是他脑子不好使，抱着侥幸的心理。张仪死了，秦国人想必没那么厚黑吧。错！秦昭王与魏冉之厚黑，实不让张仪。

秦昭王说要与楚怀王会晤于武关，其实他压根儿就没去。当楚怀王风尘仆仆地赶到武关时，远远望见秦王的旗号。旗是秦王的旗，人却不是秦王本人。

有一位将军出关迎接楚怀王，楚怀王刚刚进城，城门就紧紧关闭了。

看这情形不对头，楚怀王忐忑地问："秦王在哪里？"

没有人理睬他，只把他架上一辆马车，飞也似地奔向咸阳去了。

一路上车马劳顿，楚怀王身心俱疲，还没来得及睡上一觉，就被带进章台见秦昭王。以外交礼仪说，楚王与秦王地位相等，理应一同坐在上座。但秦人根本不理会他，把他安排在下座，秦昭王则高高在上。

我堂堂一个楚王，怎么可以被当作囚徒使唤呢？楚怀王愤怒了。那一刻，他表现出王者应有的尊严，拒绝与秦王对话。

秦昭王大怒，你也不看看自己在什么地方，还容你摆臭架子吗？他毫不客气地下令，把楚怀王软禁起来。

悲剧！楚怀王想后悔也来不及了。除了怪自己是个傻大个外，他还能怪谁呢？秦人的狡诈他又不是不知。当初张仪说的六百里之地，怎么变成六里的，他难道忘了吗？被骗一次不够，还要一而再、再而三地上当，这能怪谁呢？

秦昭王狮子大开口：要离开秦国可以，必须先割让巫郡与黔中郡。

这不明摆着是绑架、敲诈、勒索吗？天下最强大的秦国，竟是一个强盗般的国家，还有没有公理可言。秦昭王笑了，寡人只知强权，不知公理为何物。

身陷囹圄的楚怀王顽强地拒绝秦昭王的无理要求，只是冷冷地说："寡人是来与秦国签订盟约的。"只是战败国有何资格讨价还价？秦昭王的回复是，先割地，再签约。

楚怀王不割地，秦昭王也不放人。

国不可一日无君。

楚怀王被绑架的消息传回国内，楚国陷入恐慌之中。大臣们只得从齐国迎回楚太子横，立为国王，史称楚顷襄王。

新楚王即位后，派人通告秦国政府，称"国有王矣"，你们囚禁楚怀王是没有用的，割地的阴谋是不能得逞的。

秦昭王暴跳如雷，遣庶长奂统领大军，出武关讨伐楚国。楚军又一次惨败，阵亡五万人，析城等十六座城池沦陷。

既然楚国另立新君，楚怀王便成了无足轻重的废人一个，秦国人从他身上已经榨不出油水了。难道就这样被囚禁到死吗？楚怀王不肯向命运屈服，在穷途末路之时，他冒出一丝难得的勇气，决心要逃出秦国。

秦昭王十年（前297），被囚禁两年的楚怀王抓住一次难得的机会，成功逃出咸阳。他是怎么逃跑的，史书上也没写。秦昭王马上发令全国，封锁各条通往楚国的通道，严加盘查。楚怀王无法南逃，只得向北走，打算逃往赵国。当他风餐露宿、历经艰辛逃到赵国边境时，赵国政府不想得罪秦国，拒绝他入境。

饥肠辘辘的楚怀王只得改变逃亡路线，往魏国方向鼠窜。只是这次他运气没那么好，半途被秦国追兵抓住，再次成为阶下之囚，被押回咸阳。楚国乃是天下大国，堂堂国君如亡命之徒般孤身逃亡，已经是莫大耻辱，何况二度被囚，耻上加耻。一向好面子的楚怀王悲愤与羞愧交加，终于病倒了。

第二年（前296），楚怀王病死于秦国。

作为一位大国君主客死异乡，令人怜悯的同时，不得不说这种悲惨结局，也是他咎由自取，怪不得别人。楚怀王死后，秦昭王把他的遗体送回楚国，楚国百姓十分同情怀王的遭遇，对秦国的背信弃义十分愤怒。

楚南公说了一句话："楚虽三户，亡秦必楚。"口号固然激励人心，只是楚国遭到秦、齐、魏、韩数国的围剿之后，在诸侯中地位一落千丈，还奢谈什么亡秦呢？

真正能与秦国一较高低的，只有齐国。

二一 / 千里伐秦：孟尝君的壮举

齐国的辉煌始于齐威王。齐威王大破魏国于马陵，一举取代魏国成为东方六国的老大；齐宣王继承其业，北破燕，南伐楚，合纵魏、韩，将齐国霸业推向巅峰。

由于秦国与齐国相距遥远，领土并不接壤，两国直接军事冲突不多，更多的交锋是在外交上。秦国最担心的事，莫过于齐国与楚国结盟，齐国拥有强大的军事力量，楚国拥有广袤的土地与丰富的资源。于是拆散齐、楚同盟，成为了秦国一以贯之的外交政策。

公元前300年，秦国大举进攻楚国，斩首三万，楚怀王不得不把太子横送到齐国当人质，以换取齐国的支援。

此时齐宣王已去世，齐湣王即位。为了破坏齐、楚结盟，秦国再次施展外交手段，秦昭王不惜把自己的弟弟泾阳君送到齐国当人质。泾阳君到齐国后，没有直接去见齐湣王，而是先拜见齐国政坛上呼风唤雨的人物、"战国四公子"之一的孟尝君。

在战国中后期，由于群雄之间的竞争日趋白热化，各国在网罗人才上不遗余力，"养士"之风盛行天下。不仅是各国君主，包括公子、贵族，竞相广招人才，礼贤下士。在这些公子中，以齐国孟尝君、魏国信陵君、赵国平原君、楚国春申君最为有名，并称为"战国四公子"。在四公子中，最早成名的便是孟尝君。

孟尝君有门客三千，他为人慷慨好义，喜交朋友。各国怀才不遇者、冒险家、投机分子等蜂拥而至，纷纷前来投奔。久而久之，孟尝君名声远扬，风头盖过齐国君主。当臣子的，竟然比国王还神气，君王哪里受得了？齐湣王上台后，处处压制孟尝君，孟尝君心灰意冷，有怀才不遇的失落感。

就在这时，泾阳君来了。

泾阳君拜会孟尝君，大大吹捧一通，并对他没能得到齐王的重用表示遗憾，希望他前往秦国，秦国必定设高官厚爵以待之。

这一番话，令孟尝君怦然心动。

一年后（前299），秦国打败楚国，诱执楚怀王。泾阳君的使命完成了，打算返回秦国，齐湣王派孟尝君护送他回国。

齐国公子的风采神韵给秦昭王留下深刻的印象，他打算让孟尝君担任秦国丞相。有人反对说："孟尝君才华横溢，又是齐国公子，如果当上秦相，他一定会先考虑齐国的利益，而后才考虑秦国的利益。这么一来，秦国岂不是危险了吗？"

此言一出，秦昭王不得不重新考虑。既然不能用孟尝君，不如把他扣押起来，否则始终是秦之祸患，或者干脆把他杀掉算了。这些年来，秦国干了多少无节操的事，连楚怀王都敢公然绑架，何况是一个齐国公子呢？

公子遇到流氓，没道理可言。

不过，孟尝君不像楚怀王那样傻，他是个精明人，更重要的是，他朋友遍天下。朋友多的好处是消息灵通，秦昭王的阴谋很快传到孟尝君耳中。与孟尝君同来的门客面面相觑，如今人为刀俎，我为鱼肉，羊入狼穴，如何逃生呢？

关键时候，还是孟尝君镇定自若。他贵为齐国公子，对宫廷之事知晓得多，国君虽握有生杀大权，却都有一个致命弱点：女人。能改变君主意志的人，只有女人。只要找君王最宠幸的女人帮忙，就可化险为夷。

在家靠父母，出外靠朋友。有门客自告奋勇前去游说秦昭王宠妃，宠妃没有拒绝，只是提了一个条件："我想得到一件狐白裘衣。"

女人爱漂亮衣服，古今皆然。

这个条件，看似寻常，不就一件衣服嘛，孟尝君与门客们却面如土色。

因为狐白裘衣，不是一般的衣服，是稀世珍品。

孟尝君有一件狐白裘衣，已作为礼物送给秦昭王。此裘衣以狐腋之毛制成，皮质纯白，做工精细，华丽高贵，价值千金，堪称天下无双。后宫女人无不露出爱慕与贪婪的眼光，裘衣只此一件，无论分给谁都是一人喜，众人怨，徒增宫心暗斗罢了。昭王干脆锁进王宫仓库，谁也甭想要。

别的女人死心，宠妃不死心。既然孟尝君要她帮忙，不正好可以勒索一件狐白裘衣吗？只是她哪里知道，孟尝君手上可没有库存。

怎么办？孟尝君又不是魔术师，能无中生有变出一件吗？

一个门客举手了，说道"我来试试吧。"

孟尝君一瞧，这个门客原是街头小混混，专干偷鸡摸狗之事，经常在半夜三更翻墙到别人家"借"东西，练就一身猎狗般敏捷的身手。"我趁夜半三更时，翻墙入秦宫，从仓库里把狐白裘衣偷出来。"此话一说，大家都翘起大拇指，纷纷投以膜拜的眼光。

入夜后，此人翻墙进了王宫。他有一大本领，会学狗叫，王宫卫队听得有动静，想去查看，他便狗叫几声。卫队士兵一听，原来是只野狗跑进来，用不着担心。他乘机潜入仓库，把狐白裘衣偷出来。

裘衣到手后，孟尝君赶紧差人送给秦王宠妃。宠妃果然在秦昭王面前为孟尝君求情，昭王喝了几杯酒，头脑发热，糊里糊涂听了她的话，发了张通行证，准许孟尝君一行人离开秦国。

拿到通行证后，孟尝君等人一刻也不敢停留，赶紧备了马车，飞驰离开咸阳城，一个劲地向东飞奔。谁晓得秦昭王会不会反悔呢，逃跑一定得快。果不其然，秦昭王酒醒后就后悔了，放孟尝君回去，等于放虎归山，得抓回来才行。一队快骑很快出发了，向东急追。

孟尝君是心思缜密之人，为了不留痕迹，他把通行证上的名字给改了。追兵一路追，一路盘查，没有发现孟尝君的踪影，难道这群人不翼而飞了吗？眼看前面就是函谷关，过了这关口，就出了秦国地界。

很不凑巧，孟尝君等人行至函谷关，已是后半夜，关口大门紧闭。按照规矩，得等到天亮雄鸡啼叫时，守关的士兵才会打开城门。夜长梦多，万一追兵追来怎么办？若不及时出关，可能前功尽弃。

大家心急如焚时，一个门客勇敢地站出来说："我来试试吧。"他有什么本领呢？会学鸡叫！看来孟尝君手下能人可不少，鸡鸣狗盗之徒都有。这家伙学起鸡叫，他这一叫，附近的公鸡跟着啼叫起来。睡眼惺忪的士兵以为天亮了，揉揉眼睛，把关门打开。孟尝君递上通行证，顺利出了关。

他们刚走不久，追兵就到了，可是已经迟了，扑了个空，只得悻悻而回。

靠着这群鸡鸣狗盗之徒，孟尝君死里逃生，总算没落得楚怀王那样凄凉的下场。但是这次经历令孟尝君颜面尽失,倘若不报仇雪恨,自己何以在江湖上立足呢?出使秦国本是齐湣王指派,如今孟尝君差点丢了小命,为了补偿、安慰孟尝君,湣王任命他为齐相。手握大权的孟尝君,马上筹划进攻秦国。

齐国乃是中原之领袖,与魏、韩两国有同盟协定。孟尝君照会魏襄王、韩襄王,三国共同发兵,讨伐秦国。

公元前298年,齐、魏、韩三国联手,由孟尝君担任统帅,进攻函谷关。

孟尝君在攻秦的时间选择上相当不错。这一年楚国立楚顷襄王,秦昭王大举用兵,连夺十六城,斩首五万。秦国最精锐的兵力都集结在楚国战场,函谷关一线兵力薄弱,根本不是三国联军的对手,一战即溃。

自商鞅变法后,秦国在战场上几乎无往而不胜,这次失败严重打击秦人膨胀已久的自信心。更要命的是,楚国战场的秦师一时间难以调回,倘若孟尝君攻破函谷关,长驱直入,咸阳未必保得住。

如何是好呢?只能割地求和。

割地求和是很没面子的事,秦昭王召集臣下商量,他说:"齐、魏、韩三国兵力强大,深入我国,寡人打算割让河东三城(武遂、封陵、齐城)请和,如何?"

公子池道:"大王割地求和,日后肯定要后悔的;如果不割地求和,也要后悔。"

秦昭王问:"这怎么说呢?"

公子池道:"大王如果割地讲和,三国捞到利益后,会心满意足收兵离去。到时大王会后悔:可惜呀,三国联军本来就要离开了,我却偏偏送给他们三座城邑。如果不割地谈和呢?若三国联军越过函谷关,进逼咸阳,秦都就危险了。到时大王又会后悔:哎呀,我怎么会吝惜三座城邑而放弃与三国谈和呢?"

秦昭王拍板道:"两害相权取其轻者,我宁可因割让三城而后悔,也不愿因咸阳遭到危险而后悔。我决定了。"

问题是,孟尝君能同意秦国割地求和吗?

有一个名为韩庆的谋士对孟尝君说,攻秦对齐国没好处。为什么呢?他分析说,齐国与秦国相距遥远,就算攻城略地,也不可能把秦国的土地并为己有,能捞到好处的只有魏国与韩国。若是魏、韩两国坐大，齐国就要丢掉老大的地位。

孟尝君攻打秦国，只是为一雪耻辱，若劳师远征，却没捞到好处，不好交代。有没有更好的办法呢？

韩庆说，有。

当时楚怀王还没死，被囚禁于秦国。韩庆认为，上策应该是以武力逼迫秦国释放楚怀王，然后要求楚国割让东部土地给齐国。这样做，齐国才能真正得到实惠，否则什么都是虚的。

孟尝君深以为然，不想继续向前挺进，而秦国也有意割地求和，双方一拍即合。孟尝君依韩庆之计，向秦国提出释放楚怀王的条件，秦昭王爽快答应了。就这样，齐、魏、韩三国联军从函谷关撤兵，第一次伐秦之战结束。

如意算盘打得不错，只是孟尝君还是低估了秦国厚黑的传统。秦昭王答应释放楚怀王，只不过是权宜之计罢了。孟尝君撤走后，远征楚国的秦国兵团陆续返回国内，函谷关的兵力大大增强了，秦昭王悍然毁约，拒绝交出楚怀王。

不交出楚怀王，孟尝君就不可能从楚国捞到好处，最终只是竹篮子打水——空欢喜一场罢了。

秦国立国以来，从未像现在如此毫无信用。

春秋时代恪守的道德原则，已经被尔虞我诈的政治游戏所取代。

孟尝君气坏了，他被羞辱过一次，如今又被戏弄，旧仇加新恨。很快，他又着手准备第二次伐秦之战。这一次，联军更加强大，除了齐、魏、韩三国之外，又有两个诸侯国加入伐秦行列，这两个国家，一个是赵国，一个是宋国。

公元前296年，孟尝君率五国联军，再次杀向秦国。

这次秦国没有两线作战，可以集中力量对付联军。只是五国打一国，孟尝君优势非常明显。特别是赵国的加盟，更是锦上添花。在赵武灵王"胡服骑射"的军事改革下，赵国异军突起，成为秦、齐之后又一军事强国，拥有第一流的骑兵武装。

东方诸侯联军一路西进，连战连捷，攻至盐氏（今山西运城）。秦昭王压力很大，只得再度祭出割地求和的法宝。秦国已经很久没有如此狼狈不堪了，这也证明当年张仪以"连横"破坏东方的"合纵"战略，是何等深谋远虑。

恰好此时，被囚的楚怀王郁郁而死。孟尝君合纵诸侯攻秦，目的就是逼迫秦昭王释放楚怀王，再从楚国那儿捞取好处。楚怀王一死，孟尝君的计划落空了。就算他一路向西，攻到咸阳，秦国的土地又如何并入不接壤的齐国呢？只会让魏、赵、韩这些国家捡便宜罢了。

孟尝君接受秦昭王的割地求和。双方谈判的结果，秦国归还韩国河外之地及武遂，归还魏国河外之地及封陵。魏国与韩国收复失地，满心欢喜，出力最多的齐国，除了赢得好名声之外，并无其他收获。

土地交割完毕后，孟尝君从秦国撤军，第二次伐秦之役结束。

孟尝君两度伐秦，显示东方合纵战略的威力，这也是战国史上为数不多的成功合纵运动。秦国数十年来在东方鲸吞蚕食，疯狂扩张，不可一世，却遭到齐国的迎头痛击，不得不稍敛锋芒。宋代著名政治家王安石讥讽孟尝君是"鸡鸣狗盗之雄"，这个评价不太客观。孟尝君能越数千里之地攻秦，其能力与胆识都非常人所能及。后世史学家黄世三评论说："秦之强未有能抑之者，孟尝君有此豪举，非他人所能及也。"这个评价是中肯的。

伐秦之战，把齐国与秦国的对抗推向高潮。

只要齐国仍领袖东方，秦国想要向东扩张几乎不可能。只是世事难料，灾祸总是起于萧墙之内，一起齐国未遂的政变，令秦国有了挺进中原的机会。

二二 / 伊阙：魏韩的伤心记忆

公元前 294 年，齐国发生了一起未遂的政变，大夫田甲劫持绑架齐湣王。这次政变并未成功，却导致严重的后果。

齐湣王怀疑政变背后的主谋是孟尝君。孟尝君两次合纵诸侯讨伐秦国，名扬天下，功高震主，诸侯只知有孟尝君，不知有齐湣王。身为君主，齐湣王早就对孟尝君看不顺眼，经历绑架惊魂后，更是对他处处提防。君相二人互不信任，双方剑拔弩张。齐国内斗，被秦国人看在眼里，铁血宰相魏冉决定利用这个机会，发动对东周的进攻。

夺取两周，一直是秦国的重点战略方向。

十五年前，秦武王发动宜阳战役，攻取韩国三川之地，欲直捣两周。不料秦武王意外扛鼎而死，计划泡汤。公元前 293 年，雄心勃勃的秦相魏冉派向寿为大将，挥师东进，打败东周的军队。周王室夹在魏、韩之间，魏昭王与韩僖王联手武力干预秦国入侵。

魏、韩两国集结了二十四万军队，魏军由犀武指挥，韩军由公孙喜指挥。秦军已嗅出大战的气味，遂从东周撤军，退至伊阙，与魏、韩联军对峙。

伊阙位于今天河南龙门，举世闻名的龙门石窟就坐落于此。当时这里还是荒山野岭，宏伟壮观的佛像群还未有影子。伊阙的天空，战争的阴云密布。

面对魏韩数量庞大的兵团，秦国人忧心忡忡。

魏冉作出一个大胆决定，向秦昭王推荐由白起担任秦军大将，取代原先的大将向寿。我们不能不佩服魏冉的眼光，他果断起用白起，是秦军取得胜利的保证。作为铁血宰相，魏冉的能力是毋庸置疑的。我们必须看到，魏冉提拔白起是有政治风险的，因为向寿是秦昭王由小玩到大的亲密朋友，用白起取代向寿，若不能出奇制胜，魏冉的政治生命可能就此结束。

白起是何许人也，为什么魏冉对他如此器重呢？

据后来秦始皇《追赠白起武安君诏》的说法，白起祖上本是楚国人，后来迁居到了秦国。他早年的军事生涯不可考，在伊阙之战前，史书仅有他的一次作战记录。那是前一年（前294），他指挥秦师攻克韩国重镇新城。此时的白起年仅二十几岁，已获得"左更"的军功爵，在秦二十等爵中位列十二等，属中上等爵位，可见他参加过很多战斗，而且战功很多。

知人善任的魏冉对白起的军事潜力深信不疑，大胆破格起用他为伊阙之战的秦军总司令。这一战，白起将震惊天下。

白起临危受命，当他抵达伊阙前线，发现形势很严峻，与魏、韩相比，他的兵力很单薄。据《战国策》所记："韩魏相率，兴兵甚众，君所将之，不能半之。"可见秦国兵力不到魏、韩联军的一半，在十万人左右。

从兵力对比上，敌强我弱。白起没有惊慌失措，而是冷静地分析时局，后来他回忆道："伊阙之战，韩孤顾魏，不欲先用其众。魏恃韩之锐，欲推为以锋。"也就是说，韩国拉上魏国一起作战，却想保存实力，要让魏国军队打头阵。魏国也心怀鬼胎，认为韩国军队是精锐之师，理应作为先锋部队，冲锋陷阵。大战临头，魏韩两国不能精诚团结，反而互相扯皮，谁也不愿意主动出击。

有了弱点，就容易搞定了。

白起的计划是先打弱敌，后打强敌，各个击破。他说："二军争便之力不同，是以臣得设疑兵以待韩阵，专军并锐，触魏之不意。"白起假装与韩军正面对峙，暗中却把大部队调走，出其不意地突袭魏军。

魏军主将犀武判断失误，以为秦军要先攻韩师，掉以轻心。白起攻其不备，以迅雷不及掩耳之势直杀过来，阵斩犀武，大败魏军。首战告捷后，白起马不停蹄，对韩国兵团发动总攻。韩国主将公孙喜得悉魏军惨败的消息后，大为恐慌，仓皇撤退。秦军全线追击，生擒公孙喜。此时魏、韩联军总司令一死一俘，群龙无首，军队混乱不堪。秦军越战越勇，连拔五城。

在《史记》一书中，《秦本纪》《魏世家》《韩世家》《白起列传》诸篇都提到伊阙之战，说法稍有差别。

《秦本纪》与《白起列传》都记为："秦昭王十四年，左更白起攻韩、魏于伊阙，斩首二十四万，虏公孙喜，拔五城。"

《魏世家》记："魏昭王三年，佐韩攻秦，秦将白起败我军伊阙二十四万。"

《韩世家》记："釐王三年，使公孙喜率周、魏攻秦。秦败我二十四万，虏喜伊阙。"

秦国史料都称白起在此役中取得斩首二十四万的战果，魏、韩史料不是用"斩首"这个词，而是用"败"这个字。魏韩联军总计二十四万人，倘若依秦国说法，全军覆没，没有活口。这种说法显然站不住脚，白起后来曾说："魏军既败，韩军自溃，乘胜逐北，以是之故能立功。"连他本人都用"败""溃"这样的字眼，可见魏、韩联军是被击溃，而不是被歼灭。由是可见，魏、韩的说法比较准确，秦国史料则有夸大战功之嫌。

即便有夸大之嫌，白起以十万之师击破魏韩二十四万之众，无论如何都是伟大的胜利。伊阙之战标志着秦军走出数年前两度败于孟尝君的阴影，对中原战局产生巨大影响，从此之后，魏、韩两国再无与秦抗衡的实力。

伊阙之战是白起指挥的第一场大战役，他以寡击众，以少胜多，展示卓越的军事天才。他果断冷静，有精确的分析判断能力，善于把握战争大局。当回顾此役时，白起说："皆计利形势，自然之理。"所谓计利形势，就是因势利导，化不利为有利，化被动为主动，运用之妙，存乎一心。

秦国的扩张，向来是武力与外交双管齐下。

在战国的政治舞台上，秦国就是孤家寡人一个。原因很简单，它的外交政策是典型的无节操榜样。拐骗楚怀王，企图绑架谋杀孟尝君，为达目的，无所不用其极。手段阴险诡诈，自然诸侯离心。

不过，秦国自有手段，威慑与恫吓也足以唬住一些国家。

秦国集中力量对付魏、韩，自然不希望其他国家插手干预。齐国内部权力斗争白热化，孟尝君罢相下台，没精力去救援魏韩；赵国爆发内乱，一代雄主赵武灵王被弑，自顾不暇；燕国实力弱小，闭关自守；唯一可以救援魏、韩的，只有楚国。

为了唬住楚国，秦昭王写一封信给楚顷襄王，以挑衅的语气说："楚背秦，秦且率诸侯伐楚，争一日之命，愿王之饬士卒，得一乐战。"

伊阙之战中秦军的威力令诸侯闻风丧胆，楚国向来是秦国的手下败将，看到秦昭王的挑战信，楚顷襄王吓坏了。

关键时刻，可以看出一个人是不是英雄。楚顷襄王的父亲楚怀王被秦害死，国恨家仇，只要他有点血性，就绝不会屈服于仇敌的淫威之下。只是楚顷襄王的软弱与父亲如出一辙，他竟然向仇人低头。在利诱与威逼下，楚国与秦国联姻，楚顷襄王迎娶秦女为夫人。此举表明楚国又一次臣服于秦国。

楚国的绥靖政策，令秦国可以心无旁骛地攻略魏国与韩国。

魏、韩精锐在伊阙之战中损失殆尽，已经难以抵挡秦国的进攻。

战神白起再建奇功，渡过黄河，攻取安邑以西至乾河一带的韩国土地。一年之内，他从左更（军功爵第十二级）升为大良造（军功爵第十六级），连升四级。

公元前291年，秦国兵分两路，大举进攻魏国。

一路由伐蜀英雄司马错统率，攻破轵城；另一路由后起之秀白起指挥，略取垣城。两路人马得手后，转攻韩国，司马错攻占邓城，白起夺取宛城。攻城略地，魏、韩两国不要说还手，连招架之力也没有。

对魏、韩两国来说，苦难无尽头。

公元前290年，秦国铁血宰相魏冉亲自出马，讨伐魏国。魏昭王精神崩溃，如何抵挡？一打就败，一败就尸横遍野，几乎每家都要办丧事，这样的日子怎么过？他索性举旗投降了。投降代价惊人，魏国割让河东四百里之地献秦。

扬扬得意的魏冉胃口大得惊人，得到魏国四百里地还不足，他又率兵杀入韩国。可怜的韩釐王只得步魏昭王后尘，割让武遂等二百里地献秦。孟尝君伐秦时魏、韩收复的土地，全部都还给秦国了，甚至更多。

"今日割五城，明日割十城，然后得一夕安寝。起视四境，而秦兵又至矣。然则诸侯之地有限，暴秦之欲无厌，奉之弥繁，侵之愈急。故不战而强弱胜负已判矣。"这是宋代文豪苏洵对魏、韩割地事秦的评价。

以土地能换和平吗？

肉包子打狗，能填饱狗的肚子吗？

公元前289年，秦国又来了！

还是白起，还是司马错。秦军如秋风扫落叶，横扫魏国。羸弱的魏国毫无反击能力，连失六十一城！

伊阙之战推倒第一块骨牌后，引发多米诺效应，短短几年时间里，魏韩两国一溃千里，丧地无数。这两个从晋国分裂出来的国家，已从猛虎变成小绵羊，哀号着任由秦国宰割。

秦王的野心与秦国的疆域一同膨胀。

他不满足于"王"的尊号，因为王太多了，不值钱。秦国雄视天下，笑傲江湖，应该给自己换一个更尊贵的称号。

新的尊号叫什么呢？一帮刀笔吏咬文嚼字，详斟细酌，最后挑出一个字——"帝"。

古代的字典《字汇》对此的释义是："帝，上帝，天之神也。"先秦文献中，有"天帝""上帝"这样的字眼，意指主宰天地万物的最高天神。上古的历史传说，有"五帝"的说法，指的是黄帝、炎帝等五位德高望重的君王。

称帝才能凸显秦王在诸侯中高人一等的地位。秦昭王想称帝，却心有顾虑，因为秦国还有一个强大的对手，便是齐国。齐国绝不会容忍秦国的傲慢与自大，势必会号召诸侯群起而攻之。最好的办法，是把齐国拉下水，秦王称"西帝"，齐王称"东帝"，岂不是皆大欢喜？

公元前288年，秦昭王在宜阳正式称"西帝"，同时他派人前往齐国，给齐湣王送上一顶"东帝"的大帽子。

齐湣王心动了。

谋士苏代问道："两帝并立，诸侯们会尊秦呢，还是尊齐？"

秦国比齐国更有侵略性，齐湣王诚实地答道："肯定是尊秦。"

苏代又问："放弃帝号，诸侯们愿意跟齐国交好呢，还是秦国？"

齐湣王答道："当然是齐国，各国都讨厌秦国。"

苏代说："秦称西帝，齐称东帝，表面上看是平等的。但诸侯们害怕秦国，尊秦而不尊齐；若放弃称帝，各国愿意与齐国亲近，与秦国疏远。您越表示谦卑，诸侯们越尊重您，这就是以卑为尊。"

齐湣王采纳苏代意见，公开表示放弃称帝。齐王拒绝称帝，秦昭王自封的"西帝"成了众矢之的。称帝无异于向天下宣布，秦国有一统天下的野心，岂不让各诸侯惶恐不安？狗急会跳墙，人被逼急了会拼命，一个国家不是秦国的对手，要是几个国家一起拼命，秦国吃得消吗？

秦昭王称帝刚两个月，就察觉苗头不对，东方六国反响强烈，反秦浪潮高涨，秦国在外交上已陷入完全被动局面。东方六雄，一个都还没被消灭，看来秦昭王操之过急了。算他识相，灰溜溜地宣布撤销帝号，恢复王号，这出称帝的闹剧才结束。

尽管取消帝号，秦国的狼子野心已是昭然若揭。东方诸侯再度密谋合纵，共同对抗秦国。

二三 / 日落东方：齐国的没落

秦国势力疯狂东扩的同时，北方的赵国异军突起，跻身三强之列，成为秦国之劲敌。自从晋国分裂为魏、赵、韩三国后，赵国实力平平，在与魏国的长期战争中居于下风，首都邯郸曾沦陷达三年之久。知耻而后勇，赵国如何发愤图强、后来居上呢？这要归功于伟大的君主赵武灵王。

赵武灵王知耻而后勇，他力排众议，推行"胡服骑射"军事改革，大力发展骑兵武装，为赵国强盛打下坚实的基础。赵武灵王统治时期，赵国走向大扩张时代，他避开战乱不断的中原，把矛头对准北方的少数民族地区。经过十几年的战争，赵国灭掉中山国。中山是除战国七雄之外实力最强的国家，也是一个狄人国家。吞并中山后赵国实力大增，已跃居最强诸侯行列。

雄才大略的赵武灵王并不满足于此，他的理想是北略匈奴，南略秦国。他曾经假扮使者，孤身一人前往秦国刺探军情，甚至跑到秦都咸阳见秦昭王，以一国之尊，深入狼穴，浑身是胆。

可惜的是，赵武灵王与秦国一决雌雄的理想还未付诸实现，便死于一场国内政变。在沙丘之乱中，赵国贵族李兑囚禁赵武灵王，一代雄主竟饿死于高墙之内，令人唏嘘长叹。赵武灵王死后，李兑成为赵国头号权臣，被封为奉阳君。

一个国家强大了，自然想在国际舞台上有所表现。

偏偏在这个时候，秦国不给赵国面子。秦昭王自立为"西帝"，把"东帝"头衔送给齐国，至于赵国嘛，秦国还真不当一回事。在诸侯们的反对声中，秦昭王仅仅过了两个月，就尴尬地宣布放弃称帝。东方诸侯对秦国的狼子野心保持高度戒备，一场针对秦国的合纵运动又悄然兴起。

这次合纵运动的策划者，正是赵国奉阳君李兑。

在李兑主持下，赵、齐、魏、燕、韩五国组成合纵同盟。公元前286年，东方五国组成联军，进攻秦国。纵观东方合纵史，我们可以得出一个结论，成功的合纵必须要有一个深孚众望的政治家主导。整个战国史，只有两个人能成功领导合纵抗秦，一个是孟尝君，一个是信陵君，两人都是"战国四公子"之一，有能力、有威望，能约束、指挥合纵联军。李兑虽是赵国权臣，对其他诸侯国却没有多大的影响力，这次合纵运动注定要失败。

伐秦之战，雷声大雨点小。各国虽想打击秦国，却相互猜忌，各自保存实力，只是虚张声势罢了，并不全力作战。西征最后无功而返，这是预料中的事。

李兑打着伐秦的旗号，实际上另有所图。

合纵联军伐秦草草而终，李兑却不解散五国部队，而是驻屯于成皋，按兵不动。他心里在打什么算盘？李兑有不可告人的目的，他要凭这张合纵王牌，与秦国做一笔交易。他暗中派人与秦政府联络，要求与秦联手，突袭魏国！

一方面与魏国合纵抗秦，另一方面却与秦国串通欲瓜分魏国，李兑的厚黑与无节操，比起秦昭王毫不逊色。

只是天下没有不透风的墙，李兑想瞒天过海，纸却没包住火，这件事给捅出来，真相大白于天下。冤大头魏昭王气疯了！他断然与赵国决裂，投靠齐国。

倘若赵国与秦国结盟，对齐国是巨大的威胁。齐湣王不愿看到这种结果，他必须出手阻止李兑的阴谋。

著名纵横家苏代作为齐湣王特使，前往游说李兑。苏代说："您不遵守五国合纵盟约，单独与秦国媾和，五国合纵同盟必然瓦解。我想提醒您，秦国与齐国并非不可能联合，倘若秦、齐联合，夹在两个大国之间的赵国处境最不利。另外，要是合纵同盟分裂，诸国臣服于秦国，秦国便可控制天下。一旦秦国控制天下，会用什么手段统治，您心知肚明。我希望您考虑清楚。"

这是对李兑施压。若是赵国与秦国联合瓜分魏国，那么齐国也可以与秦国联合瓜分赵国。合纵是对抗暴秦的法宝，若合纵失败，统统要成为秦人的奴隶。在苏代严厉的批评下，李兑悬崖勒马，中止与秦国交易，东方合纵同盟勉强维持下来。

齐湣王是大善人吗？

当然不是。

他有自己的目的。

齐国虽与秦国并称为东西双雄，秦昭王也给齐湣王送上"东帝"头衔以示尊敬。不过谁都知道，齐国已被秦国甩开几条马路远了。打破均势的转折点，是秦国吞并巴蜀成功，齐国吞并燕国失败。不必说秦国，就连赵国也后来居上，吞并中山后，赵国大有赶超齐国之势，所以权臣李兑才会那么嚣张狂妄。

要确保齐国在东方的优势，齐湣王只有一个选择：对外扩张！

往哪扩张呢？宋国！

战国的诸侯版图，可概括为七加二：七就是七个大国，即战国七雄；二就是两个中等国家，一个是中山，被赵国吞并了，另一个就是宋国。为了与秦、赵抗衡，齐国必须扩张，与之相邻的宋国自然成为了齐湣王案上的大肥肉。

齐湣王极力维护五国合纵同盟，是担心秦国干涉其灭宋计划。

倘若说天下有哪个国家可以阻止齐国的扩张，这个国家必定是秦国。当年齐国吞并燕国，正是在秦国的武力干涉下，不得不把到嘴的肥肉又吐出来。

为了与秦国妥协，齐湣王一连派了三名说客入秦。此三人分别是冷向、苏代与宋郭。

冷向对秦昭王说："齐国消灭宋国，魏国就危险了，大王可唾手得到魏国的安邑城。只要秦齐结盟，燕、赵必恐惧，定要割地讨好秦国。齐国伐宋，对秦国只有好处，没有坏处。"

苏代说："齐国本来就很强大，若吞并宋国，楚国与魏国一定会害怕，为了自保，只能投靠秦国。秦国可以不费一兵一卒令魏国割让安邑，这就是齐国送给您的礼物。"

从这里可以看出齐湣王绝非善辈。他一方面维持东方五国合纵同盟，作为压制秦国的筹码；另一方面却打算牺牲同盟国的利益，以换取秦国对伐宋的支持。他的厚黑与无节操，不在李兑之下。冷向与苏代说辞虽有差异，中心思想是一样的：齐国伐宋，对齐、秦两国是双赢的选择。

秦昭王冷冷地问："齐国政策反反复复，一会儿搞合纵，一会儿搞连横，这怎么解释呢？"

合纵就是齐与东方四国联合伐秦，连横就是与秦国联合，出卖东方诸国的利益。齐湣王一边打着合纵的旗号，一边又暗自与秦国勾结。齐国的政策，究竟是反秦还是亲秦，着实让人看不懂。

苏代答道："每个国家都有不对人言的秘密，齐国不能不做两手准备。齐王知道，若不与秦国连横，就算灭了宋国，也不可能安定。中原游说之士，竭力离间秦、齐关系。西入秦者，没有一人说齐国好话；东入齐者，没有一人说秦国好话。他们不愿看到秦齐结盟，若是三晋与楚联合，必定会进攻秦国与齐国；若秦国与齐国联合，同样会图谋三晋与楚国。大王应该按照这个思路来考虑问题。"

言下之意，齐国的意图是与秦国联合，共同瓜分三晋、楚国。

秦昭王表态道："宋王像夏桀一样残暴，像这样的国家，欺辱它不算逆天行事，消灭它不算结仇。我希望齐国不要跟宋国讲和，要不断地进攻，直到把它灭掉。"

这个回复，令齐湣王大喜过望。

然而，搞阴谋不是齐湣王的专利。齐湣王能背后搞小动作，秦昭王就不能搞吗？齐湣王为了夺取宋国，不惜出卖盟友，这也给了秦国可乘之机。将欲取之，必先予之，这才是高明的战略。只要齐国吞并宋国，各路诸侯肯定坐不住，到时看齐湣王如何收拾残局。

公元前286年，齐国发动雷霆攻势，大军突入宋国，短短几个月时间，老牌诸侯国宋国便从地球上消失了，土地人口并入齐国。

灭宋之战，令齐国声威大振。周边小国，如鲁、卫、邹等，无一例外，全部向齐国称臣。齐湣王意犹未足，他挟胜利之威，出兵占领楚国淮北之地。紧接着，齐国又把打击目标锁定在淮河下游的淮夷，武力征服，再夺取七百里之地。

此时齐国的领土几乎扩张一倍，疆域面积已经不逊于秦国。齐湣王野心勃勃，甚至想出兵吞并二周，自立为天子。

然而，齐湣王没有想到，灭宋之战，是齐国由鼎盛走向衰落的开始。

齐湣王灭宋国、取淮北、驱淮夷，开疆拓土，傲视天下，诸侯莫不震动。其中最为恐慌的国家，当属燕国。

燕国曾亡于齐国之手，后来在秦、魏等国的武装干涉下，齐国不得不撤兵，燕国得以复国。燕昭王是战国史上最伟大的一位君王，他卧薪尝胆，励精图治，矢志复仇雪耻。为了干掉齐国，他以名将乐毅主持军政，同时暗遣著名纵横家苏代入齐，安插在齐湣王身旁，随时掌握齐国的政治动向。

从军事实力上说，燕国远非齐国的对手，如何能打败齐国呢？

乐毅对燕昭王说："齐国土地辽阔、人口众多，仅凭燕国之力是不行的，必须联合赵国、秦国、楚国、魏国，共同伐齐。"

无论是东方诸侯国还是秦国，都不想看到齐国的强大。在此之前，秦国吞并巴蜀、赵国吞并中山，都没有引起其他国家的强烈反应，为什么偏偏齐国吞并宋国，会引起诸国的敌视呢？当时中国的重心在中原，巴蜀、中山都是偏远地区的少数民族地区，中原诸侯自然懒得理会。宋国则不同，宋国是殷商后裔，立国时间与周朝一样久远，地处中原，如今齐灭宋国，在中原地区一枝独秀，其他中原诸侯岂能不闻风色变？

为了对付暴发户齐国，东方诸侯甚至不惜与秦国合作。在乐毅等人的努力下，燕、秦、赵、魏、韩五国达成协议，共同对付齐国。

五打一，齐国在劫难逃。

公元前285年，乐毅的燕国兵团率先发起进攻，在间谍苏代的协助下，燕师两战两胜，斩首五万，齐军遭到迎头痛击。秦昭王派大将斯离、蒙齐率领一支远征军，与赵、魏、韩三晋部队会师后，杀入齐国，攻城略地，夺取齐国河东九城。

作为军事强国，齐国是有人才的。齐军统帅触子是一名优秀将领，他采取坚壁清野的战术，沿着济水构筑防线，恃险而守。只要把战争拖入持久战，内部矛盾重重的五国联军必然瓦解，到时必然作鸟兽散，齐军可乘机各个击破。只是齐湣王好大喜功，刚愎自用，严令触子出击。硬碰硬的结果，是人多的打垮人少的，齐师再度败绩。

五国联合伐齐，没有很明确的战略目的。济水之战后，各国将帅认为齐国军事力量已被大大削弱，剩下来的事交给外交官去处理，便纷纷打道回府。秦、韩等国的军队撤走了，燕军统帅乐毅却作出一个惊人的决定：继续深入，直捣齐国首都临淄。

在之后五年时间里，燕国凭一己之力，横扫齐国。乐毅连下七十余城，曾经盛极一时的齐国几乎灭亡，只剩下两座孤零零的城池。好高骛远的齐湣王求救于楚国，先前保持中立的楚国并不仗义，以救援的名义出兵，却把齐湣王砍头了。

齐国并没有亡国。

两个原因。其一，雄才大略的燕昭王去世，燕惠王猜忌心强，解除乐毅兵权，乐毅投奔赵国；其二，齐国名将田单有神勇表现，先是以火牛阵大破燕师，解即墨之围，而后开始奇迹般的反扑，光复齐国全境。

然而，在废墟中重生的齐国，已威风不再，从一流强国滑落到二流国家，永远失去了与秦国争雄天下的机会。

齐国垮了，唯一可与秦国抗衡的，只有崛起中的赵国。

二四 / 渑池：没有硝烟的战场

自赵武灵王实行"胡服骑射"改革，赵国国力蒸蒸日上，吞并中山及北部诸胡后，已成为北方一大强国。

在五国伐齐之战中，赵国一颗将星冉冉升起，此人就是历史上著名的战将廉颇。公元前 283 年，廉颇率领赵国军队大败齐军，攻取昔阳（一说晋阳），此役有力地配合了乐毅对齐国诸城的扫荡，也使廉颇英勇善战的美名广为人知。战役结束后，赵惠文王将廉颇提拔为上卿。

在廉颇伐齐的这一年，赵惠文王得到了一个宝贝，便是著名的和氏璧。和氏璧是一块美玉，据说是春秋时期楚人卞和所发现，故称为"和氏璧"，被认为是一件无价之宝。和氏璧如何从楚国辗转到了赵国，其中的缘由我们也弄不清楚。赵惠文王得此璧后，爱不释手，可是秦国人偏偏要来找麻烦。

秦昭王听说赵国有这么一块宝贝，便派使者入赵，开出一个令人心动的条件：以十五座城交换和氏璧。我们常说"价值连城"，和氏璧的价值不是一座城，而是十五座城。对一个国家来说，十五座城显然比一块美玉要有价值，以璧换城，这是不吃亏的。问题是秦国的信用等级很低，收了和氏璧后，恐怕要翻脸不认人。秦人劣迹斑斑，天下人都知道，跟秦国打交道，一定得谨慎，否则一不小心就要落入其陷阱。

倘若拒绝秦国呢？

拒绝秦国就意味着有战争的风险。

怎么办呢？赵惠文王打算通过外交手段来解决问题，派一个机警且才智过人的使节前去与秦昭王周旋。这时，宦官令缪贤向赵惠文王推荐自己的门客蔺相如。

令缪贤对赵惠文王说："我私下认为蔺相如有勇有智有谋，让他出使秦国，一定会不负所望的。"

赵惠文王召见蔺相如，问道："秦王要用十五座城交换和氏璧，您看要不要给他呢？"

蔺相如答道："秦强赵弱，秦国的要求合理，不能不给。"

赵惠文王又问："要是秦王拿走了和氏璧，却不割让十五座城，怎么办？"

蔺相如答说："秦国以十五城交换宝璧，如果我们不答应，就是理亏。反之，秦国得到宝璧，却不割让十五城，就是他们理亏。权衡利弊，宁可让秦国承担理亏的责任。"

赵惠文王点点头，又问："依先生之见，何人可出使秦国？"

蔺相如说："大王要是没有合适的人选，我愿意亲自前往。如果秦国交出城池，和氏璧就留在秦国。倘若秦人毁约，我定会完璧归赵。"

赵惠文王便派遣蔺相如为赵国使节，捧着和氏璧前往秦国。

入了秦都咸阳，秦昭王在章台接见蔺相如，蔺相如献上和氏璧。这块宝璧果然是无价之宝，无论是玉的质量或做工，都堪称天下无双。秦昭王边欣赏边赞叹，又递给妃嫔与左右侍从观赏，大家都啧啧称赞。

秦昭王只玩弄宝璧，只字不提割城的事。蔺相如看出他并没有以城换璧的诚意，便走上前说："和氏璧上有一点瑕疵，请允许我指给大王看。"秦昭王没起疑心，把和氏璧交还给蔺相如。

不料蔺相如拿回璧后，后退了几步，把宝璧高高举起，背靠着一根大柱子，怒发冲冠，冲着秦昭王说："大王想得到这块美玉，要用十五城来做交换。赵国君臣都认为，秦国只是仗着自己强大，想巧取豪夺罢了，根本不想用城池来交换，千万不能把和氏璧交给秦国。我却认为，普通老百姓尚且不肯相互欺骗，何况是秦这样的大国呢？为了一块玉璧与秦结怨，这是不合适的。赵王听了我的话，斋戒五日，派我前来献上玉璧，这是出于对秦国的尊重。今天大王没在朝堂以隆重的仪式接见我，而是在章台这种普通的宫殿，礼节上十分不到位。更有甚者，大王拿到和氏璧后，递给妃嫔、左右观赏，毫无恭敬之心，当我这个赵国使臣不存在，这是对我的侮辱戏弄。我看大王没有诚意用城池交换和氏璧，便把玉璧收回来。大王若要逼我的话，我就跟和氏璧同归于尽。"

说完后，蔺相如双手举起和氏璧，斜对着柱子，要把宝璧往柱子上砸下去。

秦昭王急了，赶紧喊"住手——"，然后走下殿堂，向蔺相如赔礼道歉。他装模作样地唤来掌管图籍的官员，取来地图，圈了十五座城池。蔺相如很细心，看出秦昭王只不过敷衍了事，这证实了他的判断：秦国根本无意用十五城来交换和氏璧，只是想巧取豪夺罢了。

蔺相如没有交出和氏璧，而是说："和氏璧乃是天下至宝。赵王欲献出此宝贝时，斋戒五日。大王也应该斋戒五日，并在朝堂之上，以隆重大礼接收宝璧。这样我才能放心献上和氏璧。"

秦昭王没办法，只得答应了。

蔺相如不相信秦国的诚意，他不等了，派亲信乔装打扮，怀揣着和氏璧，走小路回赵国去了。

五天后，秦昭王像煞有介事地在朝堂上大张旗鼓，迎接蔺相如。蔺相如来了，却没有抱着光彩夺目的和氏璧。他朗声说道："自从秦穆公以来，秦国共有二十多位君主，没有一个曾信守盟约。我担心被大王蒙骗，派人走小路，把和氏璧送回赵国了。"

此言一出，众皆骇然。

秦昭王脸色难看得要死，目露凶光。

蔺相如毫无惧色地说："秦强赵弱，大王若先割让十五城给赵国，赵国敢不交出和氏璧吗？至于我，欺骗了大王，罪当处死。大王尽管用最残酷的烹刑杀我，我没有怨言。只是希望大王及诸位大臣好好考虑这件事。"

果然是不怕死的硬汉子。

秦昭王与诸大臣面面相觑。有人主张杀掉蔺相如，秦王还算有点理智，蔺相如只是个小角色，杀之何用！他只得无奈地说："算了。今天就算杀了蔺相如，也得不到和氏璧，反而破坏秦赵两国关系。还是以使节之礼招待他吧，放他回赵国去，赵王不会因为一块美璧而故意欺骗秦国吧？"

秦国最终没有把十五城割给赵国，赵国当然也没把和氏璧给秦国。

蔺相如以自己的大智大勇，不辱使命，完璧归赵，保住赵王的脸面。赵惠文王提拔他为上大夫，跻身重臣之列。

没能得到和氏璧，秦昭王心里很不爽快。

在之后数年，秦昭王多次发兵攻打赵国，以泄心头之恨。譬如公元前282年，白起伐赵，攻取两城；公元前281年，秦国再攻赵，取离石城；公元前280年，白起复攻赵，斩首两万人，取光狼城。

跃居第二号强国后，赵国仍然不是秦国的对手。

不过，对秦国来说，最重要的敌人，并不是北方的赵国，而是南方的楚国。

在伊阙之战后，楚顷襄王迫于秦国的压力，被迫臣服。然而，秦、楚绝不可能长久相安无事，楚怀王被绑架并死于秦国，这是两国关系无法解开的结。就在秦国频频打击赵国时，楚国蠢蠢欲动。

有人对楚顷襄王说："先王被秦国欺骗，客死他乡，没有比这个仇恨更大了。一个普通百姓有仇，尚且敢报复万乘之君，当年白公熊胜、伍子胥就是这样做。楚国土地面积方圆五千里，拥有甲兵百万，足以在疆场上纵横驰骋、耀武扬威。可是大王居然受困于此，实在为大王感到不值得。"

这一番话，道出多数楚国人的心声，也刺到了楚顷襄王内心的痛处，激起他复仇的欲望。楚与秦仇深似海，父仇不报也就算了，还臣服于秦国，是可忍孰不可忍！

楚顷襄王派人出使各诸侯国，打算与东方各国重新合纵，联合起来讨伐秦国。

山雨欲来风满楼，秦国与楚国的一场大战已无可避免。

秦国必须先下手为强，在楚顷襄王合纵诸侯的计划未得逞之前，打垮楚国。要打击南面的楚国，就必须同北面的赵国和解，否则两线作战，对秦国十分不利。秦王派人出使赵国，希望两国化干戈为玉帛。他邀请赵惠文王前往渑池会晤，缔结和平条约。

这会不会是一场鸿门宴呢？

赵惠文王若贸然前去，会不会落得楚怀王的下场呢？

他召来廉颇与蔺相如，听取两人的意见。廉颇与蔺相如说："大王不去的话，是示弱于秦国。"两人都认为，既然秦王要谋和，赵王应该前往渑池。赵惠文王便动身前往，智勇双全的蔺相如随行，廉颇则陈兵于国境线，严阵以待。

临行前，廉颇对赵惠文王说："大王前去渑池，估计往返时间不会超过三十天。倘若三十天过后还未返回，请允许暂且立太子为王，以断绝秦人的阴谋。"

这是最坏的打算，若秦昭王在会议过程中绑架赵王，赵国就另立新君，与秦国血战到底。

渑池之会，没有刀光剑影，只有口水战。

作为东道主，秦昭王设宴款待赵惠文王、蔺相如等人。酒兴正浓时，秦昭王提议说："听说赵王十分喜好音乐，不如奏瑟一曲助兴吧。"瑟是古代的一种大型乐器，长约三米，规格有多种，从十六弦到五十弦不等，常见的是二十五弦。赵惠文王不知是计，当即奏瑟一曲。

岂料曲音刚落，秦国御史故意拔高声调，让左右记下来："某年某月某日，秦王与赵王喝酒，命令赵王奏瑟一曲。"这是故意羞辱赵国。

出席酒宴的赵国随行人员听了非常生气，却毫无办法。这时蔺相如站起身，手持一个盆缶，走到秦昭王跟前说："赵王听说秦王精通秦国音乐，请准许我献上盆缶，大王也露一手，相互娱乐一下。"缶就是装酒的瓦罐，秦人经常击缶而歌。

秦昭王沉着脸，不理睬蔺相如。

蔺相如不罢休，又走近几步，跪在秦王面前，高捧着缶，要求秦王击缶。秦王火了，怒发冲冠，目露凶光，蔺相如毫不退让，大声喝道："我与大王仅五步之遥，大王不答应，蔺相如的鲜血就要溅到大王身上了。"言下之意，你要不击缶，我跟你玩命。

宴会厅快成战场了。

门外的卫兵冲了进来，操着戈戟，围住蔺相如。蔺相如虎目怒睁，似乎有火焰从眼睛喷射而出，所有卫兵怔住了，不由得后退几步，双手发抖。在蔺相如排山倒海的气势威逼下，秦昭王服软了，拿起竹筷，勉为其难地在缶上敲打一下，算是击缶了。

清脆的击缶声，余音绕梁。

蔺相如唤来赵国御史，以同样响亮的声音吩咐他记录："某年某月某日，秦王为赵王击缶。"

高傲的秦国人何时受过这等羞辱呢？

一位秦国大夫跳出来喊道："请赵国用十五座城来为秦王贺寿。"

蔺相如轻蔑地瞟了他一眼，回应说："请秦国用咸阳城给赵王献礼。"

全场鸦雀无声。

一向铁嘴铜牙的秦国辩士们已是哑口无言。

渑池之会，秦、赵两国角力于没有硝烟的战场，赖蔺相如光芒四射的表现，赵国捍卫了国家尊严，秦国则偷鸡不成反蚀一把米，成为天下人的笑柄。尽管有些不愉快的经历，为了共同利益，两国仍然达成和平协议。

现在，秦国可以腾出手来，全力讨伐楚国了。

二五 / 横扫楚国：战神白起的表演

楚顷襄王要复仇雪耻，想法很美好，现实很骨感。

在春秋时代，楚国曾是最富进取精神的国家，如今蜕变成最保守的国家。国家的运途如逆水行舟，不进则退。楚国内政混乱，外交一塌糊涂，军队号称百万之众，实则不堪一击。凭什么报仇呢？

大夫庄辛是少数头脑清醒冷静的人之一，他对楚顷襄王的军事冒险计划持反对意见，批评说："大王宠幸州侯、夏侯、鄢陵君、寿陵君，这四个人都是花花公子。大王与他们一伙，淫逸侈靡，罔顾国政，不要说攻打秦国，恐怕连首都郢城都保不住。"

楚顷襄王大怒道："你难不成把我看作是不祥之兆吗？"

庄辛答说："臣下不敢，我只是看到事情的必然结果。大王若仍宠幸这四个人，楚国必定灭亡。"

忠言逆耳，楚顷襄王压根儿听不进去，我行我素，磨刀霍霍。

楚国还没动手，秦国先下手为强。

秦昭王与赵惠文王达成渑池协定，避免两线作战，已无后顾之忧。

公元前279年，战神白起挥师数万，攻入楚国。

白起对楚国的政治形势有一个准确的判断，他说："是时楚王恃其国大，不恤其政，而群臣相妒以功，谄谀用事，良臣斥疏，百姓心离，城池不修，既无良臣，又无守备。"楚国内政混乱，奸臣当道，民心不附；更糟的是，嚷嚷复仇却武备不修，破旧不堪的城池也没加固修缮。难不成光靠激情就可以打赢一场战争吗？

从兵力对比看，白起不足十万人，兵力比伊阙之战还要少；楚国号称有一百万军队，虽然不可能全部上阵，动员二三十万还是行的。从楚怀王到楚顷襄王,楚国并未展现军事大国的风采,反倒屡屡遭到鲸吞蚕食的命运。这次,冷酷的白起来了,等待楚国的,将是怎么样的命运?

秦国兵团迅速南下,进攻楚国的鄢城(今湖北宜城东南)。

鄢城是楚国别都,有重兵把守,虽不能称为固若金汤,想攻下也非易事。名将之所以成为名将,总是不按常理出牌,以最小的代价收获最大的战果,这是所有军事家追求的艺术。从某种意义上说,名将是艺术家,只是这种艺术血腥而残忍。要攻破一座坚城,有常规手段,也有非常规手段。常规手段是爬云梯攻城,使用冲车、撞车撞破城门,这种攻城手段,杀敌一千,自损八百。白起没那么笨,他有一样绝杀武器:水。

水是柔的。

老子说:"天下莫柔弱于水,而攻坚强者莫之能胜。"

白起深谙老子所言之理,他把河流当作一支奇兵,决汉水以灌鄢城。秦国水利工程技术独冠天下,引水灌城不过是小菜一碟。多年未修缮的城墙轰然倒塌,洪水呼啸而入,冲决屋宇、吞噬生灵,鄢城一片汪洋,死者数十万人。

鄢城之战,震动天下。

楚国第二大城陷落后,士气凋零,白起一鼓作气,再下邓城、西陵。以区区数万人入敌国,攻城略地,如入无人之境,白起之功可谓大矣。他从来不是一个知足的人,他要用楚国人的鲜血铺就自己灿烂的前程。向前,向前,直捣楚都郢城!

秦军渡河后,拆毁桥梁,焚毁船只。以寡击众,必须在勇气上压倒对手,不留半点后路,白起相信自己可以完成惊天伟业。两百多年前,楚都郢城也曾沦陷,那是吴王阖闾的时代,是兵圣孙武的时代,是一代名将伍子胥的时代。吴国三位伟大英雄的不朽传奇,激励白起捣破郢都的决心。他孤军深入楚国腹地、没有补给,兵行险着,若非有过人的胆识,谁敢完成这样的军事冒险呢?

兵圣孙武说:"善用兵者,役不再籍,粮不三载;取之于国,因粮于敌,故军食可足也。"意思就是说,善于用兵的人,兵员不需要再次征调,粮食不需要再三转运。各种军用物资从国内取得后,粮草补给就在敌国解决。

孙武在两百多年前能做到的事,白起怎么不能做到呢?自从《孙子兵法》问世,没有一个人能像白起那样,把孙子的军事艺术思想实践得淋漓尽致。秦军的补给，完全不仰赖国内运输，而是掠夺楚地粮食。白起自己这样说，"掠于郊野以足军食"，以这种近乎野蛮的手段，一路长驱直入，杀到郢城之下。

楚国很久没有打过像样的仗了。

在秦、齐的围猎之下，秦楚丹阳之战中，楚军被砍下八万颗脑袋；齐楚垂沙之战中，楚军全军覆没。即便败得那么惨，郢都也从未遭遇威胁，仍一派歌舞升平的假象。一向远离战争的郢都百姓，两百年来第一次感受到死亡的临近，整座城市一片混乱，陷入恐慌之中。

对于楚军的士气，白起评论说："楚人自战其地，咸顾其家，各有散心，莫有斗志。"楚国人多势众，只要能坚守一个月，白起就要陷入进退两难的尴尬境地。只是白起已敏锐判断，连败几仗后，楚军已没有斗志了。

秦军的士气又如何呢？

白起说："秦中士卒以军中为家，将帅为父母，不约而战，不谋而信，一心同功，死不旋踵。"作为军国主义国家，军队就是士兵的家，将帅就是士兵的父母，一上战场，就有死不旋踵的大无畏精神。这种精神，正是楚国人所没有的。

两军相遇勇者胜。恐惧、害怕本是人之常情，但越恐惧、越害怕，所担心的事情就越会发生，越怕打败仗，就越会打败仗，越怕秦人杀入城，城就越保不住，这就是心理学的法则。

一方是嗜血的饿狼，一方是软弱的绵羊，还没开打，胜负已决。郢都甚至连像样的保卫战也没有，一战即溃，楚顷襄王狼狈而逃。白起没有费什么气力，便一鼓作气占领郢都。

首都轻而易举被端掉了，楚国人有末日来临的恐慌。孔子说"知耻近乎勇"，倘若楚顷襄王有知耻之心，这些年就应该大力改革军政，但他没有。这位君王显然只是阿斗型的人物，他上台后非但没有矢志报父仇，反而在秦国威胁下臣服，实非英雄人物。如今抱着侥幸心理挑战强秦，只能输得精光。庄辛说的话——"淫逸侈靡，罔顾国政"，不要说攻打秦国，恐怕连首都郢城都保不住。不幸预言成真。

楚军一溃千里，白起数万人马竟然得以蹂躏楚国的心脏地带，毁楚先王之庙，西烧夷陵（今湖北宜昌东南），向东攻至竟陵（今湖北潜江西北），而后向南挺进，攻到洞庭湖一带。秦军横冲直撞，所向无敌。

楚顷襄王逃哪去了呢？他一路狂奔逃往陈地（今河南淮阳），迁都于此，远远避开秦军的兵锋。国家残破，君臣苟且偷安，楚国伟大的爱国诗人屈原再也承受不住悲愤之情，他对国君竭忠尽力，岂料遭到被流放的下场。心系国家君王，却被朝廷抛弃，想为国家效力，却报国无门，真是人生的悲哀。郢都沦陷后，他的心死寂了，无法承受国家沉沦之痛。爱之深，痛之切，痛到深处，唯有一死。屈原自沉于汨罗江，痛苦的灵魂终于解脱了。

这一战，"楚人震恐，东徙而不敢西向"，楚顷襄王彻底丧失信心，楚国的力量进一步被削弱。鄢、郢之役是白起在伊阙之战后的又一军事杰作，他以寡击众，大胆深入，把大片的土地收入秦国囊中。秦国设南郡，楚旧都郢城并入秦国。

白起如一阵旋风席卷东方，韩、魏、赵、楚各国无不败在他手下，他是秦国有史以来最伟大的一位将军。伐楚之后，秦昭王封白起为"武安君"。

苦难的日子还没结束。

两年后，即公元前277年，秦军卷土重来。还是令人胆战心惊的白起，他挥师进攻巫郡；与此同时，蜀郡太守张若进攻黔中郡。楚国人已是惊弓之鸟，草木皆兵，抱头鼠窜，两个郡又轻而易举地落入秦人之手。

要是以这种速度蚕食，恐怕用不了几年，楚国就要成为第一个出局的国家。楚国上下弥漫着悲观的气氛，没有谁知道苦难还要持续多久，所有人对国家前途一片迷惘。痛定思痛，楚顷襄王静下心来反思战败的原因。

有一个人早就预言楚国的失败，他就是庄辛。楚顷襄王不听其谏，庄辛遂离开楚国，远走赵国避难。在残酷的现实面前，楚顷襄王不能不承认，庄辛是深谋远虑、老成持重的政治家。要挽救楚国于危难之中，除了庄辛之外，再无第二人了。

楚顷襄王放下架子，派人前往赵国，召庄辛返回祖国，共商国策。这是君王委婉的认错，能认错的君王，还是有希望的。庄辛身在赵国、心在楚国，他归心似箭，马上启程，踏上返回故乡之路。到了楚临时都城，面带惭色的楚顷襄王出城相迎，诚恳地说："寡人没有听先生的话，以至于沦落到这个地步，现在要怎么办呢？"

庄辛叹一口气道："大王若能采纳我的建议，事情尚有转机；若是不听，情况还会更糟。"国家大厦将倾，就需要这样勇于任事、敢当大任之人。

楚国还有机会吗？连楚顷襄王都怀疑了。

庄辛以肯定的语气说："亡羊补牢，未为迟也。以前商汤、周武王仅凭借百里之地而崛起，夏桀、商纣拥有天下却走向灭亡。楚国的面积虽然大大缩水，仍方圆数千里，比起商汤、周武王的百里之地，还算是多的。我还要说说大王的事，大王身边有州侯、夏侯、鄢陵君、寿陵君四人，饭桌上吃的是封邑的粮食，车上载的是国库里的金帛。大王跟他们驾车在云梦泽一带驰骋玩乐，不把天下国家的事放在心上。可大王并不知道，秦国宰相魏冉正受命于秦王，打算吞并黾塞之内的土地，把您逐往黾塞之北。"

楚顷襄王面如土色，浑身发抖。攻破鄢、郢，夺取巫、黔后，秦国意犹未足，还要得寸进尺，他有一种大难临头的感觉。

四个吃喝玩乐的宠臣是靠不住了，能力挽狂澜的人，只有庄辛。

很快，庄辛被封为阳陵君，全权负责国家军政。

庄辛很快展示自己非凡的才干与超绝的胆识，他雷厉风行，整饬军队，重振士气。楚国军事力量虽遭重创，驻守东部的军队建制仍完整，庄辛把十几万精兵调往西线，为收复国土做准备。

鄢、郢、巫郡都是被白起攻破，驻扎有秦国精锐部队，难以争锋。只有黔中郡的驻军是来自蜀郡的秦军，战斗力相对较弱，且位于长江之南，秦国救援难度较大。庄辛觑准敌人这个弱点，集结十几万大军，对江南黔中郡发动猛攻。在楚军优势兵力的打击下，秦军抵挡不住，只得撤向江北。庄辛一鼓作气，解放黔中郡十五座城池。这是楚国与秦国交战史上，难得的一次胜利。

这一战，令楚国转危为安。

秦国铁血宰相魏冉放弃继续攻打楚国的计划，有两个原因：其一，庄辛回归后，楚国军政有了起色，武力收复黔中郡，秦国不得不重新评估楚军的战斗力；其二，魏昭王刚刚去世，政权交替之时，也是一个国家的动荡期，容易钻空子。

魏冉很快调整战略，把进攻的矛头直指魏国。

二六 / 割地事秦，犹抱薪救火

齐国衰落后，秦国与赵国成为诸侯中实力最强者。

这是一个大鱼吃小鱼的时代，只有扩张才能保障国家的安全。

公元前277年，魏昭王去世，他的儿子魏圉即位，史称魏安釐王。在春秋时代，各诸侯还奉行"不伐有丧之国"的传统礼法精神，但这种精神在战国已是荡然无存。与魏国相邻的赵国觑准机会，公元前276年，大将廉颇挥师南下，一举攻克魏国幾邑。早已衰弱的魏国本来就不是狞猛枭鸷赵国的对手，屋漏偏逢连夜雨，秦国人又卷了进来。

还是白起！

这位战无不胜的名将俨然是秦国的一面旗帜，无论他到哪里，都令人闻风胆丧。倘若要笔者罗列中国历史上最伟大的将领，白起无疑排名第一。他的大名远胜千军万马，只要报上名号，敌人足以吓得腿软。白起不费吹灰之力，连下魏国两城。

只要被秦国人盯上，就是倒霉。

铁血宰相魏冉不想让白起一人抢尽风头，他要亲自出马。

公元前275年，魏冉亲征魏国，势如破竹，竟然一鼓作气杀到魏都大梁城。魏国震动，魏安釐王紧急向韩国求援。

韩国与魏国是难兄难弟，都是秦国蹂躏蚕食的对象，两国的关系，如唇齿相依，唇亡则齿寒。韩釐王不能坐视不管，尽管他知道秦国的厉害，仍派出老将暴鸢驰援魏国。魏冉围城打援，率主力部队在开封与韩军决战，韩军大败，暴鸢败走，损兵折将四万多人，几遭灭顶之灾。

援军惨败的消息传到大梁城，魏安釐王呆若木鸡，六神无主。与魏昭王相比，魏安釐王有雄心壮志，只是大敌当前，雄心也要付诸流水。他不得不采用父亲惯用的手段：割地求和。

一割又是八座城池。

就算魏国的城邑再多，也承受不住一次次的割地献城。

"诸侯之地有限，暴秦之欲无厌，奉之弥繁，侵之愈急。"事实就是如此。魏国割了八座城池，如肉包子打狗，只是让饿狗饱餐一顿罢了。问题是，饿狗吃完后还要吃，你有多少肉包呢？

魏冉的胃口比饿狗还大。不久后，他又卷土重来。魏安釐王一肚子苦水，瘟神难送，奈何奈何！没办法，只能拼了！

大将芒卯率军在宅阳（今河南郑州北）阻击秦军，魏国精锐悉数上阵。魏冉冷笑了，米粒之珠，能放光华吗？纵兵出击，魏军大败，芒卯落荒而逃。

秦军再次包围大梁城。故事很沉闷，没有惊喜可言。魏安釐王又向韩国求援，仗义的韩釐王又一次出兵相救，援兵又一次大败而还。只要大梁城被攻陷，魏国就完蛋了。难道还要割地求和吗？

大臣们众口一致，反对割地求和，纷纷慷慨陈词说：

"当年魏惠王以十万大军伐赵，拔取邯郸城，赵国坚决不肯割地求和，最终得以复国；齐宣王时，齐师伐燕，破燕都，燕国不肯割地求和，后来也复国了。赵、燕之所以能保住国家，没有被他国吞并，正是因为他们能禁受住艰难的考验，不轻易割让土地。秦国贪得无厌，天下诸侯没有一个愿意与它亲近。魏国从晋国分裂出来的土地，被秦人鲸吞蚕食得差不多了。魏国刚刚割让八座城池，交割尚未完成，秦军又出动了，大王试想想，秦人的胃口哪有满足的时候呢？"

事到如今，只能豁出去了。

无论如何，魏安釐王也得保住大梁。他下一道命令，全国一百多个县动员起来，招募士兵前往保卫首都。大梁城的兵力激增到三十万，摆开与秦军一决死战的架势。

架势是拉开了，魏安釐王仍寄希望于和平解决，派中大夫须贾会晤魏冉。

魏冉接见须贾，态度颇为傲慢。

须贾说：《周书》说'天无常命'，意思是说幸运不可能一而再地出现。您打败暴鸢的韩军，割魏国八城，并非兵力精锐，也非计谋高深，只是运气好罢了。如今您又挟兵前来，打败芒卯，拔取宅阳，围攻大梁，难道认为自己永远是上天的宠儿吗？聪明的人是不会这样认为的。魏国已经召集百余县的部队驻戍大梁城，兵力不下三十万。以三十万的军队，守卫城墙高达十仞的都城，就算商汤、周武王复生，也不能轻易攻下。"

这是告诉魏冉，魏国定会血战到底，不会投降。

魏冉面色微变，须贾又说："您不顾虑楚、赵的威胁，想越过十仞高的城墙，攻打三十万魏军，还自信满满、志在必得。自从天下分裂以来，从没有人能做得到。您进攻大梁却无法得手，旷日持久军队必疲惫不堪。若楚、赵乘虚而入，您一定前功尽弃，到时您的领地陶邑也将不保。请您仔细考虑，别冒险进攻大梁。"

听到这里，魏冉脸色大变。

秦国的实力固然比魏国要强，要攻破大梁城却非易事。大梁城在当时是最坚固的城池，堪称军事防御的杰作，城墙厚实，高十仞，换算成现在的单位，大约有十八点五米，比现在保存最完整的西安古城墙还要高三分之一。秦始皇统一六国时，秦、魏军事力量更为悬殊，对大梁城仍久攻不破，最后采取水淹战术，大梁城仍顽强坚持三个月之久。

如果不能速战速决，会发生什么情况呢？

觊觎魏国的不只是秦国，在魏冉攻魏的同时，赵国大将廉颇再建功勋，连续攻下防陵、安阳两座魏城。倘若廉颇兵团突然发难，截断秦军后路，魏冉兵团岂非要被包饺子了？除了赵国之外，被打得头破血流的楚国也有可能乘虚而入，到时魏冉麻烦就大了。

身为秦国丞相，魏冉有自己的小算盘。他有一块封地，称为陶邑。陶邑原本是宋国的土地，宋国被齐国吞并后，五国出兵伐齐，齐国几遭灭国之祸，陶邑成为秦军的战利品，后来封给魏冉。陶邑与秦国并不接壤，孤悬于东方，是一块飞地。魏冉不满足当秦国丞相，他幻想以陶邑为基地，自立门户。若是赵、楚联手消灭这支秦军，下一步必然直取陶邑，魏冉自立为王的梦想就破灭了。

须贾的一番话起作用了，魏冉最终放弃进攻大梁城，魏国由是躲过一劫。

放弃攻打大梁，不等于秦国放弃蚕食战术。

一年后（前274），魏冉第三度杀入魏国，攻下四座城池，斩首四万人。

面对秦国疯狂的进攻，魏国如待宰羔羊，全无抵抗能力。难道就这样坐以待毙吗？只有一个办法：寻找新的靠山。放眼天下，能与秦国抗衡的，只剩下一个国家：赵国。问题是，赵国也把魏国当作大肥肉，时不时扑上来咬上几口。想投靠赵国，就得先交见面礼。不断丧失土地的魏国，当然不可能再献上几座城邑当作见面礼，怎么办呢？

魏安釐王不愧深得厚黑学之精髓：我就拿韩国当作见面礼。

韩与魏本是战略盟友，魏冉三度攻魏，韩釐王两次出兵相救，堪称义气。如今魏国为了自保，打算牺牲盟友，魏安釐王给赵惠文王开出的条件是：魏国协助赵国攻取韩国。既能得到一个小喽啰，又能抢别人的地盘，赵惠文王何乐不为呢？

赵、魏联手，进攻韩国华阳城。

魏国的背叛，令韩釐王大为震惊。韩釐王为盟友两肋插刀，岂知竟是这种结局。韩国在七雄中实力本来就弱，面对赵、魏虎狼之师，如何能抵挡？为了保全国家，韩釐王只得向秦国低头，他连续派出几批使节入秦，请求魏冉出兵相救。

要不要救韩国呢？魏冉迟疑不决。

原因很简单：秦国与赵国在渑池之会达成协议，双方罢战休兵。如果魏冉出兵救援华阳，等于撕毁渑池协议，向赵国正式宣战。这意味着秦国对外战略要推倒重来，魏冉不能不慎重考虑。

秦国迟迟不出兵，华阳城危在旦夕，韩釐王急了。他又派一名谋士入秦，此人名叫陈筮，是著名的纵横家。

陈筮入秦，拜见魏冉。

魏冉说："韩国现在形势很危急吧，才派你来秦国。"

陈筮说："不危急。"

魏冉十分不高兴，怒道："你这样可以当韩王的特使吗？韩国使臣络绎前来，都说情形危急，你却说不急，这是为什么？"

陈筮说："韩国请秦国相救，秦国迟迟不出兵。倘若十分危急，韩国早就投靠其他国家了，还能磨磨蹭蹭吗？正因为不急，才派我前来。"

这就是游说的艺术。

战国时代高明的纵横家十分精通心理学，游说各国权贵时，摆事实讲道理都没有用，唯一有用的，便是强调有利可图。陈筮言下之意，韩国臣服对秦是有利的，秦若拒绝，韩国只能另觅东家，损失的只是秦国。

利字当头，魏冉很难拒绝。他对陈筮说："您不必去见秦王了，我立即发兵救援韩国。"

秦国军队的效率天下第一，大规模的援救行动，只花八天的时间就全部准备完毕。武安君白起担任总司令，客卿胡阳为副手，率领最精锐的部队火线驰援韩国。

攻打华阳城的魏军总司令芒卯并非一流名将，他是魏冉的手下败将。白起的军事才华，远在魏冉之上，芒卯要面临灭顶之灾了。这些年，魏国连连丧失土地，已从大国变成小国，魏安釐王想从韩国那里捞回点本钱。只是魏军的战斗力太差，华阳城迟迟未能攻克。芒卯没料到韩国居然向秦国求援，这一疏忽，导致严重的后果。

当白起的大军杀抵华阳城下，芒卯大骇，匆匆应战。魏国士兵向来对秦军心怀恐惧，何况对方总司令是战无不胜的白起。很快，战斗呈一边倒的格局，秦军越杀越勇，魏军大败，芒卯夺路而逃。与此同时，驻守华阳的韩国守军乘机杀出，里外夹击，魏军完全崩溃。

这一战，魏国兵团遭到空前惨败，横尸遍野，阵亡十五万人。

战神白起又一次创造令人瞠目结舌的辉煌战绩。

溃败的魏军逃回国内，白起乘胜追击，连下卷、蔡阳、长社三城，势如破竹。魏国投靠赵国后，自告奋勇打头阵，赵国军队则在后面压阵。魏军一败，赵军已成孤师。赵国兵团总司令并非英勇善战的廉颇，而是名不见经传的贾偃。他根本不是白起的对手，双方在黄河畔展开大战，赵军大败，两万人在逃跑时溺死于黄河之中。秦军一鼓作气，占领观津。

与白起生活在同一时代的将领，确是悲哀。

两战两胜后，白起已解华阳之围，韩国转危为安。救援任务已完成，秦军也该返回了吧？不！将在外，君命有所不受。战场形势总不断变化，如果魏军全师而退，白起也不会打魏国的主意。只是华阳一战，魏军被斩首十五万，这远非魏安釐王所能承受。绝不能让魏国有喘息之机，应该继续挺进，直捣大梁。

大梁又一次被包围。

短短几年时间，大梁三次被围，魏国的防御能力几乎不堪一击，任由秦军进进出出。当然，这次韩釐王没有出兵相救，而是幸灾乐祸地看魏安釐王的洋相。魏国那点家底，魏安釐王能不心知肚明吗？只有两条路可以选择：其一，求救于外援；其二，割地请和。赵国与燕国都出兵救援大梁，只是魏安釐王一点信心也没有，他所面对的敌人是白起，是有史以来最伟大的一位将军，赵、燕军队岂能突破秦军防线呢？

这时，魏国大将段干子提议：把南阳割给秦国，换取和平。

大将都没有信心，何况小兵。无奈之下，魏安釐王只得同意割地。

客居魏国的纵横术大师苏代警告说："夫以地事秦，犹抱薪救火，薪不尽，火不灭。"这句话后来被苏洵的《六国论》引用，成为一句名言。

魏安釐王沉默良久后，默然道："您说的有道理，只是这件事已经开始做了，不能更改。"

战败者没有选择。秦昭王与魏冉同意魏国提出的割地请和，白起遂从大梁撤围，班师回国。

华阳之战是一场影响深远的战役。首先，魏韩两国反目成仇，大大削弱东方诸侯合纵的可能性；其次，魏国在是役中损失十五万人，基本丧失与秦国对抗的能力；最后，秦国的出兵，宣告秦、赵和平相处蜜月期结束，两国转向全面对抗。

二七 / 阏与之战：两军相逢勇者胜

以"胡服骑射"改革而崛起的赵国，能阻止秦国疯狂的扩张势头吗？

从渑池之会到华阳之战，赵、秦两国维持六年的和平。这是一个乱世，和平总是短暂的，战争才是主旋律。

秦、赵两国有许多相似之处，两国王室有共同的祖先，同属嬴姓，都是大骆的后裔。两个国家都与少数民族地区相邻，深受尚武精神的影响。秦征服西戎，赵征服北狄；秦吞巴蜀，赵并中山，皆奉行对外扩张的军国主义政策。两个虎狼国家，不可能相安无事，不是秦消灭赵，就是赵消灭秦。这一点，秦昭王与赵惠文王都心里有数。

在渑池之会前，秦国多次攻打赵国，夺取若干城邑。两国罢战休兵后，赵惠文王提出一个土地交换计划。赵国用焦邑、黎邑、牛狐交换被秦国占领的蔺邑、离石、祁邑，三城换三城，两不吃亏，秦国同意了。这下轮到赵国耍无赖，收回离石等三城后，迟迟不把另三城移交秦国。赵惠文王的想法，想必是此三城本就是赵国的，没的可换。

华阳之战爆发后，秦、赵交恶，赵国更不打算交出三城。

秦国岂肯吃哑巴亏？

很快，秦昭王派公子缯出使赵国，以强硬的语气要求赵国履行换地协议，将焦、黎、牛狐三城交给秦国。赵惠文王装作无辜的样子说："寡人没有才能，连国家都不能顾及，哪里顾得上收复蔺、离石、祁三城呢？这是一些不听话的臣子私下干的事，我毫不知情。"堂堂一国之君，竟忽悠不知情，其厚黑也不让秦昭王了。

赵惠文王打起太极，把责任推得一干二净。公子缯没脾气了，只能干瞪眼，气呼呼地回国复命。秦昭王又不是吃素的，你赵国休想要赖，你不给，我抢也要抢回来。

公元前 270 年，秦国大举攻赵。

胡阳被任命为秦远征军总司令。他是秦国的一名客卿，所谓客卿就是外国籍的卿大夫，他本是卫国人，在华阳之战中，作为白起的副手指挥秦军大破魏、赵之师，战功卓著。战后他被授予中更军爵，在秦二十等爵中列第十三级，被视为军界后起之明星。为了直接攻打赵国腹地，胡阳设计出一条最短路线，此路线是借道韩国上党地区，直插赵国腹心。

赵惠文王对秦军入侵有心理准备，却未能料到胡阳竟假道韩国，直杀向赵国要害之地。猝不及防，胡阳绕过秦、赵边境线，把赵国在边境修筑的堡垒甩在一旁，进兵神速，包围阏与城。

消息传到邯郸城，赵惠文王大惊失色。阏与城建于地势险峻之处，一旦失守，胡阳将控制险关要隘，赵军想反扑就难上加难了。赵王召集文武大臣，商讨救援阏与城。

赵王问大将廉颇："有什么办法救阏与城吗？"

廉颇面有难色道："阏与城距邯郸遥远，道路险阻，不好救援哪。"

在赵国将军中，廉颇战功最为卓著，攻城野战是他的拿手好戏，他话音刚落，全体默然。要是连廉颇都说没法救援，恐怕没有人能做到。

赵王又问另一名大将乐乘，乐乘给出同样的答案："难以救援。"

所有人都长吁短叹，捶胸顿足。真的无法救援吗？赵王不信邪，他想起一个人，此人姓赵名奢。赵奢是什么人呢，为什么国家有难时，赵惠文王会想到他呢？

史书没有记下赵奢早年生活轨迹，他曾经在燕国混，任上谷守备军官。回到赵国后，担任田部吏，负责征收田赋。尽管官职不大，他尽忠职守、不畏强豪，展现其雷厉风行的一面。当时赵国最有权势的人，除了赵王外，就是赵王的弟弟平原君，他是著名的"战国四公子"之一，养客三千，权倾朝野。有一回，赵奢到平原君家收税，几个管家仗着主人的权势，赖账不交，还恶语威胁。赵奢毫不客气把几个管家抓了砍头，完全不给平原君面子。

怒气冲冲的平原君逮捕赵奢，赵奢毫无惧色道："您是赵国公子，地位尊贵，今天倘若我不征收您的田税，就是纵容您违法乱纪。公子带头违法乱纪，国法尊严何在呢？国法要是没人遵守了，国家势必衰弱，各诸侯国就会前来瓜分赵国了。"平原君深以为然，把他推荐给赵惠文王，负责管理全国赋税。在赵奢的努力下，赵国国库充实，百姓富裕，国力有明显的上升。

赵奢文武双全，公元前280年，他率兵进攻齐国，夺取麦丘，在战争中体现出卓越的战略眼光与敢担大任的勇气。如今阏与危急，赵惠文王自然想到这位沉勇有大略的战将。

廉颇、乐乘都反对救援阏与城，赵奢不以为然，他以坚定的语气说："虽然阏与城路途遥远，道路险阻，然而，就像两只老鼠在洞里争斗，狭路相逢勇者胜。"他的话，铿锵有力，掷地有声，赵惠文王如同抓住救命稻草，任命他为总司令，率部驰援被围困的阏与城。

对手是打遍天下无敌手的秦国兵团，这势必是场硬仗。高明的将领，必有高明的谋略。要打败秦军，就要充分利用其弱点。秦军有什么弱点呢？每战必胜，令秦军骄傲自满，不把任何一个对手放在眼里，胡阳刚在华阳之战中挫败赵师，对赵国军队实有轻视之心。既然如此，不如将计就计，示弱于敌。

大军刚出邯郸城三十里，赵奢便下令安营扎寨，止步不前。此举令所有人大感不解，总司令在赵王面前慷慨陈词，难道只是个吹牛英雄吗？军情十万火急，不昼夜疾行，反倒按兵不动，是何道理。有些将领进谏，赵奢发布一道独裁的命令：有敢进谏者，斩！

邯郸距阏与城二百七十里路，秦军总司令胡阳得悉赵国出动大军增援，迅速做出围城打援的部署，留下部分兵力监视阏与，自己亲率主力挺进到距离邯郸七十里的武安。武安是邯郸西部门户，胡阳令秦军摇旗呐喊，敲锣打鼓，摆开进攻的架势，企图吸引赵奢前来一决死战。

然而，赵奢仿佛当敌人不存在。秦军进逼武安，他不为所动，非但不驰援，反倒在营地四周增筑堡垒，当缩头乌龟。赵奢唱的是哪门子戏？胡阳一头雾水，对手的底细他一无所知，遂派人前往赵营刺探究竟。

赵奢揣着明白装糊涂，不揭穿间谍的身份，反倒供吃供喝，让他行走于军中。统帅心里想的是什么，连赵国将士都懵然不知，间谍又岂能看得清？他看到士兵们挖战壕筑堡垒，挥汗如雨，甚至对统帅心怀不满，这一切似乎都表明，赵奢不过一庸将罢了。间谍心中窃喜，数日后，他向赵奢辞行，赵奢以好酒好菜饯行，兴尽而散。四十里外的武安危在旦夕，赵奢还有兴致大吃大喝，在经验丰富的间谍看来，这位将军根本不把国家大事放心上。返回后，间谍向胡阳禀报，赵奢乃怯懦无勇之辈，不足为虑。

眼睛所见者，并不都是实；耳朵所听者，并不都是真。

秦谍自以为摸清底细，然而他所见所闻者，不过是赵奢想让他见、想让他闻的部分。兵者，诡道也。决战不只在战场，觥筹交错之间，亦可决定战争的胜负。

战争，有时要赌。

赵奢赌胡阳远道而来，只是威慑性质的佯攻。以胡阳之兵力，想攻克固若金汤的邯郸绝无可能；不攻赵都，秦军势必不会攻邯郸门户武安。倘若赵奢仓促应战，只会被胡阳牵着鼻子走，尽失战略主动权。这种事，赵奢决不会干，只有牢牢把握主动权，才能逆转战局。

不出赵奢所料，胡阳听了间谍回报后，不禁冷笑了：赵奢行军不过三十里便止步不前、修营筑垒，阏与城不复是赵国土地了。

秦军从武安城外撤退，全力进攻阏与城。

螳螂捕蝉，黄雀在后。

胡阳前脚刚走，赵奢立即下令拔营西进，全体战士卷起甲衣武器，跨上战马，火速驰援阏与。此时距赵奢出邯郸城已过去二十八天，静若处子，动如脱兔，赵国将士早已铆足劲，只用两天一夜的时间，便急行军穿越难行的山地，出现在距阏与城五十里处，安营扎寨。

从邯郸到阏与，道路艰险难行，倘若胡阳事先预备几支奇兵守住险要之地，赵军便难以突破。只是赵奢伪装得太巧妙了，他瞒天过海，示弱于敌，骗过老辣的对手，出奇不意地出现在战场上。

天降神兵，胡阳大吃一惊，急调精锐部队阻击赵奢。赵国以武立国，不乏深谋远虑的人才。军士许历向总司令赵奢建议：秦兵来势汹汹，应集中兵力，加强阵地防御。他还提议，战斗成败的关键，在于谁先抢占北山这一制高点，先占据者胜，后到者败。赵奢对许历的建议非常欣赏，派一万人马抢在秦兵之前，夺取北山，赢得地形上的优势。

这次救援战，赵国动用多少兵力呢？

在《战国策》一书中，记录有赵奢与齐国名将田单探讨阏与之战的谈话，其中有透露此役赵军兵力的数目，大约是在十万至二十万之间。至于秦军的兵力，没有史料记载，估计比赵军要少。因为田单对赵奢说这样的话："我不是看不上您的兵法谋略，但我不佩服您。为什么呢？将军您打仗投入太多的兵力了。"由是可以判断秦军兵力是不如赵军的。

然而，集中优势兵力以歼灭敌人，这是战争的原则。战争从来不是公平的竞赛，不像拳击比赛时，对阵的拳手必须是同一重量级。秦军战斗力之强，冠绝天下，只有充分利用自己的优势，才有胜利的可能。

赵军在兵力上已占有优势，在时机的把握上出其不意，打乱敌人的部署，又先胜一着。更重要的是，秦军是侵略者，赵国将士在保家卫国使命的驱使下，士气旺盛，人人争先恐后，奋勇杀敌，秦军如何抵挡呢？

正如赵奢所说，两军相遇勇者胜。英勇的赵国将士挫败秦人的入侵，胡阳在阏与城外大败，率残兵败将狼狈逃回国去。这位秦军的后起之秀，军旅生涯就此结束。赵奢不辱使命，在其他将领都不敢救援阏与时，他勇挑重担，以自己的机智勇气赢得了一场伟大的胜利。

在商鞅变法之后，秦军在对外战争中，几乎百战百胜，只有少数几次失利，其中两次被孟尝君的远征军打败。孟尝君能力挫强秦，一方面是当时齐国国力强大；另一方面得益于合纵战略，集数个国家之力围攻秦国。与孟尝君相比，赵奢的胜利更为不易。赵国乃是以一己之力对抗秦国，秦国借道韩国攻赵，已是抢尽先机，倘若没有赵奢，阏与乃至赵国西部半壁江山，恐怕都保不住。

赵奢如何一步步化被动为主动呢？

其一，他利用秦军傲慢的心态，故意示弱于敌，营造胆怯畏战的假象；其二，采取反间计，成功地欺骗秦军总司令胡阳；其三，一旦下定作战决心，兵贵神速，出其不意，攻其不备，打乱敌军的军事部署；其四，充分利用天时地利，发扬勇敢精神，最终在一场狭路相逢的战斗中打败对手。

是役成就赵奢一代名将的美誉。战后，赵惠文王封他为"马服君"，与廉颇、蔺相如平起平坐，成为赵国重臣。出谋划策的军士许历被破格提拔为国尉，以表彰他对阏与之役的贡献。

阏与之战见证了赵国的崛起，在齐国凋落后，赵国已成为秦国的头号劲敌。

二八 / 土鸡变成金凤凰

秦已成为天下第一强国，这是毋庸置疑的事实。

作为秦国的君主，秦昭王应该踌躇满志了吧？

其实不然，他越来越有一种大权旁落的失落。有时候，他甚至怀疑自己是被人操纵着的木偶，他高高坐在王座之上，如坐针毡，因为背后站着几个人，几双看不见的手在操纵着秦国的政权。

原因很简单，他这个王位的得来，完全是仰仗一个人，这个人就是他的舅舅魏冉。秦武王意外举鼎而死，觊觎王座者大有人在，秦国陷入三年之久的"季君之乱"，正是在魏冉的铁腕下，血腥镇压政敌，才把秦昭王扶上王座。魏冉把持大权长达四十年之久，一方面是他有卓越的政治才能；另一方面也是宣太后无条件的支持。除了魏冉外，宣太后的另一个弟弟芈戎在秦国也呼风唤雨，权倾朝野。

君臣权力倒悬，秦昭王的怨气日甚一日。就在这个时候，一个人从魏国来到秦国，此人的到来，对秦昭王实在是莫大的福音。

此人便是范雎。

范雎是魏国人，从小深受纵横家思想的影响，学习辩论术，游说诸侯。他与张仪一样，胸怀大志，却因家境贫寒而受轻视，只得投奔魏国大夫须贾门下，当一名门客。有一次，他跟随须贾出使齐国，由于能言善辩，受到齐襄王的重视，赏赐他十斤黄金。妒贤忌能的须贾怀疑范雎向齐国出卖情报，魏国宰相魏齐大怒，把范雎抓起来往死里打。

可怜的范雎被打得不省人事，肋骨被打断了，牙齿被打掉了，用草席一裹扔到茅厕里。魏齐的几个门客上厕所时，还往他身上撒尿。过了好一阵子，范雎苏醒了，他全身仿佛散架了，没法动弹，倘若不能及时得到治疗，定会死在这里。宰相府的厕所有个看门人，范雎决定赌上一把，用微弱的语气对看门人说，若是放他一条生路，定会以重金酬谢。看管厕所的人在相府中地位最卑，听后怦然心动，便前去禀报魏齐：范雎已经死了，不如把他的尸体抬出相府。魏齐喝得有点醉意，便一口答应了。

就这样，范雎死里逃生，躲到好友郑安平家中养伤，改用"张禄"这个假名。本想凭借自己外交才能混个前程，岂料差点死于非命，真是倒霉到了极点。换作一般人，早就心灰意冷，金盆洗手，退出江湖了，但范雎决不轻易向命运投降。他要报仇雪恨，要让须贾、魏齐这些陷害他的人付出代价。

天地茫茫，他要去向何方呢？

正巧此时，他听说秦国大夫王稽出使魏国，这可是逃离魏国的天赐良机。

在好友郑安平的帮助下，范雎秘密会晤秦使王稽。王稽对范雎的才华佩服得五体投地，便让他乔装打扮，混入秦国使团中，得以逃出魏国，前往秦国。

此时的秦国人才济济，范雎虽然才华横溢，想要出人头地却也困难。王稽向秦昭王推荐范雎，称赞他是一个难得的人才，秦昭王懒得理会，这年头江湖骗子太多了，一个比一个能吹牛，却没几个有真本事的。秦昭王根本没有召见范雎的想法，范雎在咸阳待了一年多，连秦王的背影都没瞧见。

难道自己就这样被埋没吗？

不！只要是金子，总会发光的。

范雎没有沉沦，在这一年多的时间里，他冷眼旁观秦国政局，其敏锐的目光很快就发现强大的秦国实际上危机重重。秦昭王表面上是最高统治者，实际上形同傀儡，国家大权操于宣太后的两个弟弟——穰侯魏冉、华阳君芈戎手中，除此之外，秦昭王的两个弟弟泾阳君与高陵君由于受母亲宣太后的宠爱，地位尊崇。这四个人所拥有的财富，甚至超过秦昭王，其中又以魏冉的权势最重，财物最丰。

魏冉是著名的铁血宰相，他有一块封邑称为陶邑，孤悬东方，夹在齐、魏、韩三国之间，面积相当于一个中等诸侯国，且土地肥沃。野心勃勃的魏冉有自己的小算盘，他幻想有朝一日，把陶邑变成自己的国家，过过君王瘾。为此，他出动大军，越过韩、魏两国，远征齐国，夺取两座城池，并入陶邑。

细心的范雎看出其中的猫腻儿。自商鞅、张仪以来，秦国对外战略向来是远交近攻，魏冉却反其道而行，舍近求远，攻打与秦国根本不接壤的齐国，此中原因，正在于他假公济私。魏冉的所作所为，完全不符合秦国的国家利益，只是他权倾朝野，其他人也只能敢怒而不敢言，即便是秦昭王本人，也毫无办法。

看清了这点，就看清秦昭王与魏冉之间，有不可调和的矛盾。范雎看透秦国的权力格局，也看到了希望。若魏冉把持权柄，他就没有出人头地的机会，如今他正好可充分利用秦国高层内部矛盾，坐收渔翁之利。

问题是，他根本没机会面见秦王，如何是好？

求人不如求己。

范雎要赌上一把。他写了一封自荐信，大意是说：恳请大王拨出一丁点时间，听我当面说几句话，要是不中听，自己宁可受刀斧之刑。人生就是一场赌局，要赌输赢，也要赌生死。

话都说到这份上了，秦昭王一看，那好吧，听听又何妨，便传范雎入宫。

入了宫后，太监在前面带路，直奔离宫，范雎在后面跟着。到了离宫时，秦王还没到，带路的太监在宫外等着，岂知范雎居然迈着大步直奔后宫去了。太监大惊，急忙喝住他，恰巧此时秦昭王也到了宫外，太监便吆喝道："秦王驾到。"范雎故作惊讶状说："秦国哪有秦王，只有太后与穰侯魏冉罢了。"

这句话，秦昭王听出弦外之音。

入了离宫，秦昭王屏退左右，对范雎说："寡人愚钝不聪明，恳请先生明示。"

范雎只是"嗯嗯"两声，便不吭声了。

秦昭王如丈二金刚摸不着头脑，只好又说一遍："有请先生赐教。"

范雎仍然"嗯嗯"两声，又不吭声了。

秦昭王一头雾水，第三次向范雎请教，范雎还是不答话。

秦昭王有点不高兴了，说："先生难道不肯赐教吗？"

范雎这才缓缓说道："我是外国臣子，与大王关系疏远，我想说的事情，牵扯到您的亲人。我虽然有愚忠之心，却不知晓大王的真实想法。大王上则畏惧太后的威严，下则被奸臣蒙骗，身居深宫之内，不离保姆之手，一辈子受迷惑，没法辨别奸邪。若任其发展，从大处说可能倾覆宗庙社稷，从小处说可能自身难保。"

秦昭王动容道："寡人遇见先生，乃上天的恩赐，欲以保存先王的宗庙。不论什么事情，上至太后，下到大臣，先生尽管畅所欲言，不要怀疑寡人的诚意。"

范雎跪拜说:"秦国四周有要塞、关隘、河流、山脉,地形险峻,易守难攻,有军队百万人,战车千辆,这是霸业的基础。然而大王的臣下们不能尽职尽力,穰侯魏冉不热衷于为国家作贡献,只是考虑自己的利益。"

说到这里,范雎突然发现宫殿帷幕之外有动静,担心隔幕有耳,不敢再深入说秦国内政之事,只是委婉批评魏冉对外战略的失误:"穰侯魏冉越过魏国、韩国攻打齐国,魏、韩近,而齐国远,舍近求远,这不是好的战略。正确的做法是远交近攻,攻打近邻,得到的每一寸土地都是大王的。如今秦国却把近邻魏国、韩国晾在一旁,去攻打遥远的齐国,岂非太荒谬了?"

尽管范雎说得含蓄,矛头却对准把持大权的魏冉,他的话如一支利箭,刺入秦昭王的心痛处。当了木偶四十年后,秦昭王早对跋扈嚣张的魏冉忍无可忍,但他是温室里长大的花朵,朝廷的每一个人表面上尊敬他,实则只听命于魏冉。想推倒魏冉,就得有像范雎这样的人。

这次会晤改变范雎的人生,也改变秦昭王的人生。

很快,范雎被正式任命为客卿,在秦国政坛上崛起。为了隐瞒自己的过去,他仍使用"张禄"这个化名,以免被魏冉挖出他在魏国受辱的往事。

在范雎的协助下,秦昭王一步步削夺魏冉的权力。以往秦国对外战争,魏冉说了算,譬如华阳之战时,韩国使者向魏冉求援,魏冉无须经过秦王的同意便出兵。后来魏冉为了扩大自己封邑,悍然长途奔袭遥远的齐国。范雎坚持"远交近攻"的战略,魏冉的小算盘打不响,秦昭王乘机削其兵权,以范雎之计取魏国怀地、刑丘。范雎任客卿三年,魏冉的权力大受限制,无法像以前那样为所欲为。

公元前266年,范雎认为除掉魏冉的时机已成熟,遂密禀秦昭王:"我在魏国时,只听说秦国有太后、穰侯、华阳君、高陵君、泾阳君,没听说有秦王。如今太后随心所欲,不必顾及大王的意见;穰侯派人出使诸侯,可以不禀报大王;华阳君、泾阳君独断专行,没有任何忌讳;高陵君任用、罢免官员,不必事先请示。穰侯派使节出使各国,打着大王的名号以号令天下,同各诸侯国剖符缔约,挟武力四处征伐,没有谁敢不听从。如今秦国上下,从各级官员到大王身边的侍从,无不是穰侯的人。大王在朝廷孤立无援,我担心秦国以后不再是大王所有了。"

秦昭王听罢不寒而栗。

难道三家分晋、田氏代齐的故事，又要在秦国上演吗？不！四十年的怨气一下子爆发了，秦昭王狠狠地拍案而起说："好，得采取行动了。"

魏冉等人能为所欲为，是因为背后有太后撑腰。要扳倒魏冉，关键是要夺太后之权。宣太后是秦昭王的母亲，在权力面前，亲情总显得脆弱。

要如何废掉太后呢？

说起宣太后，却是先秦时代一个奇女子，思想开放得很，自夫君秦惠王去世后，她先后有许多情夫，淫乱内宫。她自以为是秦国的真正统治者，肆无忌惮，甚至在严肃的"外交"场合也毫不忌言，大谈床事，于是乎秦宫丑闻，早已在外头传得沸沸扬扬。秦昭王与范雎合谋，以此为理由，逼迫她退出权力舞台，取消太后尊号。

太后一倒，朝臣们纷纷见风使舵，与魏冉划清界线。魏冉、高陵君、华阳君、泾阳君等权臣纷纷失势，被秦昭王逐出关外，从此彻底退出政坛。魏冉离开秦国，回到封地陶邑，他把自己多年积累的财物统统装上车送往东方，运输的车辆竟然有一千辆之多，真可算富可敌国。

在秦国呼风唤雨四十年的魏冉下台了，秦昭王夺回属于自己的权力，他知恩图报，任命范雎为相，封为应侯。

范雎的战略主张是远交近攻，矛头直指魏、韩两国。魏王对秦国充满侵略性的战略十分担心，派须贾出使秦国，拜会秦国新丞相。当时范雎仍使用"张禄"这个名字，须贾做梦也不会想到，自己要见的人，竟是往日的门客范雎。

当初若不是须贾诬告，范雎不会蒙冤，也不会差点被打死。这个仇，范雎是要报的。不过须贾曾是自己的老东家，也算有恩于己，范雎想先会他一会。

范雎穿了件破衣服，前往驿馆求见须贾。须贾本以为范雎已经被魏齐打死了，不想居然在秦国遇到，不禁脱口说道："范叔原来还健在呀。"便招呼他留下来吃饭。看到范雎一身褴褛，须贾动容道："范叔竟穷到这样的地步。"他让人取来一件上等袍子送给范雎。

一声范叔，一件袍子，救了须贾的命。

善待别人，就是善待自己。

这一刻，范雎内心涌出一股暖流。

他假称自己主人与秦国新宰相很熟，可代为引见，须贾大喜。范雎叫来一辆马车，亲自驾车，把须贾送到相国府。入了府内，范雎让须贾在车上等着，说自己先进去通报。起初须贾并没在意，岂知范雎一去不回，他心里十分纳闷，便问相府看门人："范叔进去这么久，怎么没出来呢？"

看门人不解地说："这里没有一个叫范叔的人。"

须贾说："就是与我一起来的那个人。"

看门人上下打量他，似乎遇到一个外星人似的："那个人就是宰相张先生啊！"

须贾一听，魂飞魄散。他做梦都不曾想到，当年被自己陷害的范雎，就是当今权倾天下的秦国权相。冤家，真是冤家路窄！报应，真是报应！他上身袒露，以膝跪行，求见秦相范雎。

此时范雎已换上官服，一脸威严冷漠，坐在高堂之上，对须贾喝斥道："你知自己犯什么罪吗？"

须贾面如土色，结结巴巴地说："我，我的罪过太多了……"

"你犯了三条罪。"范雎想起往事，语气有点激动，"第一，你认为我私通齐国，在魏齐面前诬陷我；第二，魏齐对我用私刑，打得晕死过去，用席子卷起扔在厕所里，你并没有出面劝阻；第三，客人们喝醉酒往我身上撒尿，你却视而不见。我曾是你的门客，你何以忍心到这种地步？"

须贾无言以对，只是拼命磕头谢罪。

范雎说："今天我不杀你。你之所以能不死，只是因为你见我衣衫褴褛，以袍子相送，总算还有一份情意在。"

死里逃生的须贾总算惊魂初定。然而，范雎可以不杀须贾，却不能不杀魏齐。他让须贾转话给魏王：送上魏齐人头，否则将血洗大梁城。

回到魏国后，魂不守舍的须贾马上入相府见魏齐，魏齐大恐，弃了相印，投奔赵国去了。范雎的复仇行动得到秦昭王鼎力支持，秦王连续对赵国施压，要求交出魏齐。魏齐在赵国混不下去，又回到魏国，这位曾在魏国政坛呼风唤雨的人物，竟然落得个无处安身的下场，在绝望之中自杀身亡。

赵孝成王向魏国索取魏齐首级，送至咸阳。当年在魏齐眼中，范雎只是阿猫阿狗式的小人物，就算误杀又何妨？上天不负有心人，范雎以自己坚忍不拔的精神，改写人生故事，再造复仇传奇，为先秦历史增添了一则血性故事。

二九 / 至强之矛与至强之盾

范雎相秦后，大力推行"远交近攻"战略，矛头直指历史上的老对手：三晋。三晋之中，以韩国最弱，自然成为秦国鲸吞的首个猎物。

老谋深算的范雎制定了一个完美战略，核心是集中兵力攻略韩国太行山地带，切断北方上党地区与韩国政府的联系，到时可不战而吞并战略要地上党。这个战略的执行落到战神白起身上，有他出马，秦军无往不胜。

公元前 264 年，白起伐韩，连下九城，斩首五万。公元前 263 年，白起再征韩国，略取南阳，切断太行山通道。公元前 262 年，白起三征韩国，攻取野王（今河南沁阳），断绝上党与韩国首都的联系。至此，韩国政府完全失去对上党的控制。

在白起的步步紧逼下，韩国政府被迫割让上党十七城给秦以换取暂时的和平。范雎的战略大获成功，他不禁露出得意的微笑。岂料就在此时，意外发生了，到嘴的肥肉飞走了。

出了什么事呢？

韩国政府要割地投降，上党军民不干！

上党郡守冯亭是个爱国者，他不愿沦为秦国人的奴隶，率军民奋起反抗，拒绝把上党拱手让给秦国。光凭上党十七城那么丁点地盘，如何与强大的秦国对抗呢？他思来想去，与其投降秦国，不如投降赵国，毕竟韩、赵以前是一家人。

对赵孝成王来说，这简直是飞来横财，不要白不要。

与韩国相比，赵国的底气要足得多。放眼天下，能够与秦国相抗衡的国家，也只有赵国了。在先前的阏与之战中，赵奢令秦国蒙羞，秦国军界后起之秀胡阳从此一蹶不振，退出历史舞台。

然而，赵国一些老成持重的大臣对接收上党十七城却心有疑虑。天上不会无缘无故掉下馅儿饼，这十七城是韩国割给秦国的，赵国接收无异于与强大的秦国作对，绝非明智之举。

平阳君赵豹反对说："平白无故得来的好处，怕是会惹来灾祸！韩国把上党献给赵国，是想嫁祸给我们。秦国卖力而赵国坐享其成，天底下有这样的好事吗？强国不能从弱国那里得到的土地，弱国却想从强国那里获得，这岂不是平白无故的好处吗？秦国的战略，是通过水路运粮，以武力蚕食韩国，分裂其土地。我们不可与秦国争锋，还是不要接受上党为好。"

赵孝成王不以为然地说："我们就算出动百万大军进攻他国，经年累月，也未必能得到一座城池。如今冯亭献十七城，这可是捡得了大便宜。"

谁都知道，把上党这块肥肉从饿狼秦国口中叼走，势必会成为点燃战争的导火索。赵孝成王不能不评估战争可能的结局，倘若秦国以战神白起为将，赵国谁可抵挡呢？

平原君赵胜分析说："武安君白起为人勇敢，果于决断，判断洞察力很强，意志坚定。要与白起对抗，只能以持久战取胜，难以同他争锋相对。有一个人可以对付他，此人就是大将廉颇。廉颇勇猛枭鸷，爱护士兵，遇事不避艰难，能忍辱负重。要论野战，能力不如武安君，但论持久战，足以抵挡。"

赵孝成王大喜，遂派赵胜前往将上党十七城收入囊中。

秦国不战而取十七城的美梦顿时破灭，秦昭王勃然大怒，马上派大军进攻上党。

长平之战拉开序幕。

这一年，是公元前262年。

赵国大将廉颇将主力驻扎于长平，长平是上党十七座城邑中的一座，位于今山西高平西北。廉颇乃赵国之名将，老成持重，他深知秦军凶悍善战，决不可与之争战于野，遂做好打持久战的准备。他下令以长平为中枢，修筑漫长的壁垒防御线，采取"先为不可胜，以待敌之可胜"的战略，只守不攻。

据《战国策》的记载，起初秦军主帅是白起，后来换成王龁。为什么战无不胜的白起被换掉呢？白起是战国时代最伟大的将领，他长于指挥大兵团作战，特别长于运动战，这在伊阙之战及鄢郢之战有淋漓尽致的体现。然而，在廉颇的铁桶阵加乌龟战术面前，白起的运动战天才根本没有用武之地，范雎遂将他调回，去攻打韩国了。

从军队的战斗力看，秦军占有优势。秦人凶猛好斗且作战经验丰富，赵军虽同样具备尚武精神，终究略逊一筹。然而，赵国有自己的优势：主场作战，上党军民有决死之心，后勤补给较秦军更为便利。廉颇意图十分明确，以时间换空间，持久作战，拖垮秦军，以最小的代价赢得战争的胜利。

王龁很快就意识到战争胜利遥遥无期。

在廉颇精心主持下，长平防线固若金汤。秦军可以在局部攻击战中取得小胜，却始终无法与赵军决战。双方在战场上投入数十万军队，却看不到壮观的战争画面，只有沉闷的战斗，逐个据点的争夺。

廉颇坚壁清野，据险控要，决不轻易出击，对秦军的叫骂不理不睬。这种似拙实巧的战法，令王龁无处下手，只能一步步陷入战争的泥潭不能自拔。

天下的眼光，都集中到了长平这个弹丸之地。

这场战争，不仅关乎秦、赵两国的未来，也关乎东方诸侯的未来。在沉闷的战场上，秦军束手无策；然而，在外交战场上，秦国却是大赢家。

范雎之目光较他人更为长远。战争的奥秘之处，在于充满不可预知的变数，任何一个环节疏忽都可能导致满盘皆输。秦国虽是天下至强，以倾国之兵的赌注押在长平，也算是旷世豪赌，赌的是其他诸侯国不敢轻举妄动。

为了震慑东方诸国，白起再舞刀戈，挥师进攻韩国，韩国岂能抵挡？很快缑氏、蔺两城沦陷，举旗投降。

这一战，可谓是杀鸡吓猴。

秦昭王此举用意深远，乃是向东方诸侯显示国家之实力，秦完全有能力同时发动两场战争，不怕死的尽管来吧。果不其然，原本想支援赵国的东方诸侯无不骇然。

韩国已是泥菩萨过河，自身难保，自然谈不上救援赵国。齐、魏、楚三国则蠢蠢欲动，它们都知道，倘若赵国灭亡了，自己绝对无力阻止秦国兼并天下。范雎明确告诉秦昭王：若是齐、楚两国援赵，秦国必须退兵！

在援赵一事上，齐国的态度摇摆不定。齐国已不复当年之勇，且与秦国不相邻，危机感不如魏、楚那么强。眼看秦军一面围困长平，一面横扫韩国，齐王不由得打起退堂鼓。他非但不敢出兵相救，甚至当赵国使者前来借粮时，竟然一口拒绝了。

同样犹豫不决的还有楚国，楚考烈王在秦国的威胁下，最终不敢贸然出兵。魏国与赵国是唇齿相依的关系，在援赵抗秦一事上，较齐、楚两国更为积极。为了牵制魏国，秦昭王利诱魏安釐王，欲割让垣雍城，以换取魏国的中立。然而，秦王的诡计却被平都君识破，他力谏魏王联合赵国，共同抗击秦国。

在这个节骨眼上，赵孝成王却犯了一个大错。

赵孝成王对军事十分外行，他盼望廉颇能率赵国男儿取得辉煌的胜利，老将军却祭出乌龟战术，不硬拼，不决战。赵王心里焦急，这样拖下去，要打到猴年马月呀？他打算再集结一支军队开赴长平，与秦军一决死战。

大臣楼昌乘机提议说，不如派个使臣，前往秦国议和。

被战争搅得头昏脑涨的赵王想想也是，先试试议和，如果议和不成，再战不迟。

大夫虞卿赶紧劝阻，分析说：现在秦军兵临城下，我们跑去要求议和，只有被动挨宰的份儿。要议和，手上一定要有筹码才行。什么筹码呢？先派使臣前往魏国与楚国，摆开合纵的架势，这样秦国定然心虚，赵国就可以掌握谈判的主动权。

这么好的建议，却被赵孝成王束之高阁了。

"弱国无外交"，尽管赵国也算是强国，与秦国相比还是弱了些，手中没有筹码却寄希望于谈和，不知不觉便陷入被动之中。

赵国使臣郑朱出使秦国，商议休兵事宜。范雎抓住这个机会，大肆宣扬秦军在战场上的"胜利"，营造赵国"失败"的假象。魏、楚两国风闻消息后，更是胆战心惊，魏安釐王原本想出兵相援，现在也打起退堂鼓。

这是赵孝成王在长平之战中做的第一件错事。这次和谈未获成功乃是意料中的事，还示弱于敌。

虞卿这样说："魏国与楚国看到赵国主动求和，定会认为赵国没有信心抵抗秦国，它们更不可能出兵相救了。秦国看到诸侯都不肯救援赵国，赵国势孤力单，也不可能同意和谈。所以谈判绝无成功的希望。"真是一语中的。

没有东方诸侯的相助，赵国只能凭一己之力与秦国周旋了。

这场漫长的战争依然望不到尽头。

秦、赵两国都投入越来越多的兵力，长平这个弹丸之地，双方各集结了数十万精兵对峙。老成持重的廉颇不改乌龟战术，仍然慢条斯理地与王龁打太极。这样拖下去，对秦国显然不是好消息。

转眼间，两年过去了，时间已到了公元前260年。

与赵国相比，秦国的后勤运输线更长，粮食、武器转运消耗大量的人力物力。秦昭王等得不耐烦了，不断向前线总司令王龁施压。王龁手握一支秦国有史以来最庞大的军队，再不卖力进攻，他这个总司令的头衔怕也要保不住了。

自长平战役开打以来，规模最大的一次夏季攻势开始了。

农历四月始，秦军对长平防线发动史无前例的猛攻，取得了一定的战绩，袭杀一名赵军副将，士气大振。六月，王龁再度出击，连下两座赵国堡垒，俘虏四名军尉。廉颇精心营造的防线已被撕开一道口子。

廉颇没有慌了手脚，他马上又建成一道新防线。然而仅仅一个月后，该防线又被秦军突破，赵军两名军尉被俘。

长平防御体系包括西垒壁防线与东垒壁防线，王龁的夏季攻势，基本上摧毁了赵军的西垒壁防线。

秦军是否就此逆转战局呢？

答案是否定的。

首先，王龁虽取得夏季攻势的胜利，这个胜利恐怕付出了惨重的代价。依白起的说法，在整个长平之战中，"秦卒死者过半"，考虑到后期围歼赵军时秦军伤亡并不算严重，可以推断此番夏季攻势损兵折将不在少数。

其次，廉颇虽然丢失西垒壁防线，东垒壁防线仍然固若金汤。此时双方的对峙情形，在《水经注》一书中有段出自《上党记》的引文："长平城在（上党）郡之南，秦垒在城西，二军共食流水，涧相去五里。……城之左右，沿山亘隰，南北五十许里，东西二十余里，悉秦赵故垒，遗壁旧存焉。"可见廉颇的防御线是依托山河之险，易守难攻。

王龁希望赵军反击，只要廉颇出击，就可毕其功于一役。然而，廉颇这只老狐狸着实好性子，他仍然坚守不出。表面上看，秦军优势在手，其实不然。有一个人忧心忡忡，此人便是秦相范雎。

为了夺取上党，秦军几乎倾巢而出，战争业已持续三年之久，秦国已有强弩之末之势。要是廉颇始终不主动出击，排出铁桶阵，战争恐怕还得拖上三年，到时秦国要不战而败了。

只要廉颇坐镇长平，秦国终究要功亏一篑。

怎么办？

范雎思前想后，一个方案在这位谋略大师脑子里形成了。既然在战场上无法打败廉颇，不如开辟第二战场，这便是情报战、谍战。

三十 / 从大决战到大屠杀

秦国最终能一统中国，靠的不仅仅是强大的武力，亦凭恃其高超的"谍报部门"。秦的"谍报"机构基本上由丞相负责，主要是收集国外情报，搞策反，搞反间。在先秦谍战史上，范雎堪称大师级的人物，他的代表作就是以反间计诱使赵孝成王撤了廉颇的职。

廉颇已成为秦国最难对付的对手，他的铁桶阵令骁勇善战的秦军发挥不出强大的战斗力。要赢得长平会战的胜利，只能把廉颇拉下马。作为赵国第一大将，唯一能把他撤职的人，只有赵孝成王。如何诱使赵孝成王中计呢？这显然不是容易办到的事，几乎是不可能的任务。

从不向命运低头的范雎相信事在人为，把不可能的任务变成可能。

首先，他通过种种手段打探赵国高层内幕，得到一条十分重要的情报：赵孝成王对廉颇的无所作为越来越不满。作为一名统治者，赵孝成王只能称为合格，不能算优秀，他对军事十分外行，长平之战拖了三年之久，赵国几乎被拖垮了，可是廉颇将军呢，还不打算发动反攻，这算哪门子道理？赵王不时抱怨廉颇，这种抱怨声，被范雎听到了。

于是范雎展开第二步行动，他派间谍携千金入赵，游说高层，制造流言。他放出风声说，廉颇根本就是个庸才，不值得一提，秦国人只害怕赵奢的儿子赵括。

前面说过，赵奢在阏与之役中大破秦军，取得伟大的胜利。只是赵奢已经去世，留有一个儿子唤作赵括。对赵括这个人，范雎也把底细摸清了，就是个爱说大话、喜欢夸夸其谈的家伙。虽说是出身将门，赵括却没有带过兵打过仗，他有点小聪明，对兵法倒背如流，口才特别好。以前他经常与老爹谈论兵事，老爹经常被他驳得无话可说。

俗话说，知子莫若父。赵奢私底下对妻子说："行军打仗，是置于死地而后生。赵括把战争看得太简单了,似乎就是动动嘴皮子的事,对此我十分担心。赵国要是不任用他为将军也就算了,要是用他为将,军队必定要毁在他手里。"

说白了,赵括就是个只会纸上谈兵的家伙。

范雎看明白了,他暗中策划,诱使赵孝成王换将。

秦国间谍在邯郸大做宣传,赵括的知名度突然蹿起。他有两方面优势:其一,他是名将之子。不都说龙生龙,凤生凤嘛,老爹有能耐,儿子想必也有出息。其二,他能吹,时不时引用孙吴兵法名句唬人,外行一下子就被镇住了。

赵孝成王就是这样的外行,他召赵括进宫商议大事。赵括以自己三寸不烂之舌大谈进攻战术,把廉颇的乌龟战术贬得一文不值。这些话太投赵王心意了,他听得眉开眼笑,不停点头称是。他对这位年轻人刮目相看,大有相见恨晚之意。

有赵括这样的少年英才,还要廉颇那个老东西干吗呢?

很快,一道旨令下达,褫夺廉颇总司令之职,改由赵括担任。

命令下达那天,有一个人急了。

此人正是赵国名臣,廉颇的生死之交蔺相如。他以委婉的语气对赵孝成王说:"以我对赵括的了解,他只会读父亲留下来的兵书,还达不到随机应变的水平。"赵孝成王不以为然。

又有一人站出来反对,是赵括的老母。

老夫人把赵奢生前说的话告知赵王,不可任用赵括为大将。她还对比父子俩的不同:赵奢礼贤下士,为国忘家,清正廉洁;赵括爱摆威风,贪图财物,到处买田地,投资房产。说白了,赵括的修养比起老爹差远了,没有大将之才。

赵孝成王一听,老夫人说的都是些小节,只要能打败秦国,贪图点财物算什么大事呢?不当一回事。赵老夫人叹了一口气说:"倘若定要用赵括,如果他不能胜任,大王莫要降罪于臣妾。"赵王满口答应。日后赵括全军覆没,赵家没有被追责,正是因为有老夫人的这句话。

赵括抵达长平前线,便要起威风,立马把廉颇那一套乌龟战术统统扔掉。在他看来,廉颇这个老古董军事思想太陈旧了,赶不上"先进水平",无怪乎当了三年缩头乌龟,就没见过打胜仗。他推翻旧的战略,制定新的战略,重点在于进攻,而且是大规模的反攻。

这个新战略遭到廉颇旧将的极力反对，只有经历过残酷战争的人，才能明白廉颇将军的高明之处与良苦用心。赵括发出轻蔑的冷笑，他绝不容许有人挑战其权威，很快，反对者全部被免职。有八位军官以死相谏，然而他们白死了，赵括正幻想着大败秦军的激动场面呢，幻想着自己将成为赵国有史以来最伟大的英雄。

他迫不及待要发动攻势了。

可是，他连对方的主帅是谁还不知道呢！

话说范雎成功施展反间计，廉颇被拉下马，换了只会纸上谈兵的赵括。很明显，赵军马上会反守为攻了，沉闷的阵地战将被波澜壮阔的运动战所取代。要在运动战中消灭敌人，有谁能比得上白起呢？

与赵国公然换将不同，秦国是秘密进行的。白起走马上任，奔赴长平，取代王龁出任秦军总司令。这件事，被秦国列为"绝密"，只有极少数几个人知道，有泄露秘密者，杀无赦。前线秦军都蒙在鼓里，更何况是赵括。

仗还未打，赵括已先输一着了。

赵括对兵法烂熟于胸，倘若他能一点一滴积累战斗经验，或许有机会成为名将。书本毕竟是死的，人是活的，战争是一门艺术，千变而万化，光靠书本知识怎么行呢？白起自出道以来，百战百胜，自有人类以来，未有一人战绩超过他。愣头愣脑的赵括在他人生第一次指挥大兵团作战时便遇到白起这样的对手，只能说是他的不幸了。

大反攻很快开始了。

这是赵国历史上最强大的一支军队，共计有四十五万人之多。此时秦国的兵力是多少呢？史书上没有明说，从双方对峙三年的情形分析，秦军兵力不会比赵国少，估计也有四五十万人。

信心满满的赵括还蒙在鼓里，他以为秦军总司令仍是王龁，故而进攻部署，乃是针对王龁的战法。王龁在夏季攻势中，采取积极而凶悍的主动进攻，赵括料想此番出击，敌人必定也会全力以赴，以一战定胜负。但他做梦也没想到，他的对手竟然不是王龁，而是战争艺术家白起。

赵括的第一次反击便是大手笔，四十余万人倾巢而出，雄赳赳气昂昂，兵强马壮。谁能想得到，第一次出击，他就走上一条不归路了。不，不是他的不归路，而是所有人的不归路。这些赵国男儿们可曾会知道，他们悲惨的命运，在踏出营垒的那一刻便注定了。

只有白起才能构想出歼灭战的绝妙计划，一口气吞掉四十几万大军，秦国人的胃口受得了吗？别人想都不敢想，但白起敢，因为他深邃的眼光在众人之上。赵国来了"纸上谈兵"的主帅，这种机会白起怎么可能浪费呢？

歼灭战的原则之一，就是诱敌深入，让敌人掉入口袋中。怎么诱敌呢？佯装不敌！初次交锋，秦军被打得丢盔弃甲，狼狈鼠窜。赵括更得意了：就说廉颇那老家伙不行，我一出马，秦军焉是敌手！

赵军上下洋溢着过度的乐观主义，一路向前挺进。

秦军没有出营迎战，而是固守壁垒。在赵括看来，秦国人被吓破胆了，只要猛攻几天，敌人将心胆俱裂。

然而，秦军营垒仿若铁壁铜墙。要知道这些营垒在长达三年的阵地战中反复加固，哪是那么容易攻破的？赵括的攻势在坚不可摧的秦垒前止步了。倘若赵括足够聪明，此时鸣金收兵返回大本营，本也可躲过一劫，可是他偏偏过于自信了，安营扎寨，打算啃下这根硬骨头。

螳螂捕蝉，黄雀在后。

善于捕捉战机的白起拖住赵括的主力后，立即出动奇兵偷袭后路。一支两万五千人的部队悄悄迂回后方以抄截赵军粮道，另一支五千人的骑兵则切断赵括与长平壁垒之间的联系。赵括还蒙在鼓里，白起却开始收紧口袋了。

完成对赵括的包围后，白起这才让赵国人见识秦军凶悍无比的战斗力。他派出轻骑兵出击，大败赵军。赵括不甘心失败，仍不想无功而返，这又白白错失可能突围的良机。他令全体将士就地修筑防御工事，以待休整后再战。然而，此时的秦国已是全国动员，秦昭王要毕其功于一役。

四十几万赵军不是小数字，想要一口吞下谈何容易！为了围歼赵军，秦昭王亲自出马，前往距离长平最近的河内郡。他抵达后的第一件事就是大肆奖赏，郡内所有百姓，加爵一级。干吗呢？重赏之下，必有勇夫，凡是十五岁以上的男子，全部派往长平战场，参加围歼战。

秦国的国力、秦王的意志、白起的智慧、秦兵的剽悍，在长平一役中得到淋漓尽致的体现。

赵括已成瓮中之鳖，在劫难逃了。

围歼战从七月到九月，持续了四十六天。赵军的粮道被切断，军中的粮食一天比一天少，饥荒成为更可怕的敌人。饥饿难忍的士兵甚至开始吃人肉，甚至为了填饱肚子杀死自己的同伴。一种恐怖的气氛笼罩在赵军大营的上空，谁也不知道能否活着看到天明。

此时的赵括目光变得呆滞，他想不明白，以自己独步天下的军事知识，怎么会输得这么惨呢？此时不要说打败秦军了，能突围就是胜利。

粮食终于吃光了。

赵括必须孤注一掷突围。他把军队分成四队，冲击秦军的包围圈，试图突围。连续四五次的冲杀，都未能突破秦军钢铁般的防线。赵括绝望了，最后一次冲杀时，一支利箭从空中飞来，他应声倒地，死了。

总司令一死，赵军群龙无首，突围也没希望了，只能放下武器投降。

四十六天的战斗，赵军战死、饿死五万人，投降四十万人，全军覆没。

然而，悲剧还没结束。

在秦国战争史上，从未受降如此多的战俘。这四十万人如何处置呢？首先，吃饭的问题。为了长平之战，秦军苦战三年，后勤消耗巨大，哪里还有粮食来供给四十万人吃呢？其次，这四十万人都是战士，且赵人的尚武不亚于秦人，万一造反也是一件头疼的事。

怎么办？

白起想了许久，最后从嘴里挤出一句话："赵国士兵反复无常，如果不杀掉，恐怕以后会出乱子。"

这是历史上最为悲惨的一幕。

中国向来是一个崇尚文明的国度，在春秋时代，战争虽残酷却也带着某种文明色彩，对敌人有着人性的尊重。战国时代虽比春秋略为野蛮，也从未发生过大规模屠杀战俘之事，这种非人道的做法是为中原文明所唾弃的。但白起，这个历史上最伟大的名将之一，竟置人道与文明于不顾，悍然下达屠杀令。

四十万手无寸铁的俘虏，成为一群无助的羔羊，被分批坑杀了。在所有俘虏中，只有二百四十人得以幸存，这些人都是未成年人，白起放他们一马。在此后两千年的时间里，人们不断地在这个古战场上挖掘出当年被坑杀的赵军士兵遗骸，还有散落在其间的兵戈钱币等。这些无名的尸骨，无声地控诉着白起所犯下的滔天罪恶。

长平之战，乃是战国史上规模最大、意义最深远的一次大会战。这次会战秦、赵双方投入上百万的兵力，即便在人口爆炸的今天看来，也堪称惊人。这不仅是关系到秦、赵两国前途的会战，也是关系到东方诸侯命运的会战。大决战前后持续三年之久，双方都押上所有家底，最终的胜者是秦国。

在东方六雄中，唯一有实力与秦国抗衡的，只有赵国。赵国的失败，东方六国的灭亡已是隐约可见。当然，秦国也付出了惨重的伤亡，在整个战争过程中，"死者过半"，"国内空"，也正因为如此，秦国要一统天下，尚需时日。

经此一役，赵国由一流强国沦为二流国家，永远失去与秦国争雄斗霸的机会了。

三一 / 邯郸：啃不下的硬骨头

长平之战，赵国惨败，四十几万精锐部队灰飞烟灭，国家已是岌岌可危。

白起挟胜利之威，席卷赵国，势如破竹。他兵分两路，一路以王龁为将，攻略武安、皮牢；另一路以司马梗为将，攻略太原。赵国的天空暗淡，乌云蔽日，谁心里都明白，绝对无法挡住白起雷霆一击。难道曾雄视北方的赵国，竟会成为七雄中的第一个出局者吗？

在此生死存亡关头，奇迹发生了。

秦昭王下令白起撤兵，班师回国。

这道命令着实蹊跷，明明形势大好，为何匆匆收兵呢？其中别有故事。在长平之战中，白起光芒四射，自有人类以来，从未有人取得过如此伟大的军事成就，他的地位与权势自然水涨船高，直逼权臣范雎。

倘若白起直取邯郸，灭了赵国，那么他的功劳更是无人可及，到时范雎恐怕只能乖乖地把相位让出来了。范雎不是宽宏大量之人，他不甘心失去权势，便忽悠秦昭王说，长平一战，秦军伤亡很大，不能再战了，不如退兵。

此时的秦昭王对范雎言听计从，遂与赵国罢兵休战。赵孝成王偷鸡不成反蚀把米，不仅未能捞到上党十七城，反倒割六城请和。

对于这种结局，白起心有不甘，明明有机会灭了赵国，却因范雎背后拆台而未得逞，不由得心怀怨恨。从此，白起与范雎便结下梁子，关系恶化了。

一年后，秦军已得到充分休整，补充新的兵源。秦昭王又想攻打赵国，此时范雎也没有理由阻挠。出乎所有人意料的是，这次轮到白起反对伐赵。

白起病了，秦昭王前来探视。

"不可伐赵。"白起毫不含糊地说。

秦昭王不解地问："去年与赵国决战时，国库空虚，百姓饥饿，将军不考虑百姓的负担能力，一味要求增调军粮以消灭赵国。如今寡人实行休养生息的政策，积蓄粮食，提高军队的待遇，将士的薪俸比以前多了一倍。现在您却说不能伐赵，为什么？"

白起分析说，去年长平一战，赵军遭沉重一击，举国惶恐，只消一击便可将其消灭。如今赵国上下戮力同心，君臣同忧共惧，勤于政事，邯郸守卫力量较去年增加十倍，而且积极与东方诸侯交好。赵国国内殷实，外交成功，不可伐赵。

昭王一听不高兴，赵国精锐都死光光了，有什么可担心的呢？他不以为然地说："寡人已经决定了，军队也要出发了。"

由于白起卧病，秦昭王遂任命王陵为大将，挥师进攻赵国。

在一般人看来，赵国死了那么多人，哪有力量抵抗秦师呢？

我们不要忘了，赵国也是一个伟大的国家。赵人之顽强不亚于秦人，赵武灵王留下的尚武精神是其国魂，他们知耻而后勇，利用两国休兵的一年时间，大力组建新军，重建国防力量。

果然不出白起所料，王陵的军队在邯郸城下遭遇到赵国人顽强的抵抗，进攻屡屡受挫。王陵立功心切，企图以疯狂的攻势摧毁邯郸防线，但事与愿违，损兵折将，伤亡惨重，仅校尉级的军官便有五人战死沙场。

秦昭王急得像热锅上的蚂蚁，看来王陵水平不行，还是得让白起上阵，便差人把委任状送到白起府中。白起本是性格高傲之人，假称大病未愈，不肯受命。

白起不肯去，秦昭王没办法，派丞相范雎前往传话。若是派别人去，白起或许还会回心转意，偏偏是派与他有隙的范雎，这事便没有回旋的余地了。

范雎到了白起家中，先是吹捧他一通，历数白起在伊阙、鄢郢、长平诸役中的伟大表现，最后说："您以前以寡击众，有如神助，何况现在伐赵是以强击弱，以众击寡。"

此次伐赵之战，秦国动用多少兵力呢？以《战国策》的说法，兵力数倍于赵国。数倍是几倍，没说清楚，且以三倍来做个估算。我们假设赵国有十五万军队，那么秦国的兵力多达四十五万。应该说，秦国是占有绝对的优势，出乎范雎意料的是，白起仍不肯奉命前往。

白起对范雎说，秦国已经失去灭赵的最佳时机，此时赵国内部团结，"耕稼以益蓄积，养孤长幼以益其众，缮治兵甲以益其强，增城浚池以益其固，主折节以下其臣，臣推体以下死士"。他还指出，赵国以弱击强，必定会以坚壁清野的战术对付秦军，倘若陷入持久战，东方诸侯国必定会出兵援救赵国，秦国定然无功而返。

应该说，白起确有独到的战略眼光。不过，他之所以不愿奉命前去，还有一个原因，便是对范雎不满。倘若不是范雎从中破坏，他早在一年前就灭了赵国。一年前攻邯郸，如风卷残云，势必手到擒来；一年后的今天，形势已全然不同，王陵的部队在前线久战无功，范雎要让他出来擦屁股，门都没有！

范雎对白起一直有很强的防备心，怕他抢走自己的相位。如今白起既不愿前往，正好以此为口实，在秦昭王那儿添油加醋一番。秦昭王听了十分不悦，冷冷地说："没有白起，难道我就灭不了赵国吗？"

看到秦昭王那张阴沉的脸，范雎心里偷着乐，他知道白起这家伙要倒霉了。

秦昭王不肯认输，秦国能征善战的大将多了去了，不差白起一人。他任命王龁为主帅，取代王陵。王龁是长平之战的副帅，对攻坚战深有研究，有丰富的作战经验。不仅如此，秦昭王不惜血本，又增派大批部队入赵作战。

邯郸城风雨飘摇，赵国能否躲过一劫呢？

赵孝成王算不上雄才大略的君王，正因为他刚愎自用，才导致长平之战的惨败。不过此人也有一优点：知错能改。这一次他不敢贸然出击，而是老老实实地采用坚壁清野的战术，只守不攻，打一场消耗战。

由于兵力不足，赵国只能把精锐集中在首都邯郸城，避免分散兵力。邯郸是战国时代一座名城，有坚固的防御工事。当年魏、赵战争，魏惠王用了两年多的时间才攻陷邯郸，后来赵国又重修工事，比以前更加坚固。

王龁包围邯郸九个月，仍无法越雷池一步，他与前任一样，无计可施。守城的赵军打法灵活多变，趁秦军不备，就出城偷袭，或以轻骑兵骚扰其后方，破坏其补给线。王龁头破血流，大伤脑筋。

听闻王龁的窘状，远在咸阳的白起发了一声冷笑："当初不听我的建议，现在如何呢？"

这句话，传到秦昭王耳中，他勃然大怒，气冲冲地跑到白起家中。白起假装生病卧床不起，秦王恶狠狠地放话说："你即便有病，也要为寡人出战。若立了功，寡人重赏你；若是不去，寡人跟你没完。"

哪承想这个白起不是吃素的，竟然敢顶撞秦王，他说："臣明知去了即便没功劳，也不会受惩罚；若是不去，无罪也可能获诛。但是请大王听我的建议，放弃攻打赵国。臣宁可伏诛受死，也不愿成为蒙受耻辱的败军之将。"

明知打不赢还去，我白起的一世英名不是毁了吗？我的不败金身不是破了吗？所谓荣誉高于生命，白起宁可抗命不从。

秦王听罢怒火攻心，他一言不发，拂袖而去，眼中充满怨恨与一丝杀气。秦昭王是秦国历史上在位时间最长的君王之一，他在位前四十年，大权旁落，直到范雎到来后才翻盘。白起是魏冉一手提拔起来的名将，魏冉以前不把秦昭王放在眼里，昭王一直怀恨在心。如今白起竟然敢抗命，莫非想当第二个魏冉吗？

几天后，最后"通牒"下达，要么担总司令，要么滚蛋。

骄傲的白起仍拒绝奉命。秦昭王二话没说，把白起连降十八级，贬为普通一兵，发配阴密。不过秦昭王还是心存幻想，以白起生病为由，暂缓发配，仍闲居咸阳。

既然白起不肯出战，范雎想乘机将自己的亲信安插到军队中。他推荐自己的恩人王稽出任河南郡守，好友郑安平为将军，参加邯郸之战。

邯郸被围困一年多，风雨飘摇。

赵国军民能否守住这座堡垒呢？他们最强大的力量来自同仇敌忾的战斗精神，长平大屠杀的惨剧历历在目，不抵抗投降也是死路一条，只能拼了。不过，光凭精神可不够，只要秦国人锲而不舍地围困，邯郸终难逃沦陷的命运。要挽救赵国的命运，还得寻求外部援助。

能伸出援手的国家，只有魏、楚两国。这两个国家还有一定实力，而且在历史上老被秦国欺负。

出使楚国的任务，落在"战国四公子"之一的平原君赵胜身上。平原君有一个不起眼的门客唤作毛遂，他自告奋勇追随前往。到了楚国后，楚考烈王对援赵一事迟迟不决，顾左右而言他。关键时刻，毛遂挺身而出，冲入王宫，手握剑柄，摆开与楚考烈王拼命的架势。楚王被吓坏了，毛遂历数楚国蒙受过的耻辱，一直说到白起以区区数万之众捣破郢都。楚王听罢脸上一阵红一阵白，羞愧难当，遂答应与赵国歃血为盟。

搞定楚国后，平原君在魏国却碰了大钉子。

赵、魏两国的关系，较赵、楚两国更为亲密，平原君的夫人是魏国公子信陵君的姐姐，亲上加亲，按理说，魏国应该更卖力才对。魏安釐王固然知道唇亡则齿冷的道理，他也派大将晋鄙率十万大军驻扎边境，密切关注邯郸战局。就在这时，秦昭王派人出使魏国，扬言倘若援助赵国，秦国灭了赵后，必定要灭掉魏国。魏王大恐，遂令晋鄙不得越境援赵。

平原君只得把希望寄托在魏公子信陵君身上。信陵君是魏王的弟弟，有门客三千，以慷慨义气而闻名天下。只是这件事，信陵君真的做不了主。

多次劝说魏王未果后，信陵君作了一个大胆的决定：窃符救赵！他想方设法盗走魏王的虎符，直奔魏国边境兵营，谎称得到魏王之命，接管晋鄙的军队。晋鄙有所怀疑，不肯交出兵权，信陵君安排力士痛下杀手，结果晋鄙的性命，完全控制军队。

此时的邯郸城已岌岌可危。

经长年累月的围困，粮食紧缺，饥荒蔓延，易子相食的人间惨剧上演。为了阻击秦军，平原君赵胜散尽家财，招募三千敢死队，发动奋力一击，为援军到来争取到宝贵的时间。

信陵君率八万精兵，日夜兼程奔赴邯郸。与此同时，赵国的盟友楚国也发兵相助，由春申君率领的楚兵团也抵达战场。魏、楚联手大举反击，大破秦师。秦军将领郑安平是范雎的亲信，他本非军人出身，打仗自然外行，只是想浑水摸鱼，捞点军功，岂料战场形势突然逆转，原本优势在手的秦军被打得落花流水。他动作迟缓，没能及时逃跑，被信陵君的魏军包围，走投无路，只得放下武器，率部众两万多人投降。

在魏、楚联军的支援下，赵军大举反击，把入侵者驱逐出境。这场旷日持久的邯郸保卫战，终于以赵国的胜利而宣告结束。

邯郸之战，使赵国在长平惨败后，得以有苟延残喘的机会，也大大迟滞了秦国一统中国的时间。同时，这场战争对秦国政治也产生重要的影响，秦国军界、政界两大巨头，即白起与范雎都受到战争的牵连。

在此之前，白起已被秦昭王贬为普通一卒，只是由于还有利用价值，尚留在咸阳城内。由于白起始终不愿奉命，秦军在邯郸城下遭到空前失败，秦昭王更是把怨气发泄在他身上，遂执行发配令，把白起逐出咸阳。

与白起有隙的范雎乘机落井下石，诬陷说，白起被贬，心有怨言。秦王大怒，他本来对白起抗命便十分恼怒，听说这家伙竟还敢发牢骚，遂心生杀意。

此时白起刚刚出了咸阳十里，到了一个名为杜邮的地方。秦王的使者很快抵达，带来一把剑。

看到这把剑，白起明白了，赐剑就是赐死，秦王是要逼他自裁。自他从军以来，已有四十个年头，他南征北战，破楚伐韩、攻魏屠赵，可谓横扫天下，从未失手。伊阙之战、鄢郢之战、华阳之战、长平之战，哪一场大战算不上经典呢？他为秦国立下的军功，没有人可以超过。即便如此，他还是难免一死。原因很简单，他再无利用价值了。

"我有何罪！"接过剑的那一刻，白起有一种激愤之心。我们无法得悉他内心深处的想法，为什么他不愿意去赵国打仗呢？我猜在长平大屠杀后，他陷入深深的自责中，不想让自己的双手再沾上战争的鲜血了。这或者可以从他生平最后的一句话中看出，他在激愤过后，突然想起些什么，平静地说："长平一战，赵国士兵投降数十万人，我骗了他们，把他们全坑杀了。就凭这个，我就该死了。"

这位战国时代最伟大的将军，在临死的那刻，有了一丝对无辜者的愧疚之意。

失去白起的秦国失去了一柄最锋利的战争利剑，对东方六国来说，无疑是值得拍手称快的福音。

白起成为政治斗争的牺牲品，范雎虽挤掉白起，最终也没能保住相位。

在邯郸之战中，范雎推荐的郑安平竟然举部投降，令这个秦国宰相地位岌岌可危。按秦国法律，推荐某人时负有连带责任，若是所荐非人，推荐人也要遭到同样的惩罚。也就是说，郑安平犯了"叛国罪"，范雎也得被扣上这个罪名。只是秦昭王网开一面，保住范雎，还让他继续当宰相。

也算范雎倒霉，过了两年，他举荐的王稽又出事了，被弹劾"私通外国"，他又一次卷入旋涡之中。秦昭王又一次撑起保护伞，不许追究范雎。说来秦王也算有情有义，当年范雎帮他夺权，他知恩图报。

只是经过这两桩事件后，范雎明显地意识到秦王对他的信任度已下降。在说客蔡泽的劝说下，范雎选择了急流勇退，递交辞呈，退出政治舞台。

范雎免相后四年，在位时间长达五十六年的秦昭王去世，昭王时代结束。这是秦国扩张史上最重要的半个世纪，秦昭王在位期间，东方诸侯中实力最强的三国，即齐国、楚国、赵国均遭重创，失去与秦国争霸的机会。

统一中国的大幕，已徐徐开启了。

三二 / 点石成金:"投资大师"的杰作

江山代有才人出,各领风骚数十年。

属于秦昭王、范雎、白起的时代已成为历史,谁能站在时代的潮头,指点江山、挥斥方遒呢?一统中国的伟业,会在谁手里发扬光大呢?秦王嬴政与铁血宰相吕不韦开始登上历史舞台。

故事,要从秦昭王立太子一事说起。

秦昭王是一位长寿君王,在位时间长达半个多世纪。他曾立公子悼为秦国太子,只是公子悼没能等到继承大统,便早于父亲去世。两年后,安国君被立为秦国太子,当时他已经四十多岁了。太子有二十几个儿子,多得连他自己也数不过来,只是正室华阳夫人却没有生育。

那时秦国与赵国尚未爆发大规模战争,两国仍有外交往来。春秋战国时代的外交,为了取信他国,经常会遣送公子去充当人质。秦国挑了安国君的一个儿子入质赵国,他名唤子楚,又唤异人。虽名为"异人",实则与常人无异,他在安国君的诸多儿子中排行居中,母亲夏姬不得宠,这决定了他在诸公子中的地位是很低的。正因为他的存在毫不起眼,才被派去当人质。

谁也不会想到,若干年后,这个被人忽视的公子竟然登上秦国君主的宝座。丑小鸭怎么变成金凤凰呢?原来他在赵国得到一个高人的指点与帮助,这个高人就是大商人吕不韦。

吕不韦是卫国人,长年在魏、韩、赵等国经商,经营有方,积累了一笔庞大的财富。不过他的志向并不是当一名大富翁,在那个时代,若没有权力,钱再多也不能任性。钱与权结合,才能所向披靡,战无不胜。那个年头,想在政治上有所发展的人,第一选择都是秦国,不仅因为秦是最强大的国家,也因为秦有开放的人才政策。

很多纵横家挤破脑袋西行入秦,游说君王,希望博取功名。只是去的人多了，这条路就越走越窄。要出人头地，得不走寻常路，另辟蹊径。吕不韦以商人的眼光挖掘政治投机机会，公子子楚的到来，让他眼前一亮。

谁也没把子楚当作宝，倘若是宝，就不会是沦为人质的命运了。连子楚自己也时常长吁短叹，虽说生于公室之家，没地位不说，当人质可是有人头落地的风险。来到异国他乡，手头不宽裕，生活入不敷出，捉襟见肘，形同被放逐的囚徒。

吕不韦却不这样看。

他看到了机会。

子楚的老爹安国君已被册立为太子，只要秦昭王一死，他就是秦国君主了。安国君正室华阳夫人没有儿子，他百年之后，谁来继承王位呢？理论上说，二十几个儿子都有机会，子楚也不例外，身上有王家的血统。只是这件事听上去很好笑，子楚在诸公子中没地位，怎么可能成为安国君的继承人呢？在别人看来，这无异于天方夜谭，但吕不韦有自己的看法。

他做了一个通盘研究，子楚能否成为接班人，最关键的一个人是华阳夫人。只要华阳夫人能认他当自己的亲儿子，岂非水到渠成吗？如此看来，子楚不仅是个宝，还是奇货可居。

这事，有机会，而且机会挺大的。

精明过人的吕不韦当然不肯错过良机。

吕不韦开始他人生最大的一笔投资。

他亲自登门拜访子楚，开门见山便说："我可光大您的门庭。"子楚听罢哂然一笑，吹牛吹到这儿了，我好歹是秦国公子，你还当自己是救世主哇？吕不韦看出其意，微微一笑道："您发达了，我才能跟着发达。"

言下之意，我助你上位，你给我荣华富贵。子楚一怔，马上明白过来，便屏退左右，引他上座。吕不韦说道："秦王已经老了，安国君成了太子。我听说安国君最为宠爱华阳夫人，华阳夫人膝下无子，选立继承人的大权却握在她的手中。您有兄弟二十多人，排行居中，容易被忽视，况且长年在外当人质，更没优势。要是秦王死了，安国君即位，您有资格与其他兄弟争夺大权吗？"

子楚本来就挺自卑的，心里不想输给别人却又没主见，只是叹道："您说得对，怎么办呢？"

吕不韦道："公子在这里既无钱财又乏人脉，不能给父母、宾客献上厚礼，什么事也做不成。我吕不韦虽然说不上很富有，但愿提供千金，为您打点上下，游说安国君及华阳夫人立您为接班人。"

当接班人，那岂不是未来的太子、国君？子楚内心狂喜，拜道："要是能办到，我愿意把秦国的土地与先生分享。"

两人一拍即合，共同的利益把两人捆绑在一辆马车上。

投资预算是一千金。这笔预算分两部分：其中五百金给子楚当日常开销，让他能多结交一些显贵达人，认识些朋友宾客，扩大知名度与影响力；另外的五百金则是要打通各种关节，贿赂华阳夫人。

吕不韦不认识华阳夫人，怎么贿赂她呢？

事关重大，吕不韦亲自出马。他先购置大量奇珍异宝，西行入秦。华阳夫人是太子妃，不是随随便便可以见的，吕不韦一个大男人，跑到太子府见夫人那怎么行呢？要送上贿物，得有个中介才行。华阳夫人的姐姐就是最好的中介，这个女人收了吕不韦的财物后，便替他跑腿。很快，吕不韦带来的奇珍异宝经夫人姐姐之手，以子楚的名义送到华阳夫人那里，同时还传递了两条消息：第一，子楚在赵国混得很好，如鱼得水，结交诸侯，朋友如云，是不可多得的人才；第二，子楚把华阳夫人当亲娘对待，日夜思念，常常泪流满襟。

华阳夫人虽然没有生育，但母爱犹在，子楚的一片孝心感动了她。安国君的二十几个儿子，没有一个人像子楚那样，即便远在赵国仍不忘孝心。这时姐姐在一旁说："女人有姿色时，男人喜欢，一旦容颜逝去，爱就不牢靠了。夫人深受太子宠爱，就是没有儿子，应该早作打算，从安国君的儿子中挑个贤能孝顺之人，收为养子。这件事应趁早做，不然等到色衰爱弛，就来不及了。"

这一番话，令华阳夫人怦然心动。谁是贤能且孝顺的人呢？那自然是子楚了。洞悉人性的吕不韦早料想到，子楚需要华阳夫人，华阳夫人也需要子楚，这非但关乎亲情，也关乎利益。

说白了，子楚就是要认华阳夫人为亲娘，华阳夫人也的确需要这么一个儿子。让子楚当继承人，她才能巩固自己的地位。

于是，华阳夫人积极为子楚谋利益。她时不时向安国君吹枕边风，称赞子楚的孝心与才能，时间长了，安国君对这个儿子的印象也全变了，越看越觉得顺眼。有一回，华阳夫人说到子楚时，突然哭了起来，一直很宠爱她的安国君一头雾水。华阳夫人便说："臣妾有幸服侍太子，不幸没有得子，太子若能立子楚为接班人，臣妾以后也好有个依靠。"说罢泪眼汪汪。

哭乃是女人最强大的武器，安国君被她一哭，焉有不同意之理。反正二十几个儿子都是庶子，立哪个不是一样，只要夫人高兴就行。就这样，他刻了个玉符当作信物，交给华阳夫人，算是正式承认子楚继承者的地位。

华阳夫人迫不及待地派人将消息告知赵国的子楚，并送去很多礼物，聘请吕不韦担任他的老师。

在吕不韦精心运作下，奇迹降临，从不被人看好的子楚华丽转身，居然成了太子安国君的继承人，这意味着他有机会成为秦国君主。一切真是不可思议，在吕不韦的包装下，子楚成为秦国政坛最大的一匹黑马。水涨船高，吕不韦也一脚从商场踏入政坛。

由于人质期限未满，子楚仍然待在赵国邯郸，不过生活已是大大改善，有吃有穿还不够，还得要女人。

有一天，子楚到吕不韦家中喝酒，喝到酒酣时，歌女赵姬上台献舞，舞姿曼妙，仿若天仙。子楚一双醉迷迷的眼睛不禁看呆了，他摇摇晃晃站起身来，借着酒力，向吕不韦提出一个相当无礼的要求：把这个歌女送给他。

这个要求，令吕不韦露出不悦神情。

赵姬不是一般的歌女，她与吕不韦有一腿，实为他的情妇。吕不韦虽是豁达之人，也没豁达到送情妇给别人的地步，因此他心里不高兴。只是男人对权力的渴求往往超过对女人的渴求，吕不韦投下那么多血本，权力的大门已隐约可见，这个时候何必为一个女人与子楚闹翻脸呢？好吧，好人当到底，他牙一咬，答应了，把赵姬作为礼物送给子楚。

子楚大喜，回家后对赵姬百般宠爱。不久后，赵姬的肚子便一天天大起来，她怀孕了！一年后，孩子呱呱坠地，他便是后来成为一代大帝的秦始皇嬴政。

这里我们说一下两个问题。

第一，秦始皇是不是叫嬴政呢？现在大家都这么叫，叫惯了就改不过来了。

其实，在春秋战国时代是没人这样叫的。秦国王室是嬴姓没错，但姓与名是从不合在一起用的。本书从秦国开国写起，有哪个人的名字里用了"嬴"字呢？一个也没有！名不与姓合用，只与氏合用。现在姓氏不分了，以前姓与氏是不同的，秦始皇出生于赵国，便以"赵"为氏，他的称呼应该是赵政而不是嬴政。不过本文若写"赵政"，恐怕读者不易接受，故仍保留"嬴政"的叫法。

第二，嬴政是谁的儿子？据《史记》的说法，赵姬在认识子楚前便有孕在身，她肚子里的孩子，乃是吕不韦的，也就是说，嬴政实是吕不韦之子，故而有些史学家也叫他"吕政"。大家想想，若赵姬怀孕在先，孩子出生时间必定提早，如此岂不会被子楚识破吗？《史记》给出一个令人惊讶的答案：赵姬怀胎十二个月才生产，比一般人迟了两个月。这件事有两种可能性：其一，司马迁的记载，可能来自民间传言，毕竟秦始皇名声不好，百姓有心黑他的家史；其二，秦始皇真的是吕不韦的儿子，十二月怀胎虽极少见，却也是有的，就如秦始皇也是历史上极少见的一代大帝。

闲话休说，言归正传。

嬴政出生后，给子楚一家带来欢乐。然而，战国形势的变化，令子楚深陷政治旋涡之中。在嬴政出生的这一年（前259），秦国挟长平之战的余威，大举进攻邯郸。作为人质的子楚身陷危险之中，随时可能被赵国处死。战争进入第三个年头（前257），邯郸城危在旦夕，子楚已无存在价值，赵王决定拿他开刀。关键时刻，吕不韦使出浑身解数，花重金买通邯郸守城官吏，子楚得以逃到秦军大营。赵姬、嬴政母子俩则被秘密转移，逃避赵国政府的追捕。

年少的嬴政在东躲西藏的生活中度过了六年童年时光，也正是因为这个原因，他对赵国一直没有好感，后来他登基后，赵国成为第一批被灭掉的诸侯国。

公元前251年，秦昭王病逝，安国君顺利即位，是为秦孝文王。在华阳夫人的努力下，子楚也得以被立为秦国太子。此时的赵国国力大衰，邻国燕国乘机发兵攻打，赵王有意与秦国缓和关系，避免陷入双线作战的尴尬境地，便把赵姬、嬴政母子二人送回秦国。

一年后，秦孝文王也死了，子楚即位，史称秦庄襄王。

当初子楚入质赵国时，没有谁看得上他，只有吕不韦慧眼识奇货，点石成金，以种种手段把他送上政坛最顶层。水涨船高，此时的吕不韦不再是商人的身份，而是有"定策"之功的大功臣。秦庄襄王自然感恩戴德，上台后便提拔吕不韦为秦国宰相，封文信侯，食邑十万户。

从商人到秦国宰相，吕不韦的投资终于获得巨大的回报。

倘若没有吕不韦，子楚充其量不过就是个秦国公子，而他的儿子嬴政也绝对成不了留名千古的秦始皇。从某种意义上，吕不韦改写了战国的历史，也改写了中国的历史。

三三 / 吕不韦的时代

秦庄襄王子楚虽然时来运转，当了秦国君主，只是没享福的命，仅仅三年后便一命呜呼了。嬴政即位，此时他还不能叫秦始皇，而称为秦王嬴政，这时他只有十三岁，还只是个小孩子，大权自然落到吕不韦手里。

吕不韦以一个外国人的身份，能大权独揽，除了靠自己的本事外，还有赖一个女人的支持，这个女人便是他的老情人赵姬。此时赵姬还年轻，估摸也就三十来岁，她本是歌女出身，风月场出来的人，年轻便寡居，哪里忍受得了这个寂寞呢？从王后成了太后，她便是秦国最有权势的女人，就算出点轨，又有谁能管呢？于是她与老情人吕不韦又好上了，两人恋情重燃，巫山云雨，如胶似漆。

此时的吕不韦，一人之下，万人之上，连秦王嬴政都恭恭敬敬地尊称他为"仲父"，权势之大，即便是商鞅、张仪、魏冉、范雎等权相亦有所不逮。

我们且来看看秦王嬴政即位前后的天下格局。

随着东方诸侯军事力量的削弱，秦国的扩张激情高涨。首当其冲的便是军事力量薄弱的周天子。此时的周王室分裂为西周与东周，公元前256年，秦军以泰山压顶之势进逼西周，人口仅三万的西周举旗投降。同年，周赧王去世，他是周朝八百年历史的最后一位国王。西周覆灭后，象征权力的九鼎落入秦国之手，这预示着秦国问鼎天下的时间已不远了。七年后（前249），秦相吕不韦率军攻入东周，东周灭亡。

再来看看其他诸侯国的情况。

自信陵君解邯郸之围后，赵国得以苟延残喘。公元前256年，秦国发动征韩之战，斩首四万；紧接着，秦军再攻赵国，斩首九万。这也是长平之战后，赵国又一次惨败。

秦国频频对韩、赵用兵，魏安釐王坐卧不安，与其坐以待毙，不如先下手为强。公元前254年，魏国果断出兵，矛头直指秦国孤悬于东方的陶邑，攻陷这块原本属于魏冉的封地。这无异于在老虎头上拔毛，此后，秦国连连发动对魏国的战争，魏安釐王被打得手足无措。

公元前247年，秦国大将蒙骜挥师进攻魏国，连克高都、汲城，魏国大恐。信陵君的好友毛公、薛公谏道："公子在赵国受到礼遇，在诸侯中盛名远扬，可要是没有魏国，公子哪有今天的成就呢？如今秦国进攻魏国，魏国危急了，公子您却丝毫都不在意。要是秦国攻破了大梁，祖先的宗庙被夷平，到时您还有什么颜面活在世上呢？"信陵君大为震动，遂动身返回魏国。

信陵君是战国历史上为数不多能打败秦军的英雄。他回到魏国后，被魏王任命为上将军，全权指挥抗秦战争。信陵君充分利用自己的声望，合纵诸侯，赵、韩、燕、楚等国均出兵相助。这支五国联军在河外之战中大败秦军，并乘胜追击，一直反攻到函谷关。

可以说，信陵君是继赵奢、廉颇之后，又一名伟大的将领。

秦国的军事力量虽然雄冠天下，然而东方六国总兵力仍不下两百万人，倘若联合起来，秦国未必有胜算。可以说，秦国最担心的事，莫过于东方合纵运动。纵观东方合纵运动史，向来是雷声大、雨点小，诸国难以齐心协力。其中的原因很多，其中有一点便是缺少领袖人物。信陵君的合纵运动能大获成功，在于他得到各诸侯国的认可，他是那个时代具有"国际主义精神"的人物，窃符救赵的传奇更为各国所景仰。

此时秦王嬴政刚刚即位，吕不韦从普通的商人一下子蹿居成为大权臣，自然有人不服，他必须证明自己的实力。

秦国的情报部门向来以高效著称，吕不韦本就精于谋略，更是把谍战推向极致。要摧毁东方合纵同盟，重点在于整垮合纵领袖人物信陵君。

要怎么办呢？

吕不韦分析了信陵君与魏安釐王之间的矛盾。两人本是兄弟，魏王是兄，信陵君是弟。由于信陵君招贤纳士，门客三千，慷慨好义，国际声望反在魏王之上。魏王即位后，处处提防信陵君，两人关系在救援邯郸一事上恶化了，信陵君盗走虎符，擅杀大将晋鄙，私自率八万人马救赵，这一切都是犯上作乱之事。只是魏国危难，魏安釐王才想召回信陵君以抗击秦国。兄弟两人虽暂时和解，但相互还是不太信任，这就给了吕不韦一个突破口。

虽说魏公子信陵君名满天下，却有一群人恨不得杀之而后快，这些人便是晋鄙的门客。在他们看来，晋鄙只是忠于职守，并无过错，却被信陵君击杀，因而时刻想为主公复仇。商人出身的吕不韦有非凡的眼光，他派人携万金入魏，秘密联络晋鄙门人，让他们在魏安釐王面前攻击信陵君。这些门客四处散布消息，称诸侯只知有信陵君，不知有魏王。久而久之，魏安釐王对信陵君又多了一些戒备，这时他们乘机进谗说："听说公子想要南面称王，诸侯们也都畏惧公子，打算共同拥立他。"言下之意，信陵君有反骨，想谋反。

反间计大获成功，众人的挑拨离间，魏安釐王对信陵君更是不信任，遂解除其上将军之职，收了兵权。

信陵君忧谗畏讥，激愤难平，便称病不进，不理国事，终日在家里与众宾客饮酒作乐，以酒消愁，纵情声色之中，以这种近乎自残的方式慢性自杀。公元前243年，由于长期纵酒过度，信陵君与世长辞。

吕不韦略施小计，便铲除信陵君这个秦国头号强敌，可谓是功劳赫赫。

在信陵君去世的同时，魏安釐王也病逝，其子魏景湣王上台。吕不韦乘魏国政权更迭之际，派蒙骜大举发兵攻打。魏军大败，丢失了酸枣、燕、虚、桃人等二十余城。至此，秦国的领土已经深入魏境，直抵齐国边境，犹如一个巨大的楔子插入东方，把东方诸国分隔为南北两部。

东方诸侯又一次陷入恐慌之中。

公元前241年，东方诸侯又一次合纵抗秦，楚考烈王为纵约长，"战国四公子"之一的春申君为联军指挥。楚、魏、赵、韩、燕、卫六国联军发起主动进攻，曾一度取得寿陵之战的胜利，然而当他们杀抵函谷关时，秦军出关迎战，联军很快便败下阵来。没有信陵君这位领袖人物，合纵诸国不能戮力同心。

这也是战国历史上的最后一次合纵运动。在之后的岁月里，东方诸侯曾试图发起新的合纵运动以抵制秦国，最后都以失败而告终。从此，东方诸国各自为战，最后被秦国一一击破。

有两件事严重削弱了东方诸侯的力量。

第一件是燕、赵战争。经历长平之战、邯郸之围后的赵国一落千丈，燕国想乘机捞一把，遂发动侵赵战争。赵孝成王重新任用廉颇，老将军以八万之劣势兵力，一举重创四十万燕军。此后，燕、赵两国爆发多次战争，前后历时达十五年之久。在秦国虎视眈眈的背景下，燕赵两国互斗，自毁长城。

第二件事是楚国内乱。楚国在整个战国时代，表现不尽如人意，楚考烈王即位后，任用春申君为相，国政略有起色。特别是在公元前 255 年时，楚国大举出兵，攻占鲁国，国力大增。公元前 238 年，楚考烈王去世，政治投机分子乘机发动政变，刺杀春申君，遂使楚国中兴的事业戛然而止。

东方诸侯本来就实力不济，又陷入相互征伐以及内乱之中，与秦国的差距越来越大了。

此时的秦国，正是吕不韦呼风唤雨的时代。

吕不韦延续秦国扩张的传统，频频对外用兵，除了占领魏国大片土地外，还征服卫国。他是秦国历史上著名的谋略大师，秦国谍报人员广泛在东方活动，拆毁东方合纵联盟。除了武功外，吕不韦还有一点值得称道，他招集宾客门人编撰了一本《吕氏春秋》，成为先秦时代一部重要的学术著作。

年轻的秦王嬴政与当年的秦昭王一样，只不过是坐在王位上的木偶罢了，国家大事全由吕不韦决断。吕不韦仍与赵太后保持暧昧的关系，赵太后是个性欲极强的女人，没有什么政治抱负，只知不断地赏赐自己的情人。在太后的关照下，吕不韦几乎富可敌国，就说他居住的宅院吧，仅仅家童便多达万人。

对一般人来说，混到这地步，也该知足了。但吕不韦是有雄心的人，天天让一个女人羁绊着，日子长了，他也有些烦，只是又不能在太后面前表现出来。怎么办呢？吕不韦明白太后需要男人。既然如此，何不给她找一个猛男呢？有了猛男，她就不会天天缠着他不放了。

想到这里，吕不韦开始留心寻找。

却说咸阳城内，有个地痞无赖，此人唤作嫪毐。这家伙没有别的本事，只是长着一根硕大无比的阳具。吕不韦听说此事后，便故意在太后面前提起，太后果然表现出浓厚的兴趣。

几天后，吕不韦把嫪毐从市井带入相府，当了一名舍人。嫪毐本就是个无所事事的人，听说要入宫服侍太后，心里欢喜得不得了。吕不韦秘密把他送入宫中，在后宫与太后淫乱。这个嫪毐功夫果然了得，太后一下子就着迷了。此后，这个街头混混儿成为宫中的宠儿，日夜出入后宫，与太后宣淫不已。

可是您想想，后宫本是宫廷禁地，除了太监之外就没有别的男人，嫪毐在这里进进出出，难免会走露风声，到时怕要死得很难看。

看来要想一个万全之计。

吕不韦想了一个办法，他让人去告嫪毐，判处他宫刑。太后一听，这还了得？吕不韦只得对太后说，这只是掩人耳目，不动真格的。只须花点钱财，就搞定宫刑主刀人了，这件事，不能让别人知道。嫪毐还是受了点罪，要当假太监也不容易，胡子一长出来就露了馅儿，所以必须把胡子全拔光。这个混混儿的胡子全被扯下来，疼得他杀猪般号叫。只是富贵险中求，受点罪便可成为太后的宠儿，比起混街头要强上千万倍，嫪毐也只能忍受这酷刑了。

拔光胡子后，嫪毐换上一套宦官的衣服，摇身一变，成为宫中"太监"了，当然，这个太监只是假太监。有了正式的身份后，嫪毐再也不用偷偷摸摸进宫，而是大摇大摆地走入太后的寝室，同床共枕。

吕不韦终于喘上一口气，他把太后这个包袱扔掉了，可以腾出手来搞他喜欢的政治。对于后宫之事，他装聋作哑，不闻不问。后宫之外，都是吕不韦的地盘，他翻手为云，覆手为雨，似乎他才是秦国的君主。

尽管吕不韦春风得意，然而没过几年，他本能地意识到威胁的临近。

第一个威胁便是嫪毐。吕不韦把他送到宫里时，只把他视为一个普通的小混混儿罢了，然而，小混混儿一旦有了一把权力的保护伞，野心同样会无限地膨胀。在赵太后的庇护之下，嫪毐的胆子越来越大，权力欲越来越强，甚至足以同吕不韦抗衡了。

第二个威胁便是秦王嬴政。随着日子一天天过去，嬴政一天天长大，这个年轻人看上去并不是那么乖巧听话，尽管他表面上仍然毕恭毕敬地尊称吕不韦为"仲父"，但是尊敬的背后，却隐隐露出不满的神情。

聪明过人的吕不韦，也会有马失前蹄的时候。

自从他在子楚身上投下巨资作为赌注，一路手气极顺，直跃上权力的巅峰。只是高处不胜寒。为了取悦太后，他瞒天过海，把嫪毐作为假太监淫乱后宫，这无疑是埋下一颗定时炸弹，一旦这颗炸弹爆炸，吕不韦也会被炸得粉身碎骨。他玩弄权势，玩得过火了！

三四 / 杀无赦：嬴政的铁拳

刚刚登上秦王宝座时，嬴政才十三岁。

对绝大多数人来说，十三岁还是不懂事的年龄，但是嬴政已经远比其他同龄人成熟了。出身于王室之家，既是幸运，也是不幸。嬴政出生于赵国邯郸，当他刚学会走路，还牙牙学语时，灾难降临了。由于秦攻邯郸，赵国政府决定对人质子楚痛下杀手。在吕不韦的帮助下，子楚逃出邯郸，嬴政则跟随母亲度过六年东躲西藏的童年生活。他的童年不快乐，落难的日子让他变得早熟。为了生存，他不得不从小就学会提防任何人，保持一种高度的警戒心。秦王嬴政身上那种冷酷的性格，追根溯源，可以说深受童年时代颠沛流离生活的影响。

在秦王嬴政的早年，吕不韦扮演了一个重要的角色。吕不韦是不是嬴政的亲生父亲，千百年来争议不休，不可否认的是，没有吕不韦的关怀照顾，嬴政恐怕早就死得不明不白了。正因为这个原因，嬴政即位后，对吕不韦仍然保持着一种敬畏，既尊敬，又害怕。

当时嬴政还只能算是小孩子，大权操诸吕不韦之手。吕不韦并不把嬴政当回事，在他看来，真正掌握大权的人是太后，因而他处心积虑讨好太后，甚至把嫪毐送入宫中供太后淫乱。

这一切，秦王嬴政都被蒙在鼓里。

然而，吕不韦自以为聪明，却没想到麻烦事一件件出来了。

太后终日与嫪毐秽乱后宫，开心固然开心，没过多久，这个三十多岁的女人发现自己的肚子大起来了。她慌了，堂堂秦国太后，居然怀上一个野种，野种的老爸是以前的街头混混儿，现在的宫廷"太监"！这事要传出去，岂不让天下人笑掉大牙！更要命的是，这件事要是被儿子秦王嬴政发现了，她这个当娘的还有什么面子呢？

大家想想，秦王嬴政三天两头要去给太后请安，太后要是挺着大肚子，那就不打自招了。怎么办呢？不能待在咸阳城，必须要迁往他处。太后便谎称占卜不利，得换个清静的住所。很快，她迁往秦国旧都雍城，住进旧王宫，里外都安排自己的人。谁也不曾想到，这座旧的宫殿里，隐藏着多少不为人知的秘密。

太后产下一个儿子，嫪毐的儿子。

的确，这座神秘宫殿里的那些事儿，被锁在高墙大院之内。当然不是没有人知道，但谁也不敢说。蒙混过关后，太后与嫪毐更加肆无忌惮，很快她又怀上第二个孩子。两个新生儿，就是嫪毐权力的护身符，这个街头小混混儿刚入宫时，还不敢为所欲为。权力是毒品，刚尝时很新鲜，尝过后就欲罢不能了。

嫪毐搭上权力的火箭，一飞冲天。他的权势几乎可以与吕不韦相媲美，拥有庞大的宅第，童仆数千。大家虽然不知他是个假太监，却都知道这家伙能耐大，纷纷投其门下，食客数千，争相巴结。太后对情人的爱与日俱增，公元前239年，嫪毐被封为长信侯，赐山阳、河西、太原为他的封地。

对于这些，秦王嬴政难道就没有看法吗？当然不是了。他虽然当了几年的秦王，权力却操诸吕不韦之手，吕不韦为讨好太后，也只能尽量满足其要求。同时，嬴政也压根儿没想到母亲与嫪毐有苟且之事。

在嫪毐封侯的同年，秦国发生了一件大事：成蟜叛逃到赵国。

成蟜，又名盛桥，是秦庄襄王的儿子，秦王嬴政同父异母的弟弟，封长安君。堂堂秦国公子何以叛逃到赵国呢？这件事十分蹊跷，内情扑朔迷离。在现存的史料中，对成蟜叛变的原因没有任何解释，只知道成蟜是带兵出征赵国时临阵倒戈。

后世小说家冯梦龙在《东周列国志》中构想了一个情节，认为秦王嬴政如《史记》所载是吕不韦的私生子，倘若事情曝光，嬴政将失去王位，而血统纯正的成蟜将成为秦王的不二人选。吕不韦借机把成蟜调离京城，派往前线与赵国作战，秦国大将樊於期把秦王身世告知成蟜，成蟜大恐，担心遭吕不韦毒手，遂临阵叛降。

这个说法有一定的合理性。成蟜叛变，肯定是卷入秦国内部权力斗争的旋涡。当他率军挺进到屯留时，举部降赵。秦政府反应神速，立即出兵镇压叛军。据《秦始皇本纪》载："八年，王弟长安君成蟜将军击赵，反，死屯留，军吏皆斩死，迁其民于临洮。"在这次镇压行动中，叛变的军队遭到集体屠杀。

镇压成蟜叛变，是秦王嬴政早年最重要的事件之一。这次残酷的镇压，究竟是出自嬴政的命令，还是吕不韦的命令呢？这个不好说。但是，这件事肯定对嬴政产生重大的影响，因为兄弟竟然背叛自己了。兄弟都不可信，还有谁是可信的呢？这时的嬴政至少还相信自己的母亲，别人不可信，母亲绝不能不信。

几年后，他伤心地发现，母亲也不可信了。

从此，他不再信任何一个人。

转眼间已是公元前237年，即秦王嬴政九年。

这一年嬴政二十二岁，到了亲政的年龄。依照惯例，嬴政到旧都雍城行加冠礼。在吕不韦、嫪毐看来，这加冠礼也就是做做样子，当年的秦昭王，不也当了四十年的傀儡国王吗？

谁都没想到，这趟雍城之行，改变了许多人的命运。

咸阳文武百官随秦王到了雍城，这座旧时秦都顿时热闹起来，各式各样的酒宴不绝。有一次，嫪毐与一群大臣一起喝酒，这些大臣有些打心眼里瞧不起嫪毐，一个低贱的宦官竟然高高在上，心里不舒服。喝几杯后，借着酒兴，有些人就跟嫪毐有些口角冲突。嫪毐喝高了，怒道："你们知道我嫪毐是什么人吗？告诉你们，我乃是秦王的假父，秦王都得叫我阿爹呢，你们怎么敢跟我争吵呢？"

嫪毐够嚣张，够猖狂。大家无不吓呆了，这个"太监"竟然敢说自己是秦王的阿爹，莫非疯了头。嫪毐酒后说出如此大逆不道的话，众人的酒不敢喝了，纷纷匆匆而去，大家有一种预感：要发生大事了！

很快，有人向秦王告发嫪毐的狂言。秦王嬴政不听则已，听罢是勃然大怒！呸！一个狗奴才，敢在寡人头上拉屎，寡人且看看狗奴才有什么能耐。一道令下，一支禁卫军火速前往嫪毐宅第，几脚踹开大门，却找不到嫪毐的影子。原来嫪毐酒醒后，发现自己祸从口出，吓得魂不守舍，甚至都没跟太后打招呼，便逃出雍城了。

一个天大的秘密浮出水面了。

嫪毐横行霸道时，谁也不敢把内宫的秘密吐露半字。如今他酒后失言，畏罪潜逃，纸包不住火了，终于有人向秦王嬴政和托出背后的真相：嫪毐非但不是太监，还与太后淫乱宫中，生了两个儿子。这已经足以让嬴政发狂了，岂料还没完，举报者还道出一个天大的阴谋：嫪毐与太后有约定，若嬴政死了，他们的私生子将继承王位。

嬴政的脑袋"轰"地一下，在那一刻几乎要爆炸了。

自己身为一国之君，竟然被底下人戏弄到这等地步。在整件事中，牵扯到两个重要人物：太后与吕不韦。一个是自己的母亲，一个是宰相、仲父，两个最亲近的人，居然都背地里搞出那么多丑事！

当务之急，是要把嫪毐捉拿归案。

嫪毐逃到哪儿去了呢？他逃回自己的封地。他知道闯了大祸，已是无路可退，唯有殊死一搏，尚有一丝希望。他假造了秦王的御玺以及太后的御玺，征调郡县的军队、卫队、官骑、戎人及自己的门客仆人，打算造反。当然，他的动作虽快，秦王嬴政更快，通缉令很快下达全国各郡县，故而响应嫪毐者寥寥无几。

困兽犹斗。嫪毐唯一的机会，便是趁秦王尚未返回咸阳时，攻下雍城，杀死嬴政，政变夺权。由于雍城是嫪毐经营多年的地盘，而朝中臣僚们多与这假宦官有些关系，嬴政对这些人统统不相信，他作了一个大胆的决定，把禁卫军的指挥权交给两名客卿。这两名客卿是来自楚国的昌平君与昌文君，正因为他们是外来人，不可能与嫪毐有牵扯。从这个细节可以看出，嬴政是何等老练与狡猾。

禁卫军很快击溃叛军。嫪毐泡女人是一流高手，行军作战则是门外汉，他的一群乌合之众死了数百人，其余都缴械投降了。

反扑失败，嫪毐落荒而逃。秦王嬴政发悬赏令：擒嫪毐者，赏钱百万；杀嫪毐者，赏钱五十万。重赏之下，嫪毐很快行踪败露，落入法网。

权力场上，向上蹿升可以是火箭级的速度，向下坠落则更快。嫪毐仅因一句酒后失言，便从权力的巅峰跌下，等待他的是车裂酷刑。其实，从他玩火的那一刻始，引火焚身的命运便隐隐可见了。

嬴政身上性格残酷的一面开始显现，他开始血腥地报复。其一，嫪毐家族集体遭殃，被夷灭三族；其二，嫪毐与太后私生的两个儿子，被装入大麻袋中，乱棍打死；其三，朝廷中与嫪毐有瓜葛的官员，包括卫尉、内史、中大夫等二十人，或枭首，或车裂，均被灭族；其四，嫪毐的门人家臣，罪行重的处死，轻的被判处服杂役；其五，受嫪毐事件株连的四千多家，被集体流放巴蜀。

至于母亲赵太后，当然不能杀了，幽禁于萯阳宫。为太后说情的二十七名谏者全部被杀，陈尸宫阙之下。

嫪毐叛变被屠、太后遭幽禁，吕不韦的好日子也到头了。

没有吕不韦牵线搭桥，嫪毐这个烂人怎么可能混入宫中呢？虽然吕不韦并没参与叛变，但仍负有不可推卸的责任。

直到嫪毐叛乱后的第二年，秦王嬴政才罢免吕不韦的相位。或许他还惦记吕不韦当年的救命之恩；或许他风闻吕不韦是自己生父的传言；更可能的，是他忌惮吕不韦的权势，等自己亲政后羽翼丰满了才最后清算。

在《史记·吕不韦列传》中写道："王欲诛相国，为其奉先王功大，及宾客辩士为游说者众，王不忍致法。"不管嬴政是不是吕不韦的儿子，他叫"仲父"许多年了，还是有点感情的。

免职后的吕不韦并没有受到惩罚，他出居河南，倒也衣食无忧，生活逍遥。权力是一种瘾，上了瘾的人很难与权力一刀两断。吕不韦虽失去宰相头衔，各国宾客使节仍络绎不绝前来拜访，奉为神明。

嬴政本能察觉到威胁，吕不韦虽下台却阴魂不散，仍然有自己根基甚深的势力。在秦王内心深处，一直充满着不安全感，从童年时的亡命天涯到成年后弟弟成蟜叛变、仲父把权、母后淫乱，连大烂人嫪毐都想政变夺权，只有独裁他才能有安全感，把权力牢牢捏在手心，只有操纵别人，才能避免被他人操纵。

秦王给吕不韦写了一封信，以严厉的语气说："君对秦国有何功劳？秦国封你在河南，享十万户食邑。君与秦王有何亲属关系？却号称仲父。"

这一封信，给吕不韦的政治生涯画上句号。不久后，吕不韦的河南封地被悉数收回，全家流放蜀地。这位战国末年叱咤风云的政坛人物，曾以旷世豪赌赢得权力，到头来人算不如天算，最后还是落得输个精光的下场。

一生残暴的秦王嬴政仍然给吕不韦留条生路，只是吕不韦的生命原本为政治而生，如今一无所有，他失去了生存的理由。他没有动身前往蜀地，而是选择了自杀，饮鸩而死。

年轻的嬴政在五年的时间里，先后铲除成蟜、嫪毐、吕不韦三大政治巨头，实现独裁统治，权力根基已然深不可拔。

三五 / 李斯与韩非

在吕不韦罢相的那年（前237），秦国破获一起间谍案。

在长平之战后，秦国已然天下无敌，收拾东方诸侯只是时间问题。与秦国接壤的韩国无疑是东方诸侯中实力最弱者，韩桓惠王终日惶恐不安，只要秦国大军一出，韩国必定灭亡。为了拖延秦国灭韩的时间，韩桓惠王想了一个主意，派著名水利学家郑国入秦，游说秦王修建水利工程，由于水利工程必须耗费大量人力物力财力，此举必可迟滞秦国的军事行动。

郑国肩负重任，以水利学家及间谍双重身份入秦，秦王嬴政果然听取其建议，在洛水、泾水大修水利工程以发展关中农业生产。韩王的计划取得一定成效，在此后几年，秦国果然腾不出手解决韩国。

岂料后来郑国的间谍身份被揭穿，秦王嬴政大怒，打算将其处死。生死关头，郑国在狱中上书，一方面承认自己的间谍身份，另一方面也力陈兴修水利工程从长远的角度看，对秦国有百利而无一害。嬴政毕竟是胸怀大志的君主，让韩国苟延残喘几年有什么关系呢？兴修水利功在一时，利在千秋，便赦免郑国之罪，督他继续完成工程。这项水利工程，后来名为"郑国渠"，是中国水利史上经典之作。据史料所载，郑国渠修建完成后，"关中为沃野，无凶年，秦以富强，卒并诸侯"。

尽管郑国逃过一劫，这起间谍案仍然引起秦国高层的震惊。秦国政府开始反思历来引进东方人才的政策，过于开放的政策带来一个恶果便是东方的间谍广布，对秦国的国家安全构成威胁。

这时秦国宗室大臣纷纷上书，声称："外国人到秦国来，大多数都是搞间谍破坏活动，应该把外国人驱逐出境。"于是秦王嬴政发布"逐客令"，在秦国当官的外国人，一律在驱逐行列。

在这个逐客的名单里，有一个名字是"李斯"。

李斯是楚国上蔡人，年轻时曾担任一名小吏。他胸有大志，在官场上却混不出个模样。这令他开始思考一个问题：为什么有些人贤能，有些人卑劣？有些人混得好，而有些人混得差呢？究竟是什么原因，让人的境遇发生变化呢？

有一天，他在一群老鼠身上找到答案。他上茅厕时，见到几只老鼠在脏兮兮的粪坑里找吃的，一见有人来便惊恐地四处逃去。蹲完茅坑后，李斯去检查粮仓，又看到老鼠出没。只是粮仓的老鼠与茅坑老鼠全然不同，见到人进来也不害怕，照样悠哉地吃着堆积如山的粮食。对于这种司空见惯的事，别人都不会去留意，李斯却得到他人生一个最重要的启示："一个人是好是坏，就跟老鼠一样，关键看他是处在什么环境。"

这叫环境决定论。

这一天，李斯找到了他的人生哲学。

要改变命运，首先要改变环境。要出人头地，就得选择对自己最有利的环境。

如何改变环境呢？若是没有两把刷子，如何能改变环境？李斯想到求学。拜谁为师呢？自然要找思想界的宗师人物。当时学界领袖荀子受春申君邀请入楚，李斯抓住这个机会，前往学习帝王之术。在他的同学里，还有一个大名鼎鼎的人物，便是后来成为法家巨子的韩非。

完成学业后，李斯根据自己的环境决定理论，决定前往诸侯中最强大的秦国。到了秦国后，他又投奔最有权力的秦相吕不韦。他才识过人，自然引起吕不韦的注意，被提拔为郎官。李斯立志要当米仓的老鼠而不是茅坑的老鼠，吕不韦已经位高权重了，但还不够，要有更大的发展，必须引起秦王嬴政的注意。

李斯是善于抓住机会的人，他充分利用每次与秦王见面的机会，投其所好，大谈"扫灭诸侯，成就帝业，一统天下"，并强调必须不断给东方六国施压，以防东方合纵运动死灰复燃。秦王听后大悦，把李斯提拔为长史，负责对东方六国实施外交战、间谍战。李斯不愧是情报战专家，他一方面收买各国政要，另一方面搞暗杀活动。由于他取得了卓越成绩，被任命为客卿。

正当李斯卖力地向上爬时，秦政府发布逐客令。身为客卿的李斯，理所当然在被逐之列。若是被逐出秦国，李斯就玩完了，只能去当茅厕的老鼠了。难道只能受命运的摆布吗？在李斯眼里，只有自己掌握命运，而非命运摆布自己。

要改变命运，就得主动出击。

他奋笔疾书，其实那时是用刀刻在竹片上，给秦王上了一道书，又称为《谏逐客书》，乃是先秦一篇重要文章：

臣闻吏议逐客，窃以为过矣。昔缪公求士，西取由余于戎，东得百里奚于宛，迎蹇叔于宋，来丕豹、公孙支于晋。此五子者，不产于秦，而缪公用之，并国二十，遂霸西戎。孝公用商鞅之法，移风易俗，民以殷盛，国以富强，百姓乐用，诸侯亲服，获楚、魏之师，举地千里，至今治强。惠王用张仪之计，拔三川之地，西并巴、蜀，北收上郡，南取汉中，包九夷，制鄢、郢，东据成皋之险，割膏腴之壤，遂散六国之从，使之西面事秦，功施到今。昭王得范雎，废穰侯，逐华阳，强公室，杜私门，蚕食诸侯，使秦成帝业。此四君者，皆以客之功。由此观之，客何负于秦哉！向使四君却客而不内，疏士而不用，是使国无富利之实而秦无强大之名也。

今陛下致昆山之玉，有随、和之宝，垂明月之珠，服太阿之剑，乘纤离之马，建翠凤之旗，树灵鼍之鼓。此数宝者，秦不生一焉，而陛下说之，何也？必秦国之所生然后可，则是夜光之璧不饰朝廷，犀、象之器不为玩好，郑、卫之女不充后宫，而骏良駃騠不实外厩，江南金锡不为用，西蜀丹青不为采。所以饰后宫，充下陈，娱心意，说耳目者，必出于秦然后可，则是宛珠之簪，傅玑之珥，阿缟之衣，锦绣之饰不进于前，而随俗雅化，佳冶窈窕，赵女不立于侧也。夫击瓮叩缶，弹筝搏髀，而歌呼呜呜快耳者，真秦之声也；《郑》《卫》《桑间》《昭》《虞》《武》《象》者，异国之乐也。今弃击瓮叩缶而就《郑》《卫》，退弹筝而取《昭》《虞》，若是者何也？快意当前，适观而已矣。今取人则不然。不问可否，不论曲直，非秦者去，为客者逐。然则是所重者在乎色乐珠玉，而所轻者在乎人民也。此非所以跨海内制诸侯之术也。

臣闻地广者粟多，国大者人众，兵强则士勇。是以泰山不让土壤，故能成其大；河海不择细流，故能就其深；王者不却众庶，故能明其德。是以地无四方，民无异国，四时充美，鬼神降福，此五帝、三王之所以无敌也。今乃弃黔首以资敌国，却宾客以业诸侯，使天下之士退而不敢西向，裹足不入秦，此所谓"藉寇兵而赍盗粮"者也。

夫物不产于秦者，可宝者多；士不产于秦，而愿忠者众。今逐客以资敌国，损民以益仇，内自虚而外树怨于诸侯，求国无危，不可得也。

他以史为证，阐明"逐客令"是大错特错。秦国的强大，得益于客卿的贡献，秦穆公时代如此，秦孝公以后的时代也是如此。秦国历史上的杰出人物，如百里奚、由余、商鞅、张仪、范雎等，莫不来自东方。逐客令的实施，只能"以资敌国"，使"天下之士退而不敢西向"，最后倒退回秦孝公改革之前的蛮荒年代。

这道上书令秦王嬴政幡然省悟，终于废除逐客令，恢复李斯的官职。从此之后，李斯成为秦国政坛的新星，步步高升，后来被提拔为廷尉，掌秦国刑狱之事。

李斯是先秦法家的代表人物之一，他的同窗韩非更是法家的集大成者。

韩非是韩国公子，可惜生不逢时。在他生活的时代，韩国早在秦国的不断蚕食下成为一只病猫，韩王没有进取心，只要些小手段，派郑国入秦修水利，幻想以此迟滞秦国灭韩的时间。韩非与李斯同在荀子门下受业，他的学术功底较李斯更扎实。李斯求学的目的是想当官，韩非则更有学者的气质。不过，韩非有一个弱点，他文章写得行云流水，说话却结结巴巴，有口吃的毛病。

毕竟是书生。韩非想有一番政治作为，无奈韩国君臣毫无进取心，得过且过，他一腔孤愤，只能在文字中表达自己的政治见解。他写了十数万言的文章，后被编为《韩非子》一书。他的文章在当时便流传甚广，甚至传到秦王嬴政手中。

有一天，嬴政读到《孤愤》一文，这篇文章剖析了权臣如何惑主，如何攫取权力，君主应当如何善用权术，控制臣下。他读完不禁眼睛一亮，这些话都说到他心里头去了，不由得叹道："寡人得见此人与之游，死不恨矣。"在嬴政看来，作者堪称是他的知己，这位没有朋友的君主，内心深处渴望能有这么个知心朋友，虽死无憾。

李斯告诉秦王，文章作者便是自己的同学韩非。秦王眼中露出了光芒，他迫不及待地要会一会这位当世高人。只是他邀请的手段也太过于另类了，不是派人去请，更不是三顾茅庐，而是发兵攻打韩国，勒令韩王派遣韩非到秦国。

公元前233年，韩非入秦。

他与李斯不同，不是主动入秦，而是迫不得已。秦王嬴政很开心，心情大悦。然而，两人注定无法成为朋友，因为他们分属不同的敌对阵营，一个是欲吞并天下的秦王，一个是欲保全国家的韩国公子，怎么可能倾心相交呢？

一个有才华的人，既然不能为自己所用，当然也不能放虎归山。反正养一个人并非难事，秦王嬴政索性把韩非扣留在秦国，软禁起来。

不久后，韩非卷入一个事件，竟然丧命于异国他乡。

韩非的死，与两个人有直接关系，一个是他的同学李斯，另一个是秦国大夫姚贾。他入秦后不久，东方诸国为了对抗秦国，又策划一次合纵运动。姚贾自告奋勇，愿前往东方诸国游说，瓦解合纵同盟。为了完成这项使命，姚贾向秦王提出需要马车百辆，黄金千斤。秦王嬴政二话没说，当即就批了。

姚贾以贿赂加恐吓的手段，不战而令东方合纵运动胎死腹中，未能给秦国构成任何威胁。回国后，他自然身价猛涨，官拜上卿，封千户。岂料韩非竟然跳出来攻击姚贾：一来挖他的老底，说姚贾出身低贱，在魏国当过小偷，在赵国曾被驱逐出境，品行不佳；二来攻击姚贾游说东方，目的是中饱私囊。

秦王嬴政听罢大怒，召姚贾前来对质。姚贾逐一批驳：千斤黄金乃是用于贿赂诸国政要，否则如何拆散合纵同盟？至于出身的问题，历史上的名臣，如姜子牙、管仲、百里奚等，都曾声名狼藉，最终都成为安邦定国的一代伟人。

自作聪明的韩非阴沟里翻船，攻击姚贾，大概是对他拆散东方合纵表示不满。只是韩非攻击的方向错了，他认为姚贾既然有过小偷小摸的劣迹，千斤黄金在手，不可能没有任何经济问题。但他没想到，姚贾不仅没有被查出经济问题，反倒把他驳得无言以对。

这件事后，秦王嬴政对韩非的态度发生一百八十度转变。尽管他赏识韩非的才学，却也看出韩非只会维护东方的利益，有机会还会离间秦国君臣之间的关系。

一心想报复的姚贾趁机拉上李斯，两人一起上言秦王，称韩非乃韩国公子，终究不可能为秦国效力，留在秦国没有用处，释放回韩国又留下祸患，最好的处置办法，就是杀了他。

秦国法令严苛，韩非诽谤上卿姚贾，离间君臣关系，这在秦国足以构成死罪。秦王嬴政沉默良久后，终于下令将韩非逮捕入狱。要不要杀韩非呢？秦王心里仍犹豫不决，因为他打心底实在太欣赏韩非的才华了。

嬴政尚在迟疑，李斯已经快刀斩乱麻了。

按理说，李斯与韩非本是荀子门下同学，好歹也有点同窗之谊吧，何至于非要置韩非于死地呢？一种常见的说法是李斯嫉妒韩非的才华，这个笔者不认同。李斯虽在学术上不同韩非，在政坛上却混得更好，他的志向在于从政而不在于学问，有什么好嫉妒的呢？笔者以为李斯欲杀韩非，是因为韩非对出身低贱的人有一种蔑视的心态，而李斯便是出身寒微。你这个公子哥一直以来瞧不起我的出身，今天老子就让你知道后果多严重。

李斯擅作主张，把毒药送进监狱，勒令韩非自杀。韩非自认为冤枉，遂请求面见秦王，或是写信给秦王为自己辩解。李斯面无表情，一口拒绝韩非的要求。绝望的韩非只能以颤抖的手抓起毒药，一把塞进口中……

此时秦王嬴政尚不知晓韩非的死讯，一种强烈的惜才之心又油然而生，他终于下达赦免令。只是当使者持令抵达监狱时，韩非已经七窍流血，倒毙于地了。

韩非虽然死了，但他的思想对秦王嬴政产生巨大的影响，特别是其帝王权术的思想，更成为这位暴君统治天下的利器与法宝。

此时的秦国，无论在政治、经济、军事上都已经具备一统天下的实力，剩下来的，只是时间问题罢了。

三六 / 硬实力与软实力

我们且从政治、经济、军事三个方面来评价秦国的优势。

（一）政治优势

李斯与韩非的老师、一代儒学巨匠荀子曾经游历秦国，写下这么一段文字："观其风俗，其百姓朴，其声乐不流污，其服不挑，甚畏有司而顺，古之民也。及都邑官府，其百吏肃然，莫不恭俭敦敬，忠信而不楛，古之吏也。入其国，观其士夫，出于其门，入于公门；出于公门，归于其家，无私事也。不朋党，不比周，倜然莫不通明而公也，古之士大夫也。观其朝廷，其间听决，百事不留，恬然如无治者，古之朝也。治之至矣，秦类之矣。"

后世儒家学者多对秦政持批评意见，而那个时代的荀子则有自己独到的看法。在他看来，秦国风俗淳朴，吏治井然有序，卿家士大夫一心奉公，他甚至把秦国的政治称为"治之至矣"，评价之高可见一斑。

那么秦国的政治与其他诸侯国相比，有什么特别之处呢？

首先是拥有强大的中央集权制。

秦的中央集权，较他国更典型。在春秋时代，东方诸侯譬如晋、齐、鲁、郑、宋等，国家权力并非君主把持，而是由贵族把持，秦国则自始至终属于君主独裁制，尽管在若干时期君主的权力也受到贵族的挑战。进入战国后，秦国实施商鞅变法，更把集权制推向极致。

今天我们说到集权制，无不产生反感心态。但是必须看到，在战国时代，群雄争霸，战争不断，中央高度集权有利于最大限度地利用有限的资源，国家约束民众自由以全力发动对外战争，其产生的爆发力是非常强大的。

其次，秦国拥有完善的地方行政机构。

地方行政机构的变革仍始于商鞅，起初是中央—县二级制，后来发展为中央—郡—县三级制，并成为秦国行政区之定制。随着战争规模的扩大与土地的膨胀，秦国的地方行政机构愈加严密。比如说，最早县级行政区只有县令、县丞、县尉等官员，后来分工愈密，在这些官职下又设史、秩等，还有专司各种职务的官职。这样，中央政府就可以将朝廷政令下达到最基层的组织。

最后，秦国有完善的法律制度。

法律是一个国家政治制度的基础。秦国法律之严密，任何一个东方国家都比不上。在出土的云梦秦简中，共计有十八种法律文书，一百二十五条条文。散见于其他史料的法律文献目录，尚有十余种之多。这些法律涵盖社会生活的方方面面，内容是比较广泛的，而且执行力度是比较强的。比如说制定法律的商鞅，在落难时由于不能提供身份证明，偏远的小旅馆都不敢接纳他，说明法网甚为严密。

上面所引用荀子的话中有一句："甚畏有司而顺。"其实秦国所谓的民风淳朴，与儒家所提倡的并不一样。儒家靠的是教化，秦国靠的则是严刑峻法。我们必须说，秦国的政治某些表面现象与儒家类似，譬如说尊卑等级秩序，譬如说表面上的社会和谐，但骨子里的思想则大相径庭。秦国以严刑峻法，可收一时之效，却难以长久，故而秦国一统天下后没多久就崩溃了。

（二）经济上的优势

随着国土面积的扩大与人口增加，秦国在经济上取得压倒性的优势。秦国西吞巴蜀，东面则占领大量魏、赵、韩、楚的土地，拥有更多的农业资源与耕作人口。在所占地盘中，不少属于经济发达区。在其占领地中，巴蜀是"天府之国"，鄢、郢是楚国首都地区，宜阳是韩国重镇，安邑是魏国旧都等，这些地盘归入秦国，无疑助推其经济的迅猛发展。

抛开开疆拓土不谈，秦国经济仍有许多可圈可点之处。

其中最值得一提的，便是秦国的农田水利工程。

除了郑国主持开通的"郑国渠"之外，秦国还兴修了一个举世闻名的水利工程，这便是至今犹存的都江堰。

攻取巴蜀是秦国扩张史上重要的里程碑，为秦国的发展奠定坚实的基础。成都平原是巴蜀重要的农耕区，面积将近三千平方公里，这里有平整的地形，肥沃的土壤，自然条件相当好，但饱受水灾与旱灾之害。问题出在岷江这条河流。由于巴蜀是盆地地形，四周高而中间低，当雨季到来时，岷江的水位暴涨，由上游奔腾而下，来势凶猛，往往酿成水灾。故而如何解决岷江灾害，关系到成都平原的经济民生。

为了解决岷江水患，秦昭王任命精通水利的李冰为蜀郡太守，主持水利工程建设。这是一项十分艰巨的工程，李冰与他的儿子多次前往察看地形，研究各种方案。经过反复推敲后，李冰决定采用分流的方法。

他把工程地址选择在灌县一带，这里正好是岷江从山区流向平原的交界地带。具体的做法是在岷江河道内修一分水建筑工程（称为分鱼嘴），江水流至此便一分为二，一条称为内江，主要用于农田灌溉，另一条称为外江，是岷江的主河道。在内江河道，开凿一个人工口道称为宝瓶口，河水经此流向灌溉区。那么，如何保证洪水时，大部分的水从外江泄洪而不至于引起内江水患呢？李冰别出心裁，他在分鱼嘴与宝瓶口之间修了一条飞沙堰，这道堰的作用是内江水位过高时，便漫过飞沙堰泄入外江，以确保内江水位保持在安全的水平。

都江堰的构思巧夺天工，堪称中国古代水利工程史上的代表作。这项伟大的水利工程改变了成都平原的面貌，超过三百万亩的农田得到灌溉。在水灾时，泄洪于外江，在旱灾时，引导水流向内江，保障农业用水。长期以来困扰农业生产的水、旱灾害，由此大大缓解。有了李冰的都江堰，巴蜀才能真正成为天府之国。

令人难以置信的是，都江堰从修建到现在，历时两千多年，仍发挥着重要的作用。其生命力超越了时代，李冰父子早已长眠地下，而他们的伟大杰作，与天壤而同久，共三光而永光。

都江堰见证了秦国的科技实力与强大的生产力，故而秦国能夺取天下，靠的不全是武力，更有武力之外的文化因素。

秦国水利的发达，与重农思想密不可分，"农"与"战"的重要性是等同的，这也是商鞅变法中的一个基本思想。

秦在农业技术上的创新与发展也是可圈可点的。在《战国策》一书中有如下一段话："秦以牛田，水通粮，其死士列于上地，令严政行，不可与战。"把秦国无敌归结为四个方面：农业发达，水运发达，士卒强悍，政令严格。其中农业发达的象征便是"牛田"，即大规模使用牛耕，农业生产力大大提高。另外，铁制农具的使用也相当普遍。在吕不韦主持编撰的《吕氏春秋》一书中，有几篇专门论述农业的文章，基本上可视为当时农学的最高水平。在先秦，农业是最重要的经济部分，哪个国家在农业上领先，就在经济上领先于对方。

经济实力支撑着秦国庞大的军事开销。在战国晚期，秦与赵的长平之战，秦与赵的邯郸之战都旷日持久，经年累月。远离国门作战的秦军，对后勤补给的需求巨大，若没有强大的经济后盾，这种战争是不可想象的。另外，秦国对付东方诸国的另一法宝，便是以大量金钱搞间谍战，秦国的情报部门之所以捷报频传，不只因为效率高，也是因为财大气粗。

（三）军事上的优势

为什么秦国能在军事上取得压倒性的优势呢？战国七雄都曾有过辉煌的历史，在军事上都有过鼎盛的时代，何以秦国能笑到最后呢？

魏、赵、韩三国都是从晋国分裂出来的，在春秋时代，秦国基本上不是晋国的对手。甚至到了晋国分裂后，一个魏国也把秦国打得丧权辱国。楚国是春秋时代的霸主之一，实力也比秦国强，齐国在威王、宣王时代实力也不逊于秦国。秦人虽然悍勇，但仅仅从悍勇这方面看，显然支撑不住一个军事大国的重量。

一个国家军事力量的强大，与这个国家的政治稳定是分不开的。从战国史来看，秦国军事力量的崛起，始于秦献公。在秦献公之前，秦国政局动荡，秦怀公、秦出公均死于政变。从秦献公到秦王嬴政，秦国政局虽有小波澜，但总体上是很稳定的，这也给秦国军事力量的发展提供了必不可少的土壤。不可忽视的一点是，自秦献公始，历代秦国君主都很有作为，没有出现一个昏君，这是很重要的。

相比之下，东方诸侯的政局较乱，昏君较多。譬如魏国，魏惠王与公子魏缓的争位战，差点遭遇灭国之灾；齐湣王与楚怀王都可列入昏君之列；赵武灵王死于政变，遂使赵国军事改革戛然而止。诸如此类，在同期的秦国都没有发生过，而这类事件的发生，往往是一个国家由盛而衰的转折。从这点看，秦国是幸运的。

除了政局稳定外，秦国军事制度较他国完善。

在战国中后期，秦国的兵力一直维持在一百万以上，如此雄厚的兵力，放在今天也不可小觑。在诸国中，只有楚国的兵力能与秦国媲美。为了保证兵源的充足，秦国实行征兵制。按照规定，男子二十三岁以后就要服兵役。不过，由于秦国不断对外发动战争，随着战争规模的扩大，征兵的范围也随之扩大。比如在长平之战的最后阶段，为了完成对赵军的合围，"年十五以上悉发"，把参军的年龄从二十三岁降至十五岁。

秦军战斗力之强，勇冠天下。自商鞅变法后，秦国在战场上几乎战无不胜，攻无不克。在为数不多的败仗中，有几次是输给赵国，赵国名将赵奢、李牧都曾打败秦军；还有几次是输给东方合纵盟军，包括孟尝君、信陵君领导的几次合纵运动。真正能与秦国较量的国家，只有赵国。这两个国家都有浓厚的军国主义色彩，只是赵国在战略大决战中损失四十几万军队，遂一蹶不振。

在秦国历史上，"军功爵制"具有划时代的意义。

军功爵制是一种奖赏制度，以军功定爵禄，确保军队保持旺盛的战斗力。秦国的军功爵共有二十级，分别是：一公士，二上造，三簪袅，四不更，五大夫，六官大夫，七公大夫，八公乘，九五大夫，十左庶长，十一右庶长，十二左更，十三中更，十四右更，十五少上造，十六大上造，十七驷车庶长，十八大庶长，十九关内侯，二十彻侯。

此项制度由商鞅创制，只重军功而不重视门第出身。即便是宗室贵族，未立军功者也不得拥有爵位。这项制度，在秦国得到有力的执行。我们看到秦国历史上著名的宰相，例如商鞅（大良造，当时未设相）、张仪、魏冉、范雎等，都不是纯粹的文臣，他们都曾经带兵出征，没有军功，他们也不得封侯。

军功爵制的好处是显而易见的。首先，对士兵来说是一种激励手段，只要在战场上奋勇杀敌，国家是不会亏待他们的，还可以一级一级地往上升迁。其次，这也是为国家选拔将领的参考。秦国名将辈出，基本上没有出现断层，因为这些将领都是在实战中脱颖而出的。反观其他国家，任用将领带有很大的局限性。比如楚国，国家重要将领几乎都出自几大家族，讲究的是出身，而非能力，故而虽有百万大军，战斗力却十分低下。再如赵国，长平之战失利的原因，便是赵王把只会纸上谈兵的赵括派上场，遭到全军覆灭的命运。这种情况在秦国是不可能出现的，一个没有建立军功的人，怎么可以充当总司令呢？

　　无论在政治、经济、军事诸方面，我们都可以看到秦国的强大。到了秦王嬴政时，秦国一统天下的伟业已是指日可待了。

三七 / 统一的序幕

秦国势力横穿韩魏，直抵齐国边境，如楔子插入东方，东方合纵运动就此终结，诸国只能各自为战了。摧毁赵国的力量，便成为秦国的首要战略目标。

赵国不愧是一个伟大的国家，经历长平之战与邯郸之围后，这个国家仍有不可小觑的军事实力。在众寡悬殊的情况下，赵军在廉颇、乐乘等将领的统领下，打败了六十万燕军的入侵。在廉颇之后，李牧如同一颗明星冉冉升起。这位赵国传奇名将缔造了不可思议的奇迹，他以一支北疆偏师，几乎全歼十万匈奴骑兵。凭此石破天惊的一战，李牧成为赵国抵抗秦国的希望。

秦王嬴政十三年（前234），秦国大将桓齮率军大举进攻赵国，围平阳、武城。赵王急令大将扈辄前往救援。桓齮反戈一击，大破扈辄，杀十万赵军将士。这对赵国可谓是沉重一击，国家已到生死存亡之关头。赵王紧急从北疆召回李牧，把阻击桓齮的重任交给他。

这简直是一个不可能完成的任务。

然而，李牧又一次光芒四射。

公元前233年，桓齮挟胜利之威，深入赵境。他采取大包抄战术，先扫荡邯郸北部的赵军据点，实施迂回，围攻赤丽、宜安两城（今河北石家庄东南）。倘若赤丽、宜安二城失守，秦军将实现对赵国首都邯郸的合围，届时赵国危矣。

李牧临危受命，集结了一支军队，驻扎在赤丽、宜安东部的肥城（今河北晋州市）。这支军队主力应该是来自北方军区，即李牧一手训练出来的部队。李牧行军作战的特点是善于因地制宜，最大限度地发挥各兵种的优势，注意骑兵、车兵、步兵、弓箭兵的搭配与协同作战，做到远攻与近战结合，进攻与防御结合。他的军事原则是打歼灭战，不仅是击溃对手，而是最大限度地消灭敌人的有生力量。

由于长年在北疆与匈奴等游牧民族对峙，李牧的部队精于骑射，具备强大的机动作战能力，剽悍善战。桓齮是秦国名将，他入赵作战已有一年之久，虽屡战屡胜，却已是疲惫之师。赤丽、宜安两城尚未攻下，李牧的生力军已经赶到宜安以东的肥城，明眼人都看得出来，秦军的位置相当不利，随时可能受到赵军的左右夹击。对桓齮来说，最好的选择当然是撤退，避开李牧的锋芒。桓齮却低估了赵军的力量，尤其是低估了李牧的能力。

在桓齮等新一代将领崛起后，秦军几乎从未打过败仗，自然对任何一个对手都有轻视之心。李牧是一位有着卓越领导力的将领，他善于鼓舞士气，此时赵军上下，都抱着"置之死地而后生"的信念，以破釜沉舟的勇气投入战斗。

李牧证明了自己是秦军的克星，他打了一场漂亮的仗，《史记》中是这样写的："击秦军于宜安，大破秦军，走秦将桓齮。"可惜的是，史书对这场精彩的战斗没有很多的记录，这是因为秦统一中国后，把六国史书全烧了，因而详情被湮没了。以笔者的看法，李牧歼灭秦军的数量，至少在十万人以上。因为桓齮遭此惨败后，不敢回秦国，只身逃往燕国，并改名为樊於期。以秦国法律，临阵叛逃乃是死罪，桓齮曾消灭十万赵军，倘若他的伤亡没超过十万人，何至于畏罪潜逃呢？

宜安大捷，使赵国避免成为第一个被灭亡的国家。李牧力挽狂澜，拯救了岌岌可危的赵国，并收复许多失地。鉴于他出色的表现，赵王封他为"武安君"，这个名号曾经属于战神白起，而李牧就是赵国的战神，他配得上"武安君"的封号。

秦王嬴政对失败是零容忍。

第二年（前232），秦军卷土重来，兵分两路进攻赵国。李牧再显英雄本色，他又一次不可思议地以弱胜强，打败了入侵者。这次胜利的详情，史书同样略而不载。不过，尽管赵国击退强秦，付出的代价也极为惨重。据《战国策》所记，这次反击战，李牧与秦军四度交锋，"四战之后，赵亡卒数十万，邯郸仅存"。赵军的伤亡人数，恐怕不下二十万人。

代价惨重，然而李牧的横空出世，打碎了嬴政的如意算盘，秦国不得不暂缓攻赵，把矛头转向韩国。

韩国在战国七雄中实力最弱，早已风雨飘摇，成为第一个出局者，并不出乎意料。说是"七雄"之一，实则韩国早沦为小国，在秦国无休止的进攻下连连割地，国土面积愈来愈小。为了保存国家，韩王搞了些小手段，派间谍郑国入秦，游说嬴政兴修水利，以此拖延秦军的进攻时间。

只是，该来的终究会来。

韩国公子韩非被李斯等人陷害而死，韩王大为恐慌，急忙献南阳之地给秦国。韩王要求并不高，只要能保住头顶的王冠就行。然而，这是弱肉强食的时代，你越示弱，越容易被欺负，你后退一尺，别人要前进一丈。肉包子打狗，非但有去无回，反倒激起狗的食欲。

秦王嬴政有超越先王的雄心，他要"振长策而御宇内"，秦国已吞并二周，现在该是消灭诸侯的时候了。韩国不幸成为第一个出局者，他们送出的南阳城成为秦军发动进攻的桥头堡。

公元前230年，南阳军政长官内史腾发动灭韩之役。秦军备战充分，势如破竹，风卷残云般横扫韩国。东方诸侯们无一伸出援手，因为各国都自顾不暇，焉有兴趣去管韩国的死活呢？在内史腾的猛攻下，韩国首都新郑终于沦陷，最后一位韩王成为阶下之囚，韩国成为三晋中第一个灭亡的国家。

灭韩之战拉开秦国统一天下的序幕。金戈铁马、气吞万里如虎的战国时代已进入尾声，昔日势均力敌的战斗场面已难看到，剩下来的是弱者抵抗强者的悲壮、凄凉的故事。唇亡则齿寒，韩国的灭亡，令赵国人有一种不寒而栗的恐惧。

灭韩后第二年（前229），秦国再度对赵国发动战争。

秦军兵分两路出击，一路由大将王翦统率上党兵团，进攻下井陉（今河北井陉）；另一路由大将杨端和统率河内兵团，进攻邯郸城；同时秦国还出动一支机动兵团，由羌瘣率领，协助两路大军作战。

有李牧在，秦国的计划能得逞吗？

秦国将领王翦与赵国将领李牧同被列为战国后期四大名将（其他两位为白起与廉颇），倘若两人能在战场上决战，势必是一场经典好戏。可惜的是，李牧没有机会再显其英雄本色，他不是被敌人击败，而是被来自背后的一把刀一击致命。

赵国注定是一个悲剧国家，不乏名将却屡屡自毁长城。先是在长平之战中解廉颇之兵权，这次李牧下场更悲惨，死于政敌之手。在李牧之死中，秦国又一次扮演不光彩的角色，耍起反间计的阴谋。在秦国间谍的活动下，赵国又一次上演窝里斗的闹剧。

关于李牧之死，有两种说法。

其一是《史记》所载，李牧为郭开陷害致死。郭开是赵国历史上著名的奸臣，他曾经陷害过廉颇，导致老将军最终客死他乡。李牧连却秦师，威名远扬，已严重威胁到郭开的地位。此时秦国间谍又在赵国大搞活动，诬陷李牧，遂使郭开痛下杀手。郭开诬陷李牧有谋反之心，年轻的赵王迁黑白不分，遂派使节至兵营，不经审判，当场拿下李牧，以谋反罪斩首示众。

其二出自《战国策》，仍然是奸臣所害，不过不是郭开，而是赵王身边的宠臣韩仓。他除掉李牧的想法与郭开类似，以其威胁到自己的地位。赵王迁听信韩仓之言，召回李牧。当时李牧由于长年征战在外，手臂残疾无法伸直，绑了一根木杖以固定。在酒席上，韩仓以李牧袖中藏有凶器为由，一口咬定他想行刺赵王，欲置其于死地。李牧这才明白自己中了他人的圈套，遂自杀身亡。

两则故事虽有差异，有一点是确切无疑的：李牧是死于奸佞小人之手。

李牧是赵国历史上最伟大的名将，他的死，意味着赵国谢幕时刻的来临。

秦军所畏惧的仅李牧一人，李牧一死，对赵国的总攻随即展开。

秦王嬴政颇有用人之明，他把灭赵的重任交给大将王翦。王翦是继白起之后，秦国最出色的将领，他本是频阳东乡人氏，早年便对军事产生浓厚的兴趣，熟读兵书，沉勇有大略。他曾在嬴政身边当侍卫官，深得秦王信任。秦王嬴政十一年（前236），他率秦师伐赵，一举攻陷军事重镇阏与城，并一鼓作气连下九城，震惊天下。此役奠定了王翦在秦军将领中"一哥"的地位，在随后的历次战争中，他都被委以重任，充当急先锋的角色。

李牧无罪获诛，赵军士气凋零，将士们对秦国的入侵固然十分愤慨，对昏庸的国君又抱着无可奈何的失望。接替李牧出任总司令的赵葱没有能力肩负起保家卫国的使命，他孤注一掷与王翦决战，在这次决战中，赵国最后一支精锐部队灰飞烟灭，赵葱以死殉国。

王翦大军一往无前，挺进赵都，包围邯郸。三十年前邯郸保卫战那一幕是否会重现？奇迹还会再次来临吗？所有条件都不具备了。当年的赵国君臣团结，同仇敌忾；如今恶臣当道，奸佞横行；当年有魏、楚为外援，如今东方诸国形同病猫，各自为战，赵国已是孤立无援。李牧、赵葱等将领死后，一向勇武善战的赵国甚至都找不到合适的将领，邯郸城的守将居然是一名外籍将领，此人名唤颜聚，乃是齐国人。

以城池坚固著称的邯郸城内已是人心涣散，几乎没有像样的抵抗。在王翦的猛攻下，邯郸沦陷，赵王迁被俘，曾经雄踞北方的赵国政权就这样灭亡了。

吞并赵国对秦王嬴政有着重要的意义，他生于赵国，从小在邯郸长大，这里有他童年的记忆，尽管这些记忆并非那么愉快。他迫不及待地动身前往邯郸，当年被人追杀，如今他以征服者的身份回来了。他终于把邯郸乃至赵国踏在脚下，他踌躇满志，如同天神俯瞰天下。

自嬴政及其母亲离开赵国后，由于秦赵两国敌对，待在邯郸的母族亲戚少不了受人欺辱，也只能忍气吞声。秦王嬴政走亲访友，把所有与母族有仇的人都抓了起来，一概处死。其实他未必是个有情有义的人，这样做，更多是为了展示自己手中无上的权力，所有人的生与死都操在他一人之手。

韩、赵的灭亡，敲响了东方诸侯的丧钟。

秦王嬴政奋六世之余烈，迈出一统天下的实质性步伐，一个全新的时代即将到来。想当年，秦国被晋国死死压制在黄河以西，无法向东逾越一步。秦孝公立志变法时，也只不过想赢得东方诸侯尊重罢了。以尚武精神著称的秦武王，其雄心壮志也不过是"通三川而窥周室"。一方面是秦国不断强大；另一方面也是东方六国碌碌无为，遂使力量对比更为悬殊，正因为如此，秦王嬴政才能把统一六国变为可能。

不过，统一之路并非一帆风顺。

韩、赵虽灭亡，抵抗力量犹存。在若干年后，韩国故都爆发大规模的复国运动；赵国的残余力量更强，秦破邯郸、俘赵王后，并未能占领赵国全部土地，赵王迁的哥哥赵嘉率宗室数百人逃至代郡，登位称王。赵嘉没有继续使用"赵"的国号，而是使用"代"为国号。为了对抗秦国，代王赵嘉遣使入燕，与燕国结盟，屯兵于上谷。

在东方六国中，燕国一直是比较低调而保守的。燕国与秦国并不接壤，故而从未遭到秦国的侵犯。赵国的灭亡，令秦的势力直抵燕国边境，一向安稳的燕国发现自己已成为秦国的下一个猎物了。

不错，志得意满的秦王嬴政要一鼓作气消灭燕国，为自己的伟大事业锦上添花。灭赵功臣王翦接到秦王的指示，移师中山，兵临易水河，为伐燕做准备。身为战国七雄一员的燕国，在战国历史上并没有多少可圈点之处，唯一例外是燕昭王时代乐毅伐齐取得伟大胜利。燕国的军事力量并不强大，如今秦师如猛虎张开血盆大口，燕人岂不魂飞魄散吗？

怎么办？是坐以待毙，还是奋起反击呢？

燕国太子丹决定赌上一把，他策划一起惊天密谋：刺杀秦王！

三八 / 风萧萧兮易水寒

一个是秦国君王，一个是燕国太子。

他们本应是好朋友，不应是仇敌。倘若说嬴政一生有过什么朋友，太子丹恐怕是唯一的一个。两人是儿时最好的伙伴，嬴政是秦国人质子楚的儿子，太子丹是燕国在赵国的人质，难免同病相怜。谁又能料想得到，若干年后，两人成为不共戴天的死敌。

十几年过去了。嬴政成为秦国君王，燕太子丹仍旧是太子身份，而且又一次被当作人质送入秦国。太子丹本想着嬴政还会惦记孩童时结下的深厚友谊，可是他错了，嬴政对他的到来非但冷漠，甚至有些许的敌意。更令太子丹感到难堪的是，他在秦国待一段时间后想返回燕国，秦王竟毫不给面子，一口拒绝了。

考虑到秦国下一步必要兼并天下，太子丹不能留在咸阳，他得想方设法逃回去。他不辞而别，只身潜逃，历经坎坷，终于回到了燕国。人质逃跑是很严重的外交事件，燕太子丹已然表明立场，无异于对秦国宣战。这两个曾经的好友，已是誓不两立的敌人，不是你死，便是我亡。

燕是弱国，秦是强国，弱者怎么杀死强者？太子丹只能采用非常规手段，行刺秦王。要行刺万乘之君谈何容易！秦王守卫森严，别说行刺，连接近的机会都十分渺茫。有哪个刺客敢接下这种不可能的任务呢？

先秦有个说法，"燕赵多慷慨悲歌之士"，燕、赵都是北方国家，性情慷慨，富有牺牲精神。太子丹物色了一个著名江湖侠士，名叫田光，向他倾吐心声，希望能得到他的帮助，完成刺杀秦王的大业。田光面有难色，并非他贪生怕死，而是年龄大了，不复有当年骁勇，恐不能胜任。

他向太子丹推荐自己的好友荆轲。

论及武功，荆轲绝非顶级刺客，但他的勇气弥补了武功的不足。荆轲是齐人，后曾游历赵国，与当时武学大师盖聂、鲁句践有过交流，只是他为人有些傲慢，不肯虚心学习。刺杀秦王属于高度机密，田光把荆轲推荐给太子丹后，为保守这个机密，他选择自杀，一个死人绝对无法泄密。

对于一个从不过问政治的游侠，荆轲对刺秦一事并没有兴趣，他之所以答应太子丹，只是因为田光。田光把命都豁出去了，他荆轲就算不为太子丹，也得为老朋友去完成这项使命。

要如何刺杀秦王嬴政呢？

首先必须接近他，否则免谈。如何接近秦王？荆轲提出送去两份厚礼，有两份厚礼，秦王定会接见他，他便有机会下手。这两份厚礼，其一是燕国督亢地图，其二是樊於期的人头。

樊於期是谁呢？他就是秦国大将桓齮。自从桓齮被李牧大败后，不敢回秦国，改名换姓，流亡到了燕国。太子丹知道樊於期颇有军事才华，便暗中收入麾下。不过，这是一件十分危险的事，秦王嬴政正发令天下，通缉樊於期。荆轲对太子丹说，想要接近秦王，必须借樊於期的人头一用。

人头是可以借的吗？这个条件，太子丹无法同意。既然收容了樊於期，怎么能把他的脑袋当作利用的筹码呢？

没有樊於期的人头，荆轲连秦王的影子都瞧不见，如何行刺呢？他四处打听，得知樊於期叛逃后，秦王嬴政灭其三族，包括他的父母、妻儿都惨死。也就是说，樊於期与秦王嬴政之间，有着血海深仇。荆轲决定绕开太子丹，亲自去找樊於期。

见到樊於期后，荆轲以同情的语气说："秦国对待将军，真是太残忍了，您的父亲、宗族都被处死。不仅如此，秦王还以黄金千斤，封户万家求购将军的首级。您打算怎么办？"

樊於期泪流满面："每当想到这件事，我就痛入骨髓，只是想不到报仇的办法。"

荆轲又说："我有一个办法，既可以解除燕国的祸患，又可以为将军报仇雪恨，将军意下如何？"

樊於期赶忙询问，荆轲想了想，咬牙说道："我想把将军的首级呈献给秦王，秦王接见我时，我左手揪住他的袖子，右手持匕首猛刺其胸，除掉这个暴君，为将军报仇，为燕国雪耻。将军意下如何？"

要取人家项上人头，还问意下如何，荆轲很疯狂。刺杀秦王是一个近乎疯狂的事，疯狂的事要由一群疯狂的人来做。荆轲是疯狂的人，田光、樊於期也是疯狂的人，他们毫不吝惜人头，似乎自己是有九条命而非一条。

樊於期平静地说："我日日夜夜想着报仇，咬牙切齿，连心都碎了。今天有幸得先生赐教，后事就拜托您了。"说罢引刀自刭。

太子丹获悉噩耗，匆匆赶来，抚尸痛哭。事已至此，只得依了荆轲，把樊於期脑袋砍下来，用匣子装好。

晋见秦王的礼物备齐了，要杀死秦王，还得携带武器。武器不能太大，否则无法带进宫里，而且要锋利无比，见血封喉。这件武器，太子丹已经准备好了，名为"徐夫人匕首"，乃是赵国名铸剑师徐夫人所铸，值百金。匕首在毒药里反复淬浸，只要被轻轻划一道刀口，便必死无疑。太子丹还给荆轲配备一名助手，名唤秦舞阳。此人乃是一介武夫，十三岁时就杀过人，武艺高强，身强力壮。

万事俱备，荆轲应该动身出发了吧。

让太子丹困惑的是，荆轲却没有西行的打算，仍然天天花天酒地。难道荆轲只是一个骗吃骗喝的江湖术士吗？

秦军已陈兵边境，随时可以朝发夕至，若不赶紧实施刺秦计划，恐怕就来不及了。荆轲迟迟未动身，是在等一个朋友到来。这个朋友是谁，史书上没有写，但一定是个具有坚忍果敢性格之人。

太子丹催促道："时间差不多了，您还不想动身吗？要不然我先派秦舞阳去吧。"

荆轲一听勃然大怒道："您是什么意思？去了却完不成任务，就只是没用的小人一个罢了。揣着一把小匕首前往强大的秦国，很多事情是无法事先预料的。我之所以还待在这里，是等待一个好朋友一同前往。既然太子认为我故意拖延时间，我这就走，在此跟您诀别了。"

说罢，他打点行装，带上装着樊於期人头的匣子，一幅燕国督亢地图，在地图里还藏有一把锋利的匕首。

送别的一幕十分悲壮。

太子丹等人身穿白色衣帽，一路送至易水河畔。渡河后，在旷野上设宴为荆轲、秦舞阳饯行。每个人心里都十分清楚，这是一次生离死别，无论荆轲刺秦王能否得手，都不太可能活着回来。送行者中有荆轲的好友高渐离，他以手击筑，荆轲放声高歌。起初是"变徵"音调，苍凉而凄婉，闻者莫不落泪。

"风萧萧兮易水寒，壮士一去兮不复还！"

简单的一句歌词，却有诉不尽的故事。英雄怎么能留恋生，留恋儿女情长呢？为义而慷慨赴死，不是男儿本色吗？高渐离陡然变调为"羽"，击筑声高亢有力，慷慨激昂，荆轲的歌声由苍凉变得充满战斗激情，气冲霄汉。

再好的音乐，也有停止的时候。高渐离与荆轲合奏的千古绝唱，久久回荡在易水河畔。荆轲与秦舞阳二人跳上马车，头也不回，向咸阳疾驰而去。不论此行结局如何，他们的名字都会永载史册。

虽说荆轲所带去的两件礼物无价，但秦王会不会接见，谁也无法打包票。为了确保刺杀计划得以执行，荆轲到了咸阳后，花了一大笔钱贿赂秦王的宠臣蒙嘉，再三强调燕国的礼物极为贵重，必须亲自交给秦王。

蒙嘉收了钱财后，入宫对秦王说："我大军压境，燕王不敢抵抗，愿举国投降当秦国的臣子。为表诚意，燕国砍下樊於期的首级，同时献上督亢地图，派使者前来，就等着大王的召见了。"

秦王听罢大喜，当即下令，在咸阳宫接见燕国使者。

几天后，秦国君臣齐聚咸阳宫。秦王嬴政脸上露出得意的神情，很快他就要宣布燕国不战而降的消息。他一点也没有意识到危险的临近，从宫门到大殿外，站着一排排手执长戟的武士，这是天底下戒备最森严的地方，谁能相信这里会有刀光之灾呢？

秦王传令：宣燕国使者进殿。

荆轲与秦舞阳一前一后，缓缓而行。荆轲手中捧着一个匣子，匣盒已打开，里面安放的是樊於期的脑袋；秦舞阳手中则捧着燕国地图，地图也用一个长形匣子装着，在地图卷轴里，是一把见血封喉的匕首。他们每前行一步，就是接近死亡一步，每前行一步，都要承负着巨大的心理压力，这种压力，足以让一个正常人为之精神崩溃。

在压力面前，最可看出人的内心是否真正强大。

秦舞阳十三岁便杀人，被公认为燕国勇士，但是他的怯意已写在脸上。每一级台阶仿佛都是难以逾越的障碍，都要用尽全身的气力才迈得上去。他感觉手脚发软，寒意袭来，身体失控一般地颤抖着。

与秦舞阳相比，荆轲神色自若，步伐沉稳而有力，不曾有过一丝慌乱。"泰山崩于前而色不变"，这是形容一个人沉着冷静、遇事不慌，是内心强大的写照，荆轲就属于这样的人。他从容不迫地走向大殿，已经可以看到坐在大殿之上的秦王嬴政。他仍然保持冷静，走入殿中，献上樊於期的人头。

就在这时，站在殿门之外的秦舞阳脸色大变，冷汗淋漓，捧着地图盒子的双手在颤抖。一个人，不论平素如何骁勇，在面对即将到来的死亡时，绝少能真正做到若无其事。我们不能说秦舞阳是个胆小的人，他的表现只能说是人之常情。相较之下，荆轲的表现，则是超越世间凡人，难怪乎其事迹能传颂数千年之久。

秦舞阳的异常表现险些坏了大事，所幸的是，荆轲以聪明的方式掩盖过去了。他面含笑容向秦王解释说："这位是来自北方的粗野鄙人秦舞阳，他没见过天子，心里害怕紧张了，大王切莫见怪。"秦国君臣们听罢不禁哂然一笑，心里都有几分得意，说明今天的排场够大、够气派。

在此之前，一切都按原计划进行。到了最关键时刻，秦舞阳坏了事！鉴于他慌张异常的表现，荆轲只能把他留在大殿之外，刺杀秦王的任务，完全落在荆轲一人身上。

荆轲接过秦舞阳手中的匣子，取出地图，双手高高捧着，向秦王嬴政献图。

秦王庄重地坐在大殿之上，前面摆放一张案几。荆轲捧着地图，慢慢走到秦王之前，在案几前跪下后，将地图置于案上，缓缓展开。只见图上画满燕国山川河流的记号，真乃无价之宝。秦王正打算仔细看时，突然间，一道刺眼的光芒闪出，图穷而匕首现，在地图里居然藏着一把锋利无比的短刀！

谁也没想到会有突如其来的变局。

大家才看到一把亮闪闪的刀，还没反应过来，荆轲已把匕首操在手中，另一手抓住秦王的衣袖。秦王吓坏了，他本能把身子往后一仰，把双臂往后一缩，被荆轲抓住的那截衣袖给扯断了。可以说，是案几救了秦王，因为小桌子的隔挡，让他躲过了荆轲最有威胁的第一击。

荆轲有武器,但匕首太小,一定要近距离攻击才能击中。大殿之上,目瞪口呆的大臣们谁都没武器,只有秦王嬴政自己有一柄佩剑,这柄佩剑太长了,秦王拔了几下都没拔出来。剑没拔出来,荆轲已跳过案几,猛追过来。秦王撒腿便跑,往哪跑呢?殿里有几根大柱子,他绕着柱子跑,荆轲边追边戳,但都没刺中。

倘若不是秦舞阳临阵胆怯,两个打一个,秦王嬴政无论如何也难逃一劫。只是任何一个微小的细节都可能改写历史,没有这些细节,历史就没有真实性了。

秦王绕着柱子跑,荆轲绕着柱子追,其他大臣在下面吓得没有人色,谁也没敢挺身而出,因为谁身上都没有带武器。有一位侍医,名唤夏无且,他往身上一摸,腰间别着一个药囊,赶忙扯下来,朝荆轲身上掷去。荆轲见有暗器飞来,一闪身躲过,但是别小看这一眨眼的时间,因为荆轲这一迟滞,秦王得以把剑拔出来了。

长剑是别在腰间的,习惯性的拔剑动作,当然是右手按住剑柄,从右上方拔出。不过秦王绕着柱子跑,身体本就前冲,手臂也不舒展,右手要从右前方拔剑就十分困难。有大臣大喊:"王负剑,王负剑。"

古文就是有古文的妙处。"王负剑"仅三个字,现在要十几个字才能表达,意思是:大王从背后把剑拔出来。那一刻,时间就是生命,能用三个字表达的,绝不用十个字。秦王趁荆轲躲避药囊那片刻时间,把剑推向背后,右手往肩后一抄,抓住剑柄,向上一拉,利剑出鞘了。

在我们印象中,刺客都是武功深不可测的奇侠,其实不然。历史上许多著名的刺客,武功平平,他们之所以名扬天下,靠的乃是勇气而不是武功。荆轲的武功很一般,他既不懂得空手入白刃的功夫,也不会降龙十八掌之类的套路。他用匕首对抗长剑,马上落入下风,被秦王一剑砍在左腿上,一个趔趄,摔倒在地。

出其不意的袭击,他未能击中秦王;以匕首对徒手,他没能抓住秦王;如今他身中一剑,自知没机会了,只能把匕首奋力向秦王掷去,只要锋利的刀锋在皮肤上划出一丝血迹,秦王也会中毒身亡。只可惜,投出的匕首没飞向秦王,而是飞向铜柱,"叮当"落地。秦王乘机冲上前,在荆轲身上连刺八剑。

荆轲坐在地上,浑身血流如注,冲着秦王惨笑道:"我之所以失手,是想要把你生擒，逼迫你签订条约。"或许我们可以这样猜想，在行刺的那一刻，荆轲仍持有侥幸的心态，若是劫持秦王可能是双赢的结果，也是他唯一能生还的机会。只是，幸运之神并没有光顾他，刺秦行动最终以悲壮的方式失败了。

勃然大怒的秦王唤来卫兵，把荆轲乱刀砍死。

荆轲刺秦王是中国历史上最著名的刺杀案，最终以失败告终。

这是一次策划严密的刺杀行动，整个计划几乎滴水不漏。为了这个计划，前后死了许多人，包括田光、樊於期、荆轲、秦舞阳等人，牺牲巨大，可惜最后功亏一篑。后世诗人陶渊明曾这样叹息道："惜哉剑术疏，奇功遂不成。"把刺秦失败的原因，归于荆轲剑术水平欠佳。我们歌颂荆轲以弱击强、刺万乘之君若刺褐夫的大无畏精神，同时也应看到，即便刺杀秦王嬴政，燕国也无法挽回败局，秦国的强大并非嬴政一人之原因，而是数代上百年积累的结果。

从现实的角度看，荆轲刺秦王是无意义的冒险；但从文化的角度看，则有极为深远的影响，他成为一个反抗暴君、反抗暴政的文化符号。后世文人写了大量咏荆轲的诗篇，列举一二如下："此地别燕丹，壮士发冲冠。昔时人已没，今日水犹寒。"（骆宾王《易水送别》）"陶潜诗喜说荆轲，想见停云发浩歌。吟到恩仇心事涌，江湖侠骨恐无多。"（龚自珍《己亥杂诗》）

刺秦的失败，直接导致秦对燕国的用兵，加速了东方诸侯的覆灭。

三九 / 东方诸侯的覆亡

咸阳宫遇刺，是秦王嬴政一生所经历过的最为凶险的一幕。这使他更加相信，自己的敌人太多了，如果不灭掉东方诸国，他将永无安宁之日。韩、赵的历史已被终结，秦国战车滚滚向东，要碾碎每一寸反抗的土地。

（一）燕、代的灭亡

燕国是"刺秦案"的始作俑者，理所当然成为秦王嬴政的首个报复目标。尽管秦王被荆轲的惊天一击吓得肝胆俱裂，但他并非一无所得，他得到了一张珍贵的燕国地图，有了这张地图，要拿下燕国就容易多了。

公元前227年，驻扎在燕国南部边境线上的秦军部队在王翦、辛胜的统领下，越过国境，进攻燕国。燕王情知这一战无可避免，遂与代王赵嘉联合，试图阻击秦国于易水河西。在强大的秦军团面前，这条防线形同虚设，很快被王翦击破。代王赵嘉北遁，游击于穷山恶水之间，燕师则东撤以避敌锋芒。

经数月扫荡，王翦已兵临燕都蓟城之下。老迈的燕王无心恋战，把首都守备交给太子丹，自己远走辽东。太子丹本非雄才伟略之人，如何对付如狼似虎的秦军？很快蓟城失陷，太子丹只好带着残兵败将，向辽东方向撤退。秦军悍将李信亲自率数千骑兵，一路穷追猛打，追击太子丹至衍水河畔。此时燕、代高层均认为战争完全是太子丹策划暗杀秦王引起，只要太子丹不死，秦军便不会停止进军。

在众人的压力之下，燕王只得含泪处死太子丹，持其头颅向秦国请和。

太子丹的人头让燕、代两国多苟延残喘四年，然而，该来的总是会来的。公元前222年，魏、楚先后灭亡后，秦王嬴政把铲除燕、代政权的重任交给王翦的儿子王贲。虎父无犬子，王贲不负所望，对燕国的残余力量发动雷霆一击，一举攻陷辽东，俘虏燕王喜，燕国灭亡。紧接着，王贲挥师入代，势如破竹，击破残赵兵团，俘虏代王赵嘉，赵国之流亡、代政权亦宣告瓦解。

（二）魏国之亡

秦灭魏之战，毫无悬念可言。

自魏安釐王及信陵君死后，魏国国力一落千丈。公元前242年，秦国大将蒙骜攻魏，取二十座城，置为东郡。四年后，秦国大将杨端和连克垣、蒲阳、衍氏诸城，进逼魏都大梁，魏王只得割地投降。此时的魏国国土，仅剩下大梁城及周边一些地方而已。

公元前225年，秦将王贲挥师入魏，围攻大梁城。这座战国时代著名的城堡坚持了三个月之久，为了攻破大梁，王贲决黄河及大沟水淹城。魏军为最后的荣誉而战，最终城墙在洪水的浸泡下轰然倒塌一段，秦军乘机杀进城，俘虏并杀死魏王，魏王的小儿子去向不明。

斩草务必除根。秦王嬴政下令："有捕获魏公子者，赏金千斤；敢于藏匿者，诛九族。"乳娘带着魏公子逃往沼泽地，最终仍被旧臣出卖。秦军追至沼泽，包围魏公子所在的茅屋，乱箭齐发。乳娘身中十二箭而亡，仍未能保住魏王之血脉，小公子被射杀后，又被砍下头颅、拿去请赏了。

继韩、赵之后，三晋中硕果仅存的魏国也被轻轻从地图上抹去。

（三）楚国之亡

在秦灭六国之役中，除了赵国之外，楚国是最硬的骨头。楚国是军事大国，却难称军事强国。在最鼎盛时，楚国曾经拥有一百万军队，但是对外战争表现平平。但俗话说，"瘦死的骆驼比马大"，楚国虽是瘦死，国土仍相当辽阔，军队数量也很庞大，要打败它容易，要征服它并不容易。

公元前226年，在秦将王翦、李信发动伐燕之战的同时，秦王嬴政派出一支部队，由王贲指挥，对楚国发起试探性的进攻。王贲有乃父之风，骁勇善战，连破楚城十余座，威震大江南北。王翦、李信班师回朝后，秦王决定一鼓作气，灭掉楚国。

灭掉楚国需要多少兵力呢？

少壮派将领李信说："只需二十万就够了。"

老成持重的王翦却答说："非得六十万不可。"

秦王一听，老家伙老矣，不求进取，看来伐楚之战得让勇猛过人的李信指挥。王翦意识到秦王对自己已产生不信任感，索性急流勇退，以疾病缠身为由，申求退休。秦王顺水推舟，同意王翦的辞呈，解除其兵权。李信被任命为伐楚兵团总司令，名将蒙骜的儿子蒙武为副将，领兵二十万，杀气腾腾猛扑楚国。

楚军的战斗力果然低下，在李信兵团的打击下，溃不成军。秦军连战连胜，兵分两路，李信进攻平舆，蒙武进攻寝丘，两路大军都捷报频传。李信挟胜利之威，进攻新郢都（寿春），并一鼓作气夺下来。

表面上看，楚师大败，秦军凯旋在望。然而，不久后，李信开始力不从心了，因为楚国士兵太多了，杀了一批又冒一批出来；楚国土地太大了，占了这一片土地，放眼望去还有无垠的土地。二十万人根本不够用！只要楚国不投降，总有一天，秦军会被拖垮的。原本信心满满的李信开始动摇了，是继续向东挺进，还是向西撤退，收缩战线呢？为了确保安全，他决定后撤，与蒙武的部队会师，再作定夺。

李信想后撤，楚军正酝酿着反击。领导楚军反击的人，可能是项燕，他是战国历史上少数可值一提的楚将，也是盖世霸王项羽的祖父。李信做梦也不会想到，被打得落花流水的楚军居然还能展开强有力的反攻。当一个国家陷入生死存亡之时，爱国主义精神总能激发出前所未有的潜能。楚军连破李信与蒙武的营垒，秦军死伤无数，仅是都尉级的高级军官便被杀七人。

李信吹牛也吹得忒狂妄了，以为区区二十万之众可以踏平楚国，最后只得自取其辱，灰头土脸地败退回国了。

惨痛的失败终于令秦王嬴政清醒了。

姜还是老的辣，打仗不是凭一时之勇，而是"多算胜，少算不胜"，王翦比李信保守，是因为他"算"得更多。看来灭楚一事，还得请老将军王翦出来才行。秦王亲自跑到频阳王翦家中拜访，希望他担负起灭楚的重任。

王翦推托身体有病，不愿意重出江湖。为什么呢？他有自己的担心。自统一六国之战拉开帷幕以来，王翦、王贲父子伐赵、攻燕、破魏，功勋远在他人之上。该有的名誉都有了，功劳越大，权力越大，只会令君王猜忌心、防患心更强罢了。可是，"武皇开边意未已"，王翦遇到的是妄想征服世界的野心家，只要天下尚未平定，秦王是不可能把他搁在一旁的。

秦王嬴政斩钉截铁、以不容反驳的语气说："这事我决定了，将军不必多说。"这种说话的口吻，就如同当年秦昭王对白起的最后"通牒"。白起的下场，王翦是晓得的，因此他除了接受任命，别无办法。

逃是逃不开的，王翦便说："若定要用老臣，非六十万人不可。"

没问题，就算是死六十万人，秦王也不会放在心上。

王翦重披战袍。在战国诸名将中，王翦是最聪明的人之一，他不但会打仗，也善于保全自己。一名将军，在战场上是一柄利剑，是君王豢养的猎犬，等到哪天不用了，就是"兔死狗烹"，这也是中国历史上所常见的。大家想想，王翦手握六十万军队，要是造反，秦王能吃得消吗？因此，秦王表面上重用王翦，心里却又不能不防着，这是君王的矛盾心理。

若王翦在前线卖力作战，背后有人诬他造反，秦王就算不信也得信。君王宁可错杀，也不愿自己冒风险。

临出征前，王翦提了一个特别的请求：他看中了一些良田大宅，希望秦王赏赐给他。秦王不禁大笑，你若灭了楚国，还怕没有豪宅可住吗？他对王翦这样的请求感到不可思议。军队出发后，王翦竟不死心，先后派五人，到秦王那儿落实封田赏地的事。

老将军怎么这样小心眼？部将们也很纳闷。王翦对众人说，秦王多疑，又把举国之兵交给我，岂能不猜疑、提防我？我讨取田宅，作为子孙的家业，是表明我志止于此，没有野心。众人听了皆大服，这就是所谓"求田问舍"的政治智慧。

公元前 224 年，秦军再度杀入楚国。

遭到秦国多次打击后，楚国的兵力远比入侵者人数少。王翦手握六十万大军，并不长驱直入，而是稳扎稳打，步步为营，推进到平舆一线。楚王负刍与大将项燕且战且退，他们都明白，最终还是避免不了一战。与其被动决战，不如主动求战，这一战将直接关系到楚国的生死存亡。

王翦仍旧不慌不忙，部将们都主动请缨，老将军不批准，只是构建漫长防线，只守不攻。项燕派军队前来叫阵，王翦不予理睬，只令士兵们轮流休整，以保持旺盛的斗志与体力。楚军求战不得，统帅部作出一个致命的决定：放弃与秦军对峙，悉数东撤。原本楚军将士做好拼死一战的准备，现在还没开打，突然便要撤了，难免引起军心动摇。王翦觑准了机会，果断下令出击。

双方在蕲南展开决战，以逸待劳的秦军大获全胜，在此役中俘虏楚王负刍，楚军遭到毁灭性的打击。

若是换成别的国家，国都被端了，国君被俘了，早就举旗投降了。然而，在存亡时刻，楚国忽然迸出勇敢的火花，大将项燕迎回昌平君，立为楚王，抗战的旗帜仍迎风飘扬。

昌平君本是楚国公子，因楚国内乱逃往秦国，在秦平叛嫪毐之乱时曾立过功。公元前 226 年，被秦国灭亡的韩国掀起复国运动，昌平君似乎参与了这次运动。韩国复国运动被秦国镇压下去后，昌平君辗转回到楚国，参加反秦战争，被项燕立为新的楚王。

残余的楚国抵抗力量在昌平君、项燕的领导下，在淮南继续抗秦。不过，这种抵抗象征意义大于实际意义。在秦军的步步紧逼下，他们的处境日益恶化。

公元前 223 年，王翦、蒙武对项燕残余兵团发动大规模围剿。这也是楚国最后一次抵抗，最终难逃全军覆没的下场。在这场战事中，楚王昌平君力战而死，至于项燕，有的史书称他是自杀而死，有的史书称他被秦军俘虏后处死。项燕死后，他的儿子项梁、孙子项籍逃走了，浪迹天涯，后来成为反秦战争的重要人物。

（四）齐国之亡

东方六雄中的韩、赵、魏、楚、燕先后败亡，山东诸侯中硕果仅存的只有齐国。齐国之所以比其他诸侯国活得久一点，只是因为它的地理位置最东。

自从乐毅伐齐后，齐国便从顶峰重重跌落，甚至险些亡国。田单复国后，两任齐王不思进取，对外奉行不结盟政策，从不参加东方合纵运动，以避免激怒秦国。齐国既"不助五国攻秦"，同时又"不修攻战之备"，摆样子是想当个永久中立国。尽管这一政策颇为消极，却为齐国谋得四十多年的和平。

问题是，齐不助五国攻秦，不等于秦国不会来攻。眼看东方其他五国都被消灭了，中原只剩下一个超强秦国与一个弱小的齐国，齐王还能有机会与秦王平起平坐吗？当然不可能！

齐国宰相后胜本就是个亲秦派，他建议齐王建，不如直接到咸阳朝见秦王，当个附庸国，这样国家还是保得住的。齐王建又不是什么英雄人物，听完后深以为然，便准备动身前往咸阳。岂料守卫首都雍门的司马发动兵变，阻止齐王前往投降的企图，没办法，齐王只得龟缩在临淄城内。

此时，秦王派遣使者陈驰入齐，许诺齐王建：若不战而降，将封赏五百里之地。对于齐王来说，有五百里之地养老，比起其他诸侯王也算幸运了。此时再不降，更待何时？他不顾众人的反对，一意孤行，举国投降。秦军兵不血刃开进临淄城，东方最后一个诸侯宣告灭亡。

齐王建的下场真的比其他诸侯王要好吗？

并非如此。

正所谓"卧榻之旁岂容他人酣睡"，齐王不死，秦王不安。狡诈的秦王耍了花样，他把齐王流放到一片荒凉之地，此处没有人烟，只有松树与柏树，至于有没有五百里，鬼才知道。这就是所谓的封地，齐王建在这片近乎原始的丛林中，没的吃没的穿，活活饿死。早知如此死法，倒不如脖子来上一刀痛快呢。

从公元前230年秦灭韩国，到公元前221年秦灭齐国，灭六国之战总共只用十年，可以说是摧枯拉朽。

这是中国历史上第一次真正意义上的统一。

一个强大的帝国在战争的废墟上诞生了。此前的夏、商、周三代都是诸侯分封制，中央政权相对来说是比较脆弱的，这也是列国征伐不休的原因。那么这个新帝国将采用什么办法，保持中央高度集权呢？雄才伟略的秦王嬴政，将如何深刻影响中国未来的政治制度呢？

四十 / 始皇帝及其帝国

秦从一个周的附庸国开始，历时数百年，最终取代周室，扫灭群雄，一统中原，其事业不可谓不伟大。秦的兴起，见证了春秋战国时代经济、政治制度、军事技术的迅猛发展。先前的夏、商、周三代，虽有统一之名，但无统一之实，原因很简单，以当时的经济、技术条件，中央政权无法长期、大规模对外用兵，故而地方之实权操诸诸侯之手，诸侯有自己的财政权与军队，足以同中央政权分庭抗礼。到了秦统一六国之时，秦之军队，可以有效地对数千里之外的反叛力量发动毁灭性的打击，这背后显然有经济及技术进步之支持。

统一六国，是嬴政最伟大的事业，在他之前，没有人取得过如此辉煌的成就。然而，这功劳又不独嬴政一人所有，而是与他之前的诸位明君的奋斗分不开，只是嬴政比较幸运，站在前代伟人的肩膀上，以高屋建瓴之势，冲决天下。运气固然重要，个人能力也不可低估。嬴政即位后，内有吕不韦擅权、嫪毐之乱，外有荆轲之刺杀，亦可谓如履薄冰。他意志坚强，以强有力的手段维系独裁；他知人善任，善于纳谏。郑国本韩之间谍，他能不计前嫌，终开通郑国渠，造福关中；李斯本一客卿，他能抛弃成见，废除逐客令；王翦为一代名将，他能委以重任，知错便改，亦可衬其胸襟。

六王毕，四海一。其他王都不在了，只剩下一个秦王。

"王"这种尊号，对嬴政来说，实在太小了，不足以衬其大。自己的成就，超过夏、商、周任何一位王，怎么还可以用"王"的称呼呢？说白了，他的虚荣心在作祟。他把丞相、御史、廷尉等高级官员召来，说道："寡人以眇眇之身，兴兵诛暴乱，赖宗庙之灵，六王咸伏其辜，天下大定。今名号不更，无以称成功、传后世，其议帝号。"

在嬴政看来，更改尊名是为了"称成功、传后世"，他要的不仅是今世的名，也要让后世传颂其不朽的、伟大的业绩。孔子不是说要"正名"吗？似乎没有尊号,他的伟大将很快被遗忘似的。

要用什么新的尊号呢?自有一群刀笔吏绞尽脑汁,当作一项重要政治任务来抓。丞相王绾、御史大夫冯劫、廷尉李斯亲自参与,讨论来讨论去,最后选了一个名字:泰皇。泰皇是什么意思呢?中国古代有"三皇五帝"的说法,其中"三皇"是哪三皇,有不同说法,一种说法认为是天皇、地皇、泰皇。泰皇就是人皇,人中之最尊贵者。

这群马屁精上表,吹嘘秦王"德兼三皇,功盖五帝",宜上尊号为"泰皇"。秦王一听,有些不太满意,他亲自改了一个字,保留"皇"字,加一个"帝"字,合称"皇帝"。这一改动,使"皇帝"这个称号沿用了两千多年,也算是嬴政对中国政治文化的一个贡献吧。

嬴政是第一个皇帝,故而称为"始皇帝",又称"秦始皇"。在秦始皇看来,他的帝国将万世不灭,以后的皇帝,就叫秦二世、秦三世,乃至千世、万世,传之无穷。

新的帝国,万象更新,不仅尊号要改,其他称呼也要改。皇帝发的命令要称为"制"或"诏",以前"命"与"令"是不同的,"命"是发布与制度有关的政令,故改称为"制"或"制书";"令"是皇帝昭告天下的文书,故称"诏"或"诏书"。皇帝自称为"朕",这个字别人统统不能用。其实,在先秦,"朕"相当于今天的"我",谁都可以用,自秦始皇后,"朕"便成了皇帝专用词。

当然,皇帝不可能一个人管国家,他需要一帮大臣。定完皇帝尊号后,便定百官之制。皇帝之下设三公:丞相、御史大夫、太尉,分管政务、监察、军事,是中国特色的三权分立。三公之下设九卿,分别是:奉常、郎中令、卫尉、太仆、廷尉、典客、宗正、治粟内史、少府。这就是"三公九卿",对后世官制产生重大影响。

新帝国争议比较大的一件事,是要采取分封制,还是采取郡县制呢?

丞相王绾与廷尉李斯在这个问题上见解不同。

王绾认为:"燕、齐、楚等地距离较远,倘若不设置封王,难以统治,应该立诸皇子为王,坐镇远疆。"

李斯则批驳说:"周王朝成立时,文王、武王大肆分封子弟,随着时间的推移，封王们的后代血缘愈加疏远，互相攻击，如同仇敌，诸侯混战，天子没办法禁止。如今赖陛下神明，一统海内，四海之地皆为郡县，至于诸皇子以及功臣，只要从国家赋税中拿出一部分赏赐就足够了。如此一来，天下就没有人对朝廷有异心，这是安邦宁国之术，不应该再分封诸侯。"

在这一点上，秦始皇亦颇有主见，他说："天下初定，又复立国，是树兵也，而求其宁息，岂不难哉！"于是同意李斯的想法，仍保留郡县制，废除分封制。

改分封诸侯制为郡县制，加强了中央集权，无疑是制度之一大创新。不过，这种制度也不能称得上尽善尽美，不久后便暴露出巨大的问题。当地方叛乱兴起时，地方官吏对朝廷的忠心，显然比不上自家子弟。作为一种新的制度，郡县制避免了诸侯分封带来的相互杀伐以及中央政权的旁落，但是这毕竟是崭新的制度，对可能到来的危险，非朝廷所能预见。后来汉取代秦，索性采取分封与郡县的混合制度，这种制度仍然有问题，导致后来七国之乱，地方诸侯与中央的战争。汉武帝推行"推恩令"，把封国最大限度弱小化，诸侯不复成为朝廷的威胁，不过仍未能彻底解决问题。由于封国太弱，又致使王莽篡汉时，朝廷没有藩王作为外援，最终覆灭。其实，这里所涉及的问题，已经不是秦始皇推行郡县制是否合理，而在于君主专制的国家有一道迈不过去的坎，这是一个很复杂的问题，这里就略过不提了。

秦国将全国分置为三十六郡，后来陆续征服一些新的土地，再置四郡，共四十郡。每郡主要长官有郡守（掌政务）、尉（掌军事）、监（掌监察）。郡以下设县，万户以上的县设县令，万户以下的县设县长。郡、县长官均由皇帝直接任命，不设世袭。

秦统一中国后，实施统一的货币、度量衡、文字标准，此举意义重大。

在春秋战国五百多年的历史里，由于诸侯林立，争战不休，各国都发行自己的货币，样式五花八门，大小、轻重各不相同，给不同地区间的货币流通交换造成极大的麻烦。古代货币与今天不同，金、银、铜、珠玉、龟贝等都曾具有货币职能。秦统一后，只保留两种，即黄金与铜，其中黄金为上币，铜为下币，其余银、锡、珠玉、龟贝等只作为装饰品，不再具有货币属性。铜采用的是方孔圆钱，每币重半两，又称为半两钱。秦国采用方孔圆钱的形式，成为后代中国铜钱的标准样式，使用两千年之久。

战国时代各国的度量衡制也不同。各国都使用"丈""尺"这些长度单位，长度却各有差异。秦国从商鞅变法开始，就推行全国统一的长度单位，故而秦国制造的兵器是比较标准化的。在一些内政相对混乱的国家，比如楚国，同样"尺"的单位，在各地也是有不同的，这种标准化的缺失，也可看出这些国家不如秦国的一面。

与长度单位相比，量度单位的差异更大。秦以升、斗、斛为单位，齐国以升、豆、区、釜、钟为单位，赵国以斗、升、分、益为单位，等等。而同样的"斗""升"，在不同地区的实际容量也是不同的。重量单位同样如此，五花八门，令人头昏脑涨。

秦国制造标准度量衡器，推广全国，根据现在的考古发现，表明秦国各地的度量衡器都是一致的，这种统一大大方便了百姓的日常生活，功德无量。

文字的统一具有深远的意义。

战国时代的文字就如同今日之方言，各个地方都不同。大家想想，这对普及文化来说，是一件何等困难之事。虽说文字出于同源，但写起来都有所不同，不易辨认。秦始皇着令李斯等人以秦国文字为基础，制定小篆，并写成范本。小篆是由大篆演化而来，笔画更加简单而均匀，易于识别。为推广小篆，李斯、赵高（中车府令）、胡毋敬（太史令）等人分别编写《仓颉篇》《爰历篇》《博学篇》以为范本。

文字是文化的基础，统一文字，其功绩是伟大的，其影响是深远的。自秦以后，中国在两千多年的时间里分分合合，无论是统一或是分裂，"大一统"的思想深入人心，其重要原因就在于即便是分裂，文化也没有分裂，文字也没有分裂。文字作为思想文化的载体，文化又深刻影响经济、政治的方方面面。因此，只要使用的文字相同，说的话相同，中国最终都会走向统一。

统一后的中国，自然打破以前诸侯割据时的界线，道路交通也随之得到迅猛的发展。秦王朝仍定都咸阳，在地理位置上偏西，在古代没有电话、手机、互联网这些通信工具的条件下，信息只能靠人来传递，因此道路必须通畅快捷。

公元前220年，秦政府以咸阳为中心，兴修"高速公路"。秦时的"高速公路"称为驰道，顾名思义，就是马匹可以高速奔驰的通道。最重要的驰道有两条：一条通往齐、燕，一条通往吴楚。秦的驰道，与今天的高速公路一样，都是封闭式的，这样马车才能高速行驶。史料称："道广五十步，三丈而树，厚筑其外，隐以金椎，树以青松，为驰道之丽至于此。"就是说，驰道宽度是五十步，每隔三丈便有植树，两旁筑起厚墙，还加有金属物以坚固，两侧植种青松。这个工程不仅浩大，而且壮观。

在咸阳以北，修有直道，直达九原郡，这也是秦重要的交通线。这条直道具有重要的军事价值，全长一千多公里，用于防御北方匈奴骑兵。一旦北方有警，秦的军队可通过直道快速抵达前线。如此浩大的工程，竟然是完工于两千年前的秦国，这不由得令人钦佩秦人的雄心与智慧。

有了四通八达的道路交通网后，秦国还统一车轨，规定轨距离为六尺，即所谓的"车同轨"。不过，现在一些史学家、考古学家对"车同轨"提出不同的看法。在河南南阳山区的考古中，发现秦时的"轨道"。轨不是现在火车开的铁轨，而是木轨，车子当然也不是火车，是马车。既然是轨道，车轮当然也与普通的马车轮不同，而是类似于火车轮，能够卡在轨木上，这样子马车高速行驶时，车轮不至于滑出。也就是说，秦国不仅创造了类似于高速公路的"驰道"，而且可能还是类似火车的轨道交通。这些细节，对我们理解秦之伟大，实有重大意义。

四一 / 开边与遇刺

征服六国后，秦始皇意犹未尽，他还要锦上添花。

在中国东南及广阔的南方，这里文化落后，民风强悍，又称为"百越之地"，这里生活的人又统称为越人。

公元前221年，秦始皇挟灭六国之威，派尉屠睢统率五十万大军，兵分五路，大举进攻东南与岭南，先后征服瓯越、闽越等。然而，在征服岭南时，秦军却遇上大麻烦。一方面南方多河流，且山深林密，士兵容易染疾，后勤补给跟不上。另一方面，岭南这些越人十分骁勇，《淮南子》一书曾这样写："越人皆入丛薄中，与禽兽处，莫肯为秦虏。"他们过惯自由的生活，现在有人想统治他们，当然得奋起反抗。在越人英勇的抵抗下，一向战无不胜的秦军竟然吃了大亏，"夜攻秦人，大破之"，"杀尉屠睢，伏尸流血数十万"。说秦军死了数十万，这夸张了，但秦军久战无功，却是事实。

要解决南方战事，就得解决运输问题。

为了解决这个问题，秦始皇想到用水运的方法，沿着河流用船运输。只是长江水系与南方珠江水系并不相通，总不能让将士们抬着船只，翻过山走水路吧。怎么办呢？

秦国的水利工程技术极其发达，这从都江堰、郑国渠的修建就可看出。为了打通长江水系与珠江水系，秦始皇派史禄主持开挖灵渠。

那么，要选择在哪下手呢？史禄经过考察后，找到两条水系距离最近的一处。长江支流湘水与珠江支流漓水相距很近，从这里开挖一条运河便可连接两河。理论上简单，实际操作却非常复杂，因为两条河流的高差不同，而且这条运河的目的是运载物资与粮食，航行一定要平稳，因此有许多工程细节必须逐一论证。如何分流，如何排泄汛期的洪水，这都大有学问。

经过三年多的艰苦建设，灵渠终于顺利开通，这是中国水利工程史上的又一杰作，长江水系与珠江水系由是得以通航。

公元前214年，灵渠通航后，秦始皇再次发兵攻打南越。这次军队的主力并不是正规军，而是一群贱人，主要是逃亡者、赘婿者以及商人。大家想想，现在商人多牛哇，不过在秦朝时，商人是没地位的，秦国的立国思想一直是重农而抑商。至于入赘为婿者，在古代也是很倒霉的，被人瞧不起，没社会地位。

有了源源不断的后勤补给，征服南越并不难。越人虽悍勇，但没有强有力的政权，很容易被秦的优势兵力一一击破。

在秦的铁拳之下，南越被征服，分置为桂林、南海、象郡三个郡。秦始皇把国内五十万个罪犯迁移到岭南，与越人同居。

开通灵渠期间，秦还发动对匈奴的战争。

攻打匈奴的起因甚为荒唐。秦始皇这个人特迷信，有个江湖术士名叫卢生，出海回来后，做了一个神秘的预言："亡秦者胡也。"始皇帝一听，胡不就是胡人吗？胡人是中国对北方游牧部落的统称，主要有匈奴、东胡、月氏等，对中国威胁最大的当属匈奴。在秦灭六国之前，匈奴曾多次袭扰赵国北边，后来被李牧包了饺子，才不敢南下。后世认为，卢生预言中说的胡，其实是秦二世胡亥，而不是胡人。不过天机哪里是秦始皇所窥得破的，他派大将蒙恬发兵三十万，攻打匈奴。

公元前215年，蒙恬北伐，势如破竹，一口气把匈奴人赶出河南地。次年，蒙恬又夺取河套以北的阴山地区，设四十四县，置九原郡，在黄河沿岸修筑城池要塞。之后，蒙恬又渡过黄河，攻取高阙、阳山、北假等地。由于匈奴是个游牧民族，居无定所，来无影去无踪，很难深入进攻，却又不得不防。

为防匈奴南下，秦始皇征发大批人力，修筑长城防线。秦长城西起临洮、东至辽东，蜿蜒万里，故而称为万里长城。但是这个万里长城，与现在的万里长城其实不是一回事，因为秦长城早在历史的风沙中损毁殆尽了。蒙恬主持修筑的长城，是在战国时代秦、燕、赵三国长城的基础上，缀连而成，也并非完全新建。

蒙恬北伐匈奴，大大削弱了匈奴的力量。匈奴的两个邻国，即东胡与月氏日臻强盛，为了夺回河南地，头曼单于多次反扑，均被蒙恬打败，无奈之下，他只得迁往荒凉的北地。后来，头曼单于的儿子冒顿单于灭东胡、破月氏，围汉高帝于平城之下，成为匈奴盖世英雄，这已是秦灭亡后的事，此处略过不表。

"胡人不敢南下而牧马"，这是秦帝国强大的写照。蒙恬驻守北疆十余年，威震匈奴。由于功劳赫赫，秦始皇对蒙氏家族尊宠有加，蒙恬的弟弟蒙毅也位至上卿，出则参乘，入则御前。兄弟两人风光无限，蒙恬统兵于外，蒙毅则在朝中为皇帝出谋划策，两人位高权重，都是忠信之臣，其他将领，谁也不敢与蒙氏兄弟争风头。

秦始皇有一种无限的权力欲，要把天下人都踩在脚下。只是彼时战国刚刚结束，战国时代的武士血性犹存，那是一个"刺万乘之君若刺褐夫"的时代，总有勇敢者挺身而出，不惧安危，以血相抗。秦始皇是中国历史上遇刺最多的皇帝之一，前有荆轲之击，后又有高渐离、张良的刺杀行动。

高渐离是荆轲的好友，当年在易水河畔两人击筑而歌，其风采至今仍令人倾倒。咸阳宫那惊天一击，成为秦始皇一生挥不去的阴影，到他吞并六国后，仍全国通缉太子丹与荆轲的门客旧识。与太子丹、荆轲有旧的故人们纷纷逃走，隐姓埋名，高渐离也不例外，他改了姓名，给人家打工以维持生计。

有一天，高渐离干完活，疲惫不堪，正想休息时，却听得主人家来了个客人，正在击筑。一听到自己久违的筑音，他立刻来精神了，站在门口细细倾听，舍不得走。听到击得好的地方，他便略为赞许，听到击得不好的地方，他又轻轻摇头。门外的侍者很奇怪，便上前问他，他说："筑的声音有好也有不好。"侍者便把高渐离的话告诉给主人说："这个人还懂得音乐，私下里还评论一番。"

主人也是个音乐爱好者，听侍从这么一说，便唤来高渐离，让他进屋击筑。筑是一种类似琴的管弦乐器，有十三根弦。但是筑与琴区别很大，琴弹奏起来淡雅，而筑则是高亢激越。有这个击筑的机会，高渐离当然不会放过，他的水平比起客人可高多了，众人不禁齐声喝彩，主人也很高兴，赏酒给他喝。

音乐让高渐离想起了朋友荆轲，想起当年"壮士一去兮不复还"的豪情与悲壮。突然间，他觉得自己活得太窝囊了，苟且偷生，算什么英雄好汉？人还在，魂却没了，音乐也没了，他活着只不过是行尸走肉罢了。不行，我要做回自己！想到这里，他回到住所，从尘封已久的匣子中取出自己心爱的筑，换了一套好衣服，梳理整齐后又回到堂中。在场的各位看到高渐离像是突然变了个人似的，满座皆惊。主人也隐隐意识到此人定有来历，不敢以下人待之，赶忙上前行礼，推为上宾。高渐离以自己的筑演奏，全身心投入，边击边歌，心中的豪迈与悲怆之情，交织在筑声与歌声之中。这筑声与歌声，非经历坎坷者不能为之，所有人听罢早已是泪流满面。

很快，高渐离的名气闻于当地，秦始皇知道有这么个音乐家，便召入朝中为其奏乐。不巧的是，高渐离被人认出来了，并密告给秦始皇说："他就是荆轲的好友高渐离。"秦始皇颇为惜才，觉得杀之可惜，便弄瞎他的眼睛，让他继续留在宫中奏乐。听过高渐离击筑的人，莫不称赞他的音乐天才。起初，秦始皇对高渐离有提防心，听音乐时离得远远的，后来便放松警惕，让他近前奏乐。

高渐离在筑中安放一铅块，打算击杀秦始皇，为朋友复仇。当秦始皇召他奏乐时，他奏到一半，忽然举筑向皇帝砸去。可惜的是，他的眼睛瞎了，没有准头，这一击三不沾，没砸中。秦始皇大怒，遂诛杀高渐离。从此以后，这位暴君一辈子都不再接近东方六国的遗民。

高渐离刺杀失手，仍有人前仆后继。

张良本姓韩，是韩国公子，他的祖父、父亲都曾担任韩相。韩国灭亡时，张良还年少，改名换姓，躲避秦国的搜捕。为报国仇，他散尽家财，招募勇士，密谋刺杀秦始皇。要怎么刺杀呢？他不像荆轲、高渐离那样有机会接近秦始皇，只能远距离刺杀。有没有机会呢？应该说有，因为秦始皇喜欢出巡，只要出了皇宫，就有机会下手。不过皇帝出行乘坐马车，倘若用弓弩伏击，效果不好。皇帝的马车是有防护的，远远地射箭，就算射到也是强弩之末，不能穿缟素，除非射中要害，否则皇帝也死不了。

他想来想去，得用重型武器：大铁锤。于是他造了一把大铁锤，重达一百二十斤，只要砸中皇帝的马车，一百多斤的重量泰山压顶，必是车毁人亡。不过又有一个问题，这么重的铁锤，扔的距离就不远。要行刺，非得找一个神力王不可。他多方寻觅，终于找到一个大力士，天生神力，扔铁锤像扔鸡蛋一样。

公元前218年，秦始皇又一次东巡。皇帝东巡排场很大，张良事先侦知其线路，便在皇帝必经之地博浪沙埋伏起来，找了一处最好的地形，居高临下，视野好，易伏击，方便撤退。秦始皇的车队来了，进入伏击距离后，大力士抡起大铁锤，朝着前下方一辆华丽的马车砸去，一锤把马车砸得稀巴烂。

秦始皇死了没？没有。因为大力士一时有点慌乱，认错车了，把副车当作皇帝的座车。当然，也有一种可能，是砸偏了，史书也没交代清楚，反正没砸中皇帝的座车。一个大铁锤从天而降，虽没被砸中，秦始皇也被吓坏了。他马上吩咐卫兵们捉拿刺客，当卫兵冲上山顶时，张良等人早已逃得无影无踪了。皇帝大怒，诏令天下大搜，十天过去了，仍然一无所获。张良隐姓埋名，藏匿于下邳，躲过一劫。

这次刺杀虽未成功，但足见张良的机智沉勇。后来，他协助刘邦，推翻暴秦政权，终于得以报灭国之深仇大恨。

除了这几次遇刺外，秦始皇还有一次遇险。

那是在博浪沙遇刺后两年，即公元前216年，秦始皇微服出行，在咸阳城附近瞎逛。应该说，秦始皇还真不是一般的人，一大群人马出行都遇刺，他还敢微服出行，可见他颇有勇气。这次出行，他只带了四名贴身武士。岂料晚上行至兰池时，忽然杀出一伙强盗，不知是想抢劫还是杀人越货。强盗们当然不知秦始皇的身份，还以为是什么富家子弟，遂围了过来。四名贴身武士拔剑相迎，所幸强盗人数不多，而这四名武士个个武功盖世，很快杀个片甲不留。

只能说秦始皇运气不错，要是遇到大股强盗，恐怕命都没了。去当强盗的人，都是对朝廷不满的，若知他是皇帝，岂不个个拼了命！这件事，让秦始皇感到后怕。回到宫中后，他马上下令在关中地区展开大规模搜捕强盗同党，又折腾了二十天之久。

七国之战平息了，人民迎来了和平，为什么还有那么多人去当强盗呢？原因很简单：不满秦之暴政。

四二 / 焚书坑儒：秦之暴政

说到秦始皇，人们总想到他统一六国，也想到他焚书坑儒。其实，焚书坑儒只是秦始皇暴政的一个缩影罢了。秦始皇的残暴并不始于灭六国后，镇压弟弟成蟜的叛变以及平嫪毐之乱中，他已经大开杀戒，毫不留情。一统天下后，他的残暴又无人可以约束了。

先来说说焚书。

焚书与杀人无关，却是思想专制的象征。

公元前213年，秦始皇在咸阳宫大宴群臣。仆射周青臣拍马屁说："以诸侯为郡县，人人自安乐，无战争之患，传之万世，自上古不及陛下威德。"这话秦始皇爱听，十分舒服。岂料有个人顽冥不化，博士淳于越对周青臣说的不以为然，他引经据典，说商、周之所以国运长久，原因就在于分封子弟功臣，以为朝廷的枝辅。倘若皇室子弟没有权力，那么朝廷要是出了什么权臣，有谁可以匡救呢？他的结论是："事不师古而能长久者，非所闻也。"

对于实行郡县制或分封制，争议还没完。其实不管是哪种观点，本意无非是要维护皇室权力不被动摇，只是见解不同罢了。不过，淳于越这种老夫子的话，秦始皇听了不舒服，老子都功盖五帝了，你还说要"师古"，那不是说古代君王比朕还强吗？

丞相李斯自从老鼠身上悟出"环境决定论"后，就深知要站对边、靠对人的道理。他马上站出来，义正词严地批驳淳于越的"谬论"，他说："五帝不相复，三代不相袭……今诸生不师今而学古，以非当世，惑乱黔首……人闻令下，则各以其学议之，入则心非，出则巷议，夸主以为名，异趣以为高，率群下以造谤。"把淳于越的问题上升为政治问题，并扩大打击面。

政治斗争的玩法，在秦朝时就被李斯玩熟了。

李斯继而提出来：除秦国之外的各国史书，都应一律焚毁；除了博士官外，民间有私藏《诗》《书》及诸子百家者，都应在规定时间内上缴烧毁；私下谈论诗、书者一律砍头；以借古讽今者族诛；官吏知情不报者同罪；命令下达三十天内不烧掉的，在脸上刺字，罚四年筑城劳役。只有哪些书不用烧呢？医药、卜筮、种树的书可以保留。

这不明摆着是愚民政策吗？李斯好歹也是大儒荀子的学生，也算是知识分子，竟然要把中国文明的瑰宝、思想的精华统统烧掉！这样做，无非是为了维护帝王的统治，扼杀了学术自由，以专制思想钳制人民，分明是投秦始皇之所好。

秦始皇当然同意了，人民思想简单了，就不会想造反了。

这是中国历史上一次文化大浩劫，不仅仅是烧了一些书，而是春秋以来"百花齐放，百家争鸣"的自由思想被扼杀。先秦诸子百家是中国文化的巅峰，在之后两千年时间里，中国之学术没有过先秦时代的繁荣，也从未诞生那么多堪称世界级大师的文化巨人，这些文化巨人中有儒家的孔子、孟子、荀子等；有墨家的墨子；有道家的老子、庄子；有兵家的孙子；有法家的韩非子等，他们那些光辉的思想照亮历史的天空。后世虽有文化昌盛之时代，却从未有如此多具有原创力的思想家，在思想上也难以企及先秦的高度。秦的统一、焚书事件标志着中国文化黄金时代的结束，标志着两千年思想专制时代的到来。

人的欲望是无止境的。

秦始皇的一大爱好是大兴土木建宫殿。秦曾多次迁都，宫殿很多，但秦始皇还不满意。在征服六国期间，每征服一国，他就仿造该国的王宫，在咸阳再造一座。这么一来，各个国家不同的建筑风格艺术都齐聚于咸阳。统一天下后，他又在渭南造了一座信宫。每次大兴土木，都是苦了百姓，但独裁者对人民疾苦不闻不问。与阿房宫相比，前面所建的宫殿就显得小巫见大巫了。

公元前212年，秦始皇觉得咸阳人太多，皇宫太小了，不够气派，应该新建一座奢华、富丽的大皇宫。于是他在渭南上林苑又建了一座史无前例的大宫殿，这就是著名的阿房宫。

其实阿房宫并不是大皇宫的名字，只是其前殿因修建于阿房，故被称为阿房宫。说到阿房宫，自然令人想到杜牧有名的赋：

六王毕，四海一，蜀山兀，阿房出。覆压三百余里，隔离天日。骊山北构而西折，直走咸阳。二川溶溶，流入宫墙。五步一楼，十步一阁。廊腰缦回，檐牙高啄。各抱地势，钩心斗角。盘盘焉，囷囷焉，蜂房水涡，矗不知其几千万落。长桥卧波，未云何龙？复道行空，不霁何虹？高低冥迷，不知东西。歌台暖响，春光融融。舞殿冷袖，风雨凄凄。一日之内，一宫之间，而气候不齐。

光说阿房宫前殿，东西五百步，南北五十丈，上面可容一万人。宫前立有十二金人，所谓金人，就是铜人，秦灭六国后，收天下之兵器，铸成十二尊金人，每尊重达二十四万斤。宫殿的大门是用磁石做成，干吗用呢？防止有人携带武器入宫。遇刺多次的秦始皇学乖了，用科学武装自己、保护自己。

我们且来回顾秦国的大工程：万里长城、遍布全国的驰道、大型水利工程、大宫殿，等等。这得需要多少人力呀！如果说前几项事关国防、民生不能不为，尚可理解，不断地大兴土木则纯粹是满足皇帝个人欲望。除了建生前居住的宫殿外，秦始皇还耗费巨大人力物力修死后的住所：秦陵。

秦陵修筑时间很早，历时很长。秦始皇把陵址选在骊山，在他统一六国后，征用七十万人修墓。这七十万人，绝大多数是被处宫刑、徒刑的人，这也可从一个侧面看出当时秦之法律是何等苛严，动不动就要判宫刑或流放。

秦始皇墓高五十多丈，方圆五里有余，墓基建得很深，且用铜液灌注。墓中建有宫殿，摆满奇珍异宝。为了防止有人盗墓，墓中居然还设置有机关，遇到盗墓者时，机关会启动，射出利箭。同时还用水银造江河湖海模型，还有天象、地形模型，几乎成了一个小宇宙。看来秦始皇就是到了地下，也得有个皇帝的样子，也是天地的统治者。墓室阴森黑暗，故而还有长明烛，以人鱼膏为燃料，不过可想而知，这个长明烛早就灭了。

两千多年来，秦陵始终保持神秘的色彩，直到秦陵兵马俑的出土，才令世人震惊于秦代的文明。兵马俑出土大量的文物，俑坑规模之大，俑像造型之精美都令人叹为观止。在任何史料上，都未提到有兵马俑的存在，可想而知，当年修陵的保密工作确实做到位了。光是兵马俑已被誉为"世界第八奇迹"，而秦始皇墓建造之奢华，又不知要超越兵马俑多少。如此伟大的工程，背后又有多少人的血泪，有多少的孤魂，有多少的白骨！

秦始皇一生恐惧一件事：死亡。

他一面大修自己的陵墓，一面不断派人寻找长生不老的方子。倘若最后都是死亡的结局，一生的荣耀将只是浮云。他找了许多江湖术士，其中有两个术士，一叫侯生，一叫卢生。两人骗吃骗喝，骗到最后，知道不能蒙混过关，便散布说皇帝"天性刚愎自用"，"乐以刑杀为威"，"不闻过而日骄"，讲这么多干什么呢？"贪于权势至如此，未可为求仙药。"

找不到长生不老的仙药，不是术士没本事，是因为秦始皇这个人太贪恋权势，不能清心寡欲。这些话固然是实话，但也是术士们脱责的借口。侯生与卢生两人逃之夭夭了，秦始皇大怒，这两个小子胆敢说我的坏话。暴君的想法很简单，看来说我坏话的人是很多的，得做个清查才行。

于是秦始皇找到御史，令他调查咸阳城内诸儒生，有没有妖言惑众。这些个读书人，多数也没有骨气，一被抓起来，为了脱罪，争先告密。有些人可能是"吐过槽"，有些人可能是被陷害。秦始皇才懒得去辨别，他大笔一挥，亲自圈定四百六十余人，全部活埋。这就是历史上著名的"坑儒"事件。

在秦始皇骨子里，对读书人比较害怕，因为他们有思想武器，与之相比，愚民容易管得多。又是焚书，又是坑儒，杀鸡吓猴。后世有一首诗讽说："坑灰未冷山东乱，刘项原来不读书。"你秦始皇老怕读书人造反，杀了读书人，只是后来刨了秦国墓的刘邦、项羽，原来都是不读书的家伙。

秦始皇坑杀儒生时，长子扶苏曾站出来劝道："这些儒生都是学习孔子，现在父皇要用重法来罚治他们，儿臣唯恐从此天下不安了。"始皇大怒，索性把扶苏打发到北疆，让他去监督蒙恬。因坑儒事件，扶苏被调离都城，后来失去继承大统的机会，同时秦国也失去了机会。这一连串看似不相关的事件，实际上有某种因果贯穿，在秦始皇挖掘四百多名儒生的坟墓时，他也在亲手挖掘帝国的坟墓。

战国末年著名军事家尉缭对秦始皇有这么一段评价："秦王为人，蜂准，长目，挚鸟膺，豺声，少恩而虎狼心，居约易出人下，得志亦轻食人。我布衣，然见我常身自下我。诚使秦王得志于天下，天下皆为虏矣。不可与久游。"司马迁的《史记》也有一段说法："秦王怀贪鄙之心，行自奋之智，不信功臣，不亲士民，废王道，立私权，禁文书而酷刑法，先诈力而后仁义，以暴虐为天下始。"

秦始皇实际上对谁都不信任，他只信任自己。为了控制这个庞大的国家，他任用酷吏，采取严刑峻法。正如贾谊在《过秦论》中所说："士不敢弯弓而抱怨"，"废先王之道，焚百家之言，以愚黔首；隳名城，杀豪杰，收天下之兵，聚之咸阳，销锋镝，铸以为金人十二，以弱天下之民"。

他对人的猜疑到什么地步呢？到其晚年，他听信术士的话，行迹诡秘，从不让臣下知道他到哪去了。随从人员有泄露其去处者，杀无赦。

有一回，他前往梁山宫，在山上远远望见丞相李斯的车队。李斯这个人不太检点，配备的车马太多，秦始皇看在眼里，十分恼怒。后来有人便偷偷跑去告诉李斯，说皇帝对他车马标准有意见。李斯大惊，赶紧自动缩减车队规模。岂料皇帝得知后大怒，说："肯定是有人泄露我说的话。"下令调查，没人肯承认。恼怒之下，秦始皇把当时在场的所有人全部杀死，其残暴如此。

当时的秦王朝，沿用商鞅以来的高压政治，法网严密更胜前朝。光被拉去南方作战的囚徒与修骊山墓的刑徒，加起来就上百万。想不犯法，真难！因此，许多人索性跑去当强盗。我们可以从秦汉之际的英雄人物故事中，看出当时犯法是一件何等容易的事，你不知不觉就触犯法令了。

比如说领导秦末大起义的陈胜、吴广，天雨失期，按律当斩，没按时去服役，就是死罪一条。刘邦也曾落草为寇，原因与陈胜相似，带去服役的人逃了，他自己不逃还有命吗？起义军将领英布，也是犯了事，被判了黥刑，后来还称为黥布。反过来说，这些人后来为什么都走上造反之路，不造反有活路吗？根本没有。这就是当时暴政的写照。

四三 / 沙丘之变

公元前 211 年,有一颗陨石坠落在东郡。

有人在石头上刻了几个字:"始皇帝死而地分。"这是咒皇帝死,诛九族之罪。秦始皇下令调查是谁干的,官吏们查来查去,也没查出个眉目。既然查不出来,就来个简单的,把陨石周围的所有百姓全部抓起来处死,把陨石也烧毁掉。杀人,在秦始皇看来,实在不是什么大事情。

不过,又一件蹊跷的事发生了。

这是在秋天的某个夜晚,一个宫中使者路过华阴平舒道,突然有人挡住他的去路,持着一块璧交给使者,并说了一句话:"今年祖龙死。"使者听不懂,想问个明白,此人便莫名其妙地消失了。回到咸阳后,使者把璧交给秦始皇,并说了来龙去脉。秦始皇是个很聪明的人,他一听就明白了,祖就是始祖,暗含"始"义,龙就是真龙天子,暗含"皇帝"义,这不明白吗,说的是今年始皇帝死!

又是一个神秘的预言。

预言不全对,不是今年,而是明年。可见,不是真的有鬼神,只是有人咒皇帝早点死。

为了冲冲晦气,秦始皇打算东游。左丞相李斯、中车府令赵高随行,秦始皇的少子胡亥本是贪玩之徒,也想跟着去。人老了总喜欢小儿子,皇帝答应了,带少子出去见见世面。这一路,秦始皇到了云梦,祭礼虞舜;后经丹阳、钱塘,渡过浙江,登会稽山,祭礼大禹。一路上倒是顺顺利利,岂料北归途中,皇帝竟病倒了。

这时已是公元前 210 年,秦始皇的病非但没有好转,反倒加重了。诸位大臣看此情况,料想皇帝是不行了,只是皇帝非常忌讳说"死"字,谁也不敢问皇帝的后事安排。不过秦始皇总算有自知之明,他写了一封信,是写给长子扶苏的,内容是:"回来参加丧事,在咸阳安葬。"写完后,盖上玺印封好,交给中车府令赵高。

秦始皇一生都在求仙问道，寻找长生不老药，他是高高在上的皇帝，把天下踩在脚下。不过，他仍是一个人，一个凡人，凡人都会死，不管你是伟人还是小人，这是人的宿命。他幻想能战胜时间，可幻想只是幻想，现实还是残酷的，荆轲没能杀死他，高渐离没能杀死他，张良的大铁锤没能杀死他，死神仍然不期而至。

七月丙寅日，令天下人闻风色变的一代大帝秦始皇在沙丘平台去世。

这位史上第一位皇帝在之后两千年里，有人褒扬之，有人贬抑之。贬抑者攻击其残暴无度，刻薄寡恩；褒扬者更多从社会历史角度肯定其功绩。汉是诛暴秦而代之，不过在西汉时，对秦始皇的评价已有两极。司马迁、贾谊等都持批评态度，主父偃则认为他"功齐三代"。人所持的立场不同，得出的结论也会有差异。

皇帝东巡，半途而死，这在封建帝国里是天大的事。始皇有二十几个儿子，要是皇帝死亡的消息传出去，咸阳城里恐怕要争权夺利，乱成一片，而对皇帝不满的人，可能也会趁机起事，到时局势就失控了。

这个时候，丞相李斯表现相当镇定，决定秘不发丧。只有最接近皇帝的几个人知道出了大事，除李斯外，还有赵高、胡亥以及五六个太监。若要封锁消息，就得让车队人马都以为皇帝还活着，皇帝可以不下车，但总得喝水吃饭。于是李斯让几个知情的太监天天仍按时给车里送菜送饭，装得跟平常一样。李斯、赵高等人也假装上前奏事，别人自然没有起疑心。

时间一长，新的问题又来了。尸体开始发臭了！大家看不到皇帝，可是皇帝的车发出臭味，这岂不是露出马脚吗？李斯又想了个办法，搞来有腥臭味的鲍鱼，装在车上，这样也分不清是鲍鱼的味道还是尸臭。不过，你说堂堂皇帝整天喜欢闻鱼臭味，说出去人家也不一定信，只是就算有人怀疑，也不敢公然说出，否则岂不是人头落地？

秦始皇临死前不是写了一封给扶苏的信吗？这封信给了赵高，赵高有没有寄出去呢？没有！他把这封信给扣下来了。

赵高有自己的算盘。

我们且来说说赵高的故事。

赵高本是赵国王室的远房亲属，不过这对他没什么用。其家族肯定是在父亲这一代发生巨大变故，据《史记》载："其母被刑僇，世世卑贱"，可以说赵高出身于社会最底层。在历史上，赵高一直是以宦官形象出现的，近年史学界有一种看法，认为赵高并非宦官，这里且存而不论。尽管出身于低贱，但赵高不服输，他要与命运抗争。赵高有三大长处：其一，他身强力壮，孔武有力；其二，他写一手好文章与好书法，曾被当作新文字范本向全国推广；其三，他精通狱法。正因为如此，他得到秦始皇的器重并举为中车府令。

俗话说，一朝君主一朝臣。依秦始皇的遗愿，皇位应是由公子扶苏来继承。赵高心里一琢磨，若是公子扶苏上台，他肯定没好日子过了。为什么呢？公子扶苏与父亲不同，有仁爱之心，反对严刑峻法。赵高是吃狱法这碗饭的，到时饭岂不是凉了？

还有一个原因。扶苏背后有一股大势力，即蒙恬、蒙毅兄弟，偏偏赵高跟蒙毅是有仇的。原来有一回赵高犯了事，皇帝让蒙毅去审理，蒙毅刚正不阿，判他死罪。秦始皇向来偏爱有才华的人，特赦了赵高，并让他官复原职。扶苏当皇帝，蒙氏兄弟定权倾朝野，到时还有他赵高的立足之地吗？

因此，赵高迟迟不把秦始皇写给扶苏的信送出。他心里开始盘算一个计划，近水楼台先得月，公子胡亥不是在身边吗？不如把胡亥推上宝座，取代扶苏。赵高曾当过胡亥的老师，教授他书法以及狱律法令，胡亥也特别喜欢赵高。

赵高便对胡亥说："皇上驾崩，没有诏令给诸皇子，只留封信给扶苏。扶苏一回来，就是皇帝了，到时你可就什么也没了，如何是好？"

胡亥年龄小，心机也不深，便说："本来就是这样，贤明的君主识臣，贤明的父亲知子，传位给扶苏，理所当然，有什么好说的呢？"

赵高摇摇头说："并非如此。当今天下之大权，操在公子您、赵高和丞相李斯手里，公子您应该争取皇帝宝座。别人当臣子与自己当臣子，统治别人与被人统治，那可是大大不同啊！"

这时的胡亥还有点天良，答道："废兄立弟，就是不义；不奉父诏，就是不孝；没能力却要强出头，这是不能；这样做，天下不服，社稷倾危呀！"

赵高糊弄说："以前商汤、周武王诛杀其主，天下称义，不能说不忠；卫君杀父，孔子称赞，不能说不孝。顾小忘大，必有后害；狐疑犹豫，后必有悔；断而敢行，后有成功。公子应当及早下手。"把篡位夺权与商汤、周武王诛暴君相比，这岂非风牛马不相及吗？

在赵高的坚持下，胡亥也怦然心动，毕竟皇帝的宝座是诱人的。

篡位这件事，光靠赵高、胡亥两人不行，得把丞相李斯拉下水。赵高便找李斯，对他说："皇上驾崩，留了一封信给长子扶苏，让他回咸阳主持葬礼。这封信没送出去，信和玉玺都在胡亥那儿，别人都不知道。册立太子一事，由您和我两人说了算。您打算怎么办？"

李斯大惊道："你说这个话什么意思？这可是亡国之言，不是做臣子的可以说的。"

赵高冷笑道："公子扶苏与蒙恬交情深厚，丞相自己想想：您的才能比得上蒙恬吗？您的功劳比蒙恬大吗？您的谋略比得上蒙恬吗？让天下人心服口服，您比得上蒙恬吗？与公子扶苏的交情，您与蒙恬能比吗？"

李斯答道："我是比不上蒙恬。"

赵高又说："皇帝有二十几个儿子，长子扶苏刚毅勇武，深得士人之心，即位后蒙恬一定会荣升为丞相，到时您恐怕连侯爵之印也保不住。我赵高曾奉诏教授公子胡亥学习数年法律，没见过他有什么过失，慈仁笃厚，轻财重士，虽然口才欠佳，心里却明辨是非。在这些方面，皇帝其他儿子都比不上他。我看他有能力即位，就看您的决定了。"

丞相是一人之下，万人之上，没有李斯，赵高是办不成的。赵高这个人有双贼眼，知道李斯权力欲很重，为了威风，甚至出行车队都超标，这件事还令皇帝不痛快。这么个人，要是哪天失了权势，会甘心吗？蒙恬北破匈奴，开河南地，修长城，驻守北疆十余年，乃帝国之柱石，朝廷之栋梁，正是李斯强有力的竞争者。

当惯了米仓的老鼠，还能当茅厕的老鼠吗？

李斯心一横，得，只要还当这丞相，管它什么仁义道德。于是他与赵高伪称得到皇帝诏令，立胡亥为太子。胡亥为太子，则扶苏必须死。李斯与赵高又伪造一封皇帝诏书，加盖玺印，大意如下：扶苏与蒙恬率数十万大军屯兵，无尺寸之功,还屡屡上书直言诽谤皇帝,心怀怨恨。扶苏作为人子不孝,赐剑自裁;将军蒙恬知扶苏阴谋,不匡正其行,为臣不忠,同样赐死。

赵高派使者把诏书送到上郡,扶苏泪流满面,他本为孝子,父叫子死,子不可不死。他默默走向内室,打算引剑自裁。蒙恬觉得事出蹊跷,阻止说:"陛下现在出巡在外,尚未立太子,我率三十万大军守边,公子为监军,这乃是天下重任。现在仅凭使者一面之词就自杀,焉知非诈?不如先请示朝廷,待朝廷回复后,再作决定不迟。"

蒙恬的话是很有道理的,扶苏这个人愚忠愚孝,他说:"父亲赐儿子死,何必再说?"遂自刭而死。蒙恬不肯自杀,使者大怒,当即将他逮捕,投入监狱。

轻松,太轻松了。不费吹灰之力,就搞定扶苏与蒙恬,胡亥、李斯与赵高三人大喜,加快返京速度。

回到咸阳后,李斯、赵高才宣布皇帝死讯,取出假诏书,拥胡亥即位,此即秦二世。众臣岂敢有怀疑,只能接受这样的事实。

事情还没完,蒙恬、蒙毅兄弟还没死,秦二世胡亥的皇帝宝座坐得不踏实。我们回顾历史时,有时经常会慨叹天意弄人。阴差阳错的事件会改写历史,秦王朝本来绝不至于如此短命。前面不是说过,蒙氏兄弟权倾朝野,蒙恬手握三十万重兵屯边,蒙毅则追随皇帝左右。倘若皇帝死的时候,蒙毅在场,结局绝不至于如此。

那么,蒙毅为什么不在场呢?

蒙毅也跟着秦始皇东巡,皇帝病重时,派他去向山川之神祷告,故而始皇驾崩时,蒙毅人在外,根本不知情。这种偶然的意外,把历史的马车驶入一条黑暗之路。

秦二世胡亥的哥哥扶苏死了,自己也当皇帝了,蒙恬又没什么罪过,胡亥就打算把蒙恬释放了。赵高一听,这哪行呢?赶紧出面制止。非但如此,他还编了些瞎话,攻击蒙恬的弟弟蒙毅。他对胡亥说:"先帝很早就想立您为太子,都是因为蒙毅反对才未立。蒙毅这个人不可留,不如杀了他。"

胡亥向来没什么主见,赵高说什么,他就听什么。

蒙毅被捕,关在代郡。胡亥派人对蒙毅说:"以前先帝要立我为太子,你却从中阻挠。丞相认为你这是不忠,是株连九族之罪。不过朕于心不忍,只赐你一人死,这样你也算幸运了。"蒙毅一听,什么乱七八糟的,先帝几时想立胡亥为太子?他又几时阻挠过?他想要申辩,只是使者知道秦二世的用意,不听他申辩。蒙毅不愿自裁,使者遂令人将他处死。

轮到蒙恬了。蒙恬以悲凉的语气说:"我蒙氏三代为将,为秦国建立的功业多矣。我有三十万兵众,今日虽身陷囹圄,只要振臂一呼,仍足以起兵反叛。然而,我宁愿选择死以守道义,是不敢辱没先人之教,不敢忘先帝之恩。"于是吞药而死。

历史总跟人开大玩笑,忠正之人为何总是下场悲惨呢?因为他们按常理出牌,要顾及道义,顾及全局,约束太多;而坏人却不讲道理,没有规矩,前不怕狼,后不怕虎。这个权力游戏能公平玩吗?

扶苏、蒙恬以为自己虽死,义却还是在的。可是,我们回顾历史,发现他们还是错的。纵容坏人,怎么会有好的结果,不作为也是有错的,伟大的秦国在扶苏、蒙恬死去的那一刻,已经无可救药地坠入深渊了。

四四 / 大泽乡起义

秦二世胡亥的倒行逆施，比起老爹秦始皇，有过之而无不及。

举几个例子。

其一，复活殉葬制度。秦国的强大，始于废除殉葬制度。秦二世竟然令这个古老制度复活了。秦始皇死后葬于骊山，秦二世把后宫没有子女的妃嫔，全部用于殉葬。秦后宫女子甚多，甚至有些女子入宫几十年，连皇帝都没见过，最后还得去陪死。不仅如此，秦始皇陵墓中机关重重，为了避免工匠们泄露陵墓的秘密，在秦始皇下葬后，秦二世毫无人性地封闭墓门，把所有工匠活活困死在坟墓中，成为又一批陪葬品。

其二，屠戮诸公子、公主。秦二世胡亥的皇帝位怎么来的，其实大家也心知肚明，只是不敢说。胡亥在诸公子中本来年龄就是最小，皇位又不合法，他对赵高说："大臣不服，官吏尚强，及诸公子必与我争，为之奈何？"赵高献上毒计："严法而刻刑，令有罪者相坐诛，灭大臣而远骨肉，尽除先帝之故臣。"从扶苏、蒙恬同党抓起，然后株连到诸公子，把秦始皇的故臣尽数铲除。不消多时，无数人头落地，胡亥把十二个兄弟绑赴街头砍死，还有十个公主被车裂处死，对自己的姐妹施此酷刑，胡亥还是个人吗？猪狗不如！

其三，穷奢极欲。秦始皇虽残暴，好歹勤于政事，秦二世则完全只图享乐。他对赵高表明心迹："欲悉耳目之所好，穷心志之所乐，以终吾年寿。"政事你去办，我只顾享乐就行。于是扩修阿房宫，又调五万人马入屯咸阳，教射狗马禽兽，军队不是为御敌，而是陪他玩。都城人畜较多，粮食不足，秦二世又诏令郡县转输粮草，扰动天下。

够能折腾的。

在秦二世看来，这有什么呢？秦国数百年基业，广袤无边的领土，无尽的物产,还不够我玩吗?

说实话,真不够他玩的。

因为有人造反了。

造反的这个人名叫陈胜,字涉,不是什么大人物,平常得不能再平常了。出身贫寒,家里穷,自己都没耕地,给别人家打工。不过有一点与众不同,他有理想,对未来有憧憬。有一天,他对工友们说:"苟富贵,无相忘。"工友们白了他一眼,得了吧,你就是人家雇来耕地的,吹什么牛,还想什么富贵呀?

为什么有人一辈子都是雇工的命呢?因为他们从来不敢有梦想,也不敢去追求。有些人悲叹境遇不佳,生错地方,有些人则相信命运是可以改变的,梦想还是要有的,万一实现了呢?伟大的陈胜就属于后一类人,他说:"燕雀安知鸿鹄之志哉!"虽然咱们都是给人种田的,但我的心不是被绑在这里,我的心在天空翱翔。

秦二世元年七月(前209),距秦始皇之死刚好满一年。陈胜被征去当戍卒,前往驻守渔阳。这批戍卒共有九百人,由几名将尉负责押送,陈胜、吴广被任命为屯长,也就是小头目。岂料走到大泽乡这个地方,下起大雨,道路阻绝不通,走不了,大家心里十分焦急。

有人会说,走不了,等天晴了再走不行吗?不行。秦国的法律规定,戍守误期是死罪。渔阳是北疆,要是突然有敌人来,戍守部队没到,那怎么行?因此规定十分严厉。陈胜本来就胸怀大志,他转念一想,这虽是坏事,未必不是好事,去当个戍卒有什么用,不如——他脑海里冒出两个字——"反了!"

他便找到同为屯长的吴广,商量说:"现在去渔阳误时是死,逃跑也是死路一条,不如乘机举事,就算同样是死,也得为国事而死。"被抓了砍头,死得多窝囊,不如干一票,死得轰轰烈烈。

凭这几百号人造反,行吗?

陈胜胸有成竹,他说:"天下苦秦久矣。"这句话有两个含义:其一,秦始皇登基以来,横征暴敛,劳民伤财,天下不得休息,老百姓受不了了;其二,东方六个诸侯被灭,生活在秦的铁蹄之下,百姓思念旧国。这是起事的有利条件。不过,陈胜、吴广都是小人物,号召力不够强,必须要抬出几尊大神。抬谁呢?陈胜认为要以公子扶苏以及楚将项燕两人为名号,凝聚反秦力量。公子扶苏无罪获诛,天下人都同情他;项燕是楚国抵抗秦国的一面旗帜,十分受楚人爱戴。他说:"我们假称是公子扶苏与项燕的队伍,号召天下反秦,定能得到众多响应。"

果然有鸿鹄之志,可见陈胜反秦的想法由来已久,并不是突然冒出来的。

说得精彩,吴广不禁喝彩,两人决定先占卜定吉凶。他们找了个占卜的,此人会察言观色,知道陈胜、吴广两人想造反,他也不点破,只是说:"你们的事可以成功,不过最好卜鬼一下。"言下之意,你们只是戍卒小头目,别人未必会听你们的,但是,你们搞玄乎一下,装神弄鬼一下,别人不服都不行。两人心领神会,拜别而去。

几天后,一连串的神秘事件发生了。

有一天,戍卒们买鱼回来吃时,发现有一条鱼的肚子里有一块帛布,上面还写了几个字:"陈胜王。"这事很快在队伍中传开了,这难道是上天的启示吗?众人心里都非常惊讶。其实哪有什么天启,那帛书就是陈胜与吴广塞到鱼肚子的。

入夜后,众人正要入睡,当时这一带常有野狐出没,晚上时总会嚎叫。今天野狐居然说人话了,大家吓坏了,细细一听,隐约听得野狐的话是"大楚兴,陈胜王"。这一夜,谁也没敢入睡,都吓死了。第二天天亮时,大家都窃窃私语,谈论此事,背地里对陈胜指指点点,大家越发觉得此人与众不同。其实哪有什么野狐呀,那是吴广半夜溜出去,在外面学野狐叫的。

神也装了,鬼也装了,起义怎么开始呢?

吴广决定演一出苦肉计。

作为戍卒中的小头目,吴广人缘很好,平素维护戍卒利益,很受拥戴。这天将尉喝醉了,吴广故意激怒他,说自己不干了,打算逃跑。将尉一听,来气了,拿了根竹鞭子抽打吴广。戍卒们看到吴广被打,都很愤怒,只是大家知道抵触长官的后果,都敢怒而不敢挺身而出。吴广挨了打,故意继续激怒将尉,将尉酒也喝多了,一怒就把剑拔出来,想杀吴广。你想想,这将尉醉成这样子,有功夫也使不出，吴广乘势夺过剑，一剑刺出，结果了该将尉的性命。

这一剑下去，大家看呆了。

陈胜见时机成熟了，也夺过一把剑，与吴广联手，杀掉另两名将尉。看到这一幕，九百名戍卒不知所措了，他们既害怕又兴奋。这时，陈胜站出来，以沉着的语气对众人说："我们遭遇大雨，已经误了期限，按照法律都得斩首。就算没被斩首，驻守边塞，十个人里有六七个是不能活着回来的。壮士不死则罢，要死那也得留名千古才行。"说到这里，陈胜以铿锵有力的语气呼道："王侯将相宁有种乎？"

这是何等豪迈的一句话。我脑海里常想象着伟大的陈胜在大泽乡呼喊出这句口号时的风采，想象他坚定的目光，想象他刚毅的神情，想象他振臂一呼的雄姿。这声呼喊如一道亮光，划破夜空；如一声雷鸣，振聋发聩；如一团烈火，点燃所有人的激情。人的心灵有无穷的能量，这能量聚集在大泽乡，九百个来自社会底层的人，要把秦帝国这座雄伟山岳推倒。我觉得这是人类历史上最伟大的一幕，我觉得陈胜是历史上最伟大的英雄之一。

所有人热血沸腾，这一刻感觉到生命的意义，原来我们不是生而为奴隶的命，我们也可以成为造反英雄。

秦末第一支农民起义军诞生了。这支起义军打着公子扶苏、项燕的招牌，立起"大楚"的旗号，立坛而盟，把秦尉的脑袋作为祭品。陈胜自立为将军，吴广为都尉，斩木为兵，揭竿为旗。首战大泽乡，继而攻蕲，这里秦军很少，很快便占领了。此时距六国灭亡不过十余年，东方诸亡国人心思旧，陈胜首义，星星之火，可以燎原，很快越来越多对秦不满的民众加入到义军队伍。

陈胜是有谋略的，越往东边，秦的力量越弱，因此他派部将葛婴带兵向东攻略，连下数城。当义军攻至陈县时，队伍已扩大至数万人，拥有马车六七百辆，战马一千多匹。县令早就闻风而逃了，忠于职守的县丞负隅顽抗，最终也没能保住城池。

当日怀有鸿鹄之志的雇农、戍卒，今天成为反秦英雄。陈胜入陈县后，召集父老、豪杰共商大计，大家说："将军讨伐无道之暴秦，复楚国之社稷，劳苦功高，应当称王。"这一说，正中陈胜下怀，于是他自立为王，建国号为"张楚"。

当时的反秦形势，可谓是一片大好。

榜样的力量是伟大的。陈胜起兵，如同在一堆枯柴上烧起一把火，火焰很快熊熊燃烧，不可扑灭了。秦政府要为苛政付出代价了。秦始皇一统中国，结束数百年战争，本来对百姓是福音，可是人民没能得到休养生息的机会，无休止的劳役，严密的法网，令人生活在一个窒息的空间。如今暗屋已被捅破一角，阳光照进来，人们要为光明而浴血奋战了。

各地豪杰纷纷起事，诛杀当地官吏，响应陈胜。

在六国故地，关东地区，革命的烽烟四起。来自东方的使者慌慌张张向秦二世报告说，东方群盗蜂起，局势已失控。秦二世大怒，认为使者妖言惑主，将使者逮捕入狱治罪。如此一来，没有人敢说真话，后来东方使者学乖了，到了咸阳城外，秦二世询问东方局势时，便忽悠说："东方那伙强盗，已经被郡守、郡尉捕杀得差不多了，用不着担忧。"皇帝大喜，又沉溺于荒淫的酒色中了。

然而，事实是东方反秦力量已空前膨胀了。

陈胜兵分五路，全线出击。第一路以吴广为假王（假，代理），督诸将西击荥阳；第二路以武臣为将，张耳、陈馀辅之，攻略赵地；第三路以邓宗为将，攻略九江；第四路以周市为将，攻略魏地；第五路以周文为将，挺进关中。

在这五路出击中，以周文、武臣两路声势最大。

周文又称周章，颇晓兵法，曾在春申君、项楚手下做过事。陈胜颁给他一个将军印，令他讨伐关中。周文还是有点能耐，他沿途收罗各地义军，军队一下子增加到了几十万，号称"百万"，有战车千乘。周文越过函谷关，向关中挺进，直抵戏（潼关东），咸阳为之震动。

武臣手下有两个杰出人物，一个名为张耳，一个名为陈馀。张耳与陈馀都是魏人，两人是好朋友，刎颈之交，其中张耳还曾经是信陵君的门客。这两人都是反秦人物，秦灭魏国后，悬赏千金通缉张耳，悬赏五百金通缉陈馀，他们便隐姓埋名，躲在陈县。陈胜光复陈县后，张耳、陈馀前往拜见，陈胜早听过两人大名，敬为上宾。在张耳、陈馀的协助下，武臣入赵后，连下四十余城，威震北方。

秦在东方的势力几乎土崩瓦解，很多人毫不怀疑，"张楚王"陈胜很快就会攻下咸阳，这位平民英雄将成为新的国家统治者。

然而，"日方中方睨，物方生方死"，盛极而衰，不仅是自然界之规律，在人类历史上亦屡试不爽。此时的陈胜王如日中天，然而，失败的阴云很快就会遮挡灼热的太阳。

四五 / 陈胜之死

陈胜是我心目中伟大的英雄，但英雄并非无瑕疵。

在大泽乡，他装神弄鬼，神化自己，那时他知道自己不是神。当他成为张楚王国之王时，他开始觉得自己是神了。如果不是神，谁能解释，短短一个月的时间，起义之火已烧遍大半个东方？谁能解释，几百年战无不胜的秦军，竟毫无抵抗能力？秦灭六国才十来年，十几年前，凭秦军的旗号就足以吓跑一支军队。胜利如此轻而易举，作为义军的领袖，若说他不是神，那他是什么呢？

天神令人畏惧，在于拥有生死之威力，陈胜称王后，也掌有了生杀之大权。其麾下大将葛婴政治敏感性低，当他收复东城时，尚未知陈胜已称王，便擅自立了个楚王。尽管葛婴后来废掉这个楚王，仍被愤怒的陈胜处死。除了葛婴之外，还有不少将领被陈胜所杀，史书称："诸将为陈王徇地，多以谗毁得罪诛。"

陈胜兴起虽快，根基却还浅，在这个时候就大杀功臣，不免令人离心，这是他走向衰败的开始。

而秦军毕竟不是纸老虎，陈胜军队连战连捷后，开始遇到一个可怕的对手：章邯。

周文率数十万大军挺进关中，咸阳为之震动，秦二世吓坏了。与义军相比，关中秦军数量要少得多，秦二世急中生智，赦免骊山刑徒，编入军队，由少府章邯统领，与周文决一死战。章邯是秦国历史上最后一位名将，以作战勇猛而著称，在之后的战争岁月里，他是东方义军的头号强敌。章邯临危受命，大破周文，保住关中。这也是陈胜政权由盛而衰的关键一役。

紧接着，攻略赵地的武臣宣布自立为赵王，对陈胜来说更是当头一棒。

武臣自立为王，背后的策划者是张耳与陈馀。陈胜虽然礼遇这两位知名反秦人士，但没委以重任，只让他们协助武臣。张耳与陈馀没当上将军，只当了个校尉，对陈胜十分不满，便鼓动武臣脱离陈胜，自立为王。武臣禁不住诱惑，遂自立为赵王，以张耳为右丞相，以陈馀为大将军。

陈胜得知消息后，气得七窍生烟，他岂容有人敢挑战其权威？他的第一个念头便是尽诛武臣家人，发兵攻赵。担任柱国的房君赶紧说："杀不得。秦还未灭，又杀武臣一家，岂非多一个强敌？不如认了，派人去祝贺一下，让武臣带兵西进攻打秦国。"陈胜一听，觉得这个计谋不错，让武臣与秦军耗得差不多，再收拾不迟。

很快，陈胜的使者到了邯郸，承认武臣的王位，同时要求他发兵西进，攻打关中。张耳与陈馀是何等人，早就看穿陈胜的伎俩，便对武臣说："您自立为王，陈胜肯定很生气，却派人来祝贺，无非是不想树一强敌。倘若张楚政权灭了秦国，接下来势必对赵国用兵。大王不要带兵西进，应向北攻略燕代，向南收河内之地，扩大自己地盘。"

武臣深以为然，拒绝西进，派部将韩广攻略燕地，李良攻略常山，张黡攻略上党。

只是武臣想称王，别人就不想称王吗？韩广北略燕地，学自己的老东家，自立为燕王。起义军内部的权力之争加剧了，团结不复存在，反秦事业开始蒙上一层阴影。

对陈胜来说，还有更坏的消息。

前面说过陈胜出动五路大军全面出击，其中周市攻略魏地。这一路进展也算顺利，略定魏地后，周市继续北上，进攻狄县。当时狄县有个豪杰，名为田儋，是以前齐国王室贵族，他有两个堂弟，一唤田荣，一唤田横，都是一时之英才。在秦一统中国之战中，齐国不战而降，故而齐国旧贵族的待遇是比较好的，在狄县田氏家族有权有势，也得士人之心。田儋有英雄之志，他既有心反秦，又不想受制于陈胜的张楚政权，因此他设计杀死狄县县令，收其众自立为齐王。

齐王田儋占据狄县后，大败前来进攻的周市，之后又略定齐地。

先是武臣称赵王，韩广称燕王，现在田儋称齐王，张楚王陈胜的对手越来越多了。

不仅如此，周市回到魏地后，也想立个魏王。立谁为魏王呢？立以前魏国宁陵君魏咎。魏咎并不在魏地，而是在陈胜那里。周市派人禀告陈胜，希望迎魏咎为魏王。陈胜很不高兴,你们这些人各个想单飞了,翅膀硬了!不料周市并不放弃,连续派五批人前往,最后陈胜没脾气了,只得同意放回魏咎。这样,魏国得以复国。

陈胜之所以被迫让步,是因为西进伐秦的张楚兵团遇到前所未有的困难。

周文的西征军被章邯击败后,只得退出函谷关。章邯紧追不舍,一路追击至渑池。关中秦军不愧为天下劲旅,在渑池一役中,章邯霸气尽显,大破张楚兵团,周文战败自杀而死。这一战,令东方义军为之变色,那支消灭六国的无敌秦兵团又回来了!

秦军精锐已出关,正在攻打荥阳城的吴广兵团有被消灭的危险。

吴广是大泽乡起义的主谋之一,也是张楚政权的巨头。他以假王的名义督诸将进攻荥阳,却久战无功。荥阳不同于其他地方,非但是战略要地,而且守卫荥阳的敌将是李斯的儿子、三川郡守李由。其他地方的郡守、县令遭到义军进攻时,逃得比谁都快,但李由是秦朝丞相之子,他不能逃,也不能投降,因此荥阳的守卫非常顽强,吴广攻打四个月仍未能攻下。

没能攻下荥阳,可能还有一个原因,就是吴广指挥有问题。其麾下将领对他是有意见的,认为"假王(即吴广)骄,不知兵权"。如今章邯大兵压境,搞不好大家都得完蛋。将军田臧与诸将商量,认为要险中求胜,必须先杀了吴广。只要吴广指挥,必败无疑。

诸将发动兵变,假称得到陈胜的诏令,诛杀吴广。可怜这位首义英雄,就这样糊里糊涂死了。吴广本是节制诸将,反倒被杀,陈胜得知消息后大惊失色。不过此时章邯大军将至,陈胜也只能先稳住田臧,授予他令尹之印,任命为上将。

田臧看不起吴广,事实证明他的军事水平,未必比吴广高到哪儿去。他留下部将李归率少数部队继续围困荥阳,自己亲率主力部队迎战章邯。双方在敖仓展开激战,田臧大败,战死沙场。章邯乘胜进兵到荥阳城下,大破张楚军,李归战死。

两路西征兵团(周文兵团、吴广兵团)先后溃败,陈胜面临巨大的压力。

章邯一路反击,兵威大振。这位秦国名将要一鼓作气拿下陈县,消灭义军。张楚政权的形势不容乐观,章邯派部将进攻郯县,击破张楚将领邓说,邓说逃回陈县，被陈胜斩首示众。章邯攻势如潮，再次击破张楚将领伍徐的部队，兵锋已杀抵陈胜的老家陈县。

张楚柱国房君领兵迎战，又被秦军杀得大败，房君战死。在章邯看来，这些义军不过就是乌合之众，人数虽众，岂有战斗力可言！秦军把攻击矛头对准驻扎在陈县以西的张贺，陈胜亲自出城督战，以鼓舞士气。然而章邯的铁军几乎是无法打败的，张楚军又败了，将领张贺被击毙。

与此同时，秦二世又派遣长史司马欣、董翳率一支生力军驰援章邯，章邯的力量更强大了。

看来，老家陈县是守不住了。

不得已之下，陈胜被迫战略转移，他先前往汝阴，后又到下城父。不料这里竟成为陈胜的死难地。在秦军节节进逼下，革命队伍中的不坚定分子信心动摇，陈胜的马车夫庄贾就是其中之一。他竟丧心病狂痛下杀手，杀害陈胜，跑去向章邯投降。

从兴起到败亡，前后不过半年的时间。陈胜是死了，但他也无憾了。倘若他不在大泽乡起义，恐怕也会因为失期而被斩，同样是死，他不再是千千万万不知名、被遗忘的死者，而是永垂青史的好汉。他曾自由地呼吸、翱翔，这就足够了；他引领了史无前例的大起义，他改写了历史，创造了奇迹。

陈胜虽死，革命事业未灭。

不久后，陈胜部将吕臣率苍头军收复陈县，杀死叛徒庄贾，为陈胜报仇，并举办了葬礼。秦军很快卷土重来，再攻陈县，吕臣败走。他收罗残兵败将后，与鄱阳湖义军首领英布会师，共破秦军，再次收复陈县。

这里说个题外话，陈胜、吴广领导的这次大起义，考古所发现的与此相关的文物迄今只有一件，是一枚铜印，它的主人便是两度收复陈县的吕臣。

反秦革命陷入低潮。

首义元勋陈胜死后，赵王武臣也死于叛军之手。

李良是武臣手下大将，被派往攻略秦朝控制下的太原城。秦守将伪造皇帝书信，称倘若李良愿叛赵降秦，则赦免其罪，加以重用。起初李良没想投降，回邯郸城请援军，路上正好遇上赵王的姐姐出行，车骑雍容。李良以为是赵王，遂跪倒在地，赵王姐酒喝多了，没有给他行礼。李良大怒，派人追杀赵王姐，并突袭邯郸，杀死赵王武臣。张耳、陈馀逃出邯郸后，收罗兵众，立赵歇为赵王，打败李良，李良遂向章邯投降。

关东义军当务之急，是要结束各自为战的局面，需要一个政权来领导全国反秦战争。在此之前，楚、赵、齐、魏、燕等纷纷复国，楚政权无疑是反秦的领袖与主力。如今楚王陈胜已死，谁来领导新的楚政权呢？

楚将召平得知陈胜兵败的消息后，希望有个强有力的人物出来主持局面，便假传陈胜的命令，拜项梁为上柱国。项梁受命后，渡长江北上，义军首领陈婴、英布、蒲将军等人相继率部前来归附。

项梁的军队扩大至六七万人，成为义军中的实力派。他在薛县召集各路义军将领，商议立楚王之事。已经年过七十的谋士范增指出，陈胜之所以失败，原因在于"不立楚后而自立"。楚地一直流传一种说法，"楚虽三户，亡秦必楚"，范增劝项梁应该立楚国王室的后人。项梁采纳其言，从民间寻来楚怀王的孙子熊心，立为楚王，后世也称他楚怀王，与祖父相同。

新的楚政权定都盱眙，以陈婴为上柱国，项梁自号武信君。此时东方六国已有五国复国，仅剩韩国尚亡，曾在博浪沙刺杀秦始皇的张良建议复活韩国，项梁同意了，遂立韩成为韩王。

这样，被秦国灭掉十几年后，东方六国集体复活了。

不过，章邯可没闲着，一场大风暴即将来临。

秦二世二年（前208）六月，章邯对魏国发动大举进攻。

魏王魏咎被困于临济，情形十分危急，他派周市紧急向齐、楚求援。齐王田儋曾与周市兵戎相见，但这是义军内部矛盾，在强大敌人面前，田儋尽弃前嫌，亲自率大军援救魏国。项梁也派遣大将项它率楚军入魏，与田儋会师，共同解临济之围。

章邯不愧为秦军第一名将，他发现齐、楚援军尚未站稳脚跟，在黑夜掩护下，衔枚出击，出其不意，攻其不备。这一战，齐、楚联军大败，齐王田儋被杀。田儋的堂弟田荣带着残兵败将，退走东阿。章邯回过头再战魏军，阵斩周市，包围临济。援兵被打败了，临济也保不住了。魏王与城内百姓商议后，为保全民众，决定放弃抵抗。不过，王者有王者的尊严，临济城可以降，王者不可以降。魏王魏咎选择自杀，他的弟弟魏豹逃出城，投奔楚国。

这一战，对东方抗秦运动实是沉重打击，齐王、魏王都死了，代价不可谓不惨重。

章邯如同一台永不疲倦的战争机器，攻克临济后，他马不停蹄，追击逃往东阿的齐将田荣。

关键时刻，项梁再度出手，他与刘邦共同出兵，救援田荣。章邯的秦军虽骁勇善战，怎奈一路作战下来，早已是强弩之末。项梁、刘邦大破章邯于东阿，得胜后攻屠城阳，在濮阳再破章邯大军。在这一系列战斗中，有两个人脱颖而出，一个是项羽，一个是刘邦。

四六 / 绝代双骄：刘邦与项羽

关于刘邦与项羽的早年事迹，请参看《汉朝原来是这样》一书，这里只是简单提一下，重点讲述两人起义前后的故事。

刘邦是沛县人，早年当过亭长，为人豁达大度。他的人生命运与当时社会紧密相连，前面说过，秦国劳役、兵役特别繁重，有一次，刘邦送一批人前往骊山服役，这次出行改变了他的人生。为了逃役，一路上不断有人逃跑，走到半途时，人都逃得差不多了。刘邦心想，反正完不成任务，索性把人全放跑了。有十来个人愿意跟刘邦混，打算落草为寇。

某天晚上，刘邦喝醉酒，有人来报，前面路上有条大蛇挡道。刘邦醉醺醺地说："壮士前行，怕什么蛇！"拎了把剑，把蛇给砍了。后来，他伪造了一个故事，说是有个老太婆在路上哭，说自己的儿子是白帝子，变身为蛇，结果被赤帝子给杀了。这几乎是陈胜装神弄鬼的翻版，可是您还别说，自那以后，大家都对他敬畏三分了。沛县子弟很多人前去投奔他，拥他为老大，聚众数百人。

陈胜大泽乡起义后，天下反秦势力高涨。沛县县令也要投机革命，萧何、曹参对他说："您是秦国任命的官吏，大家恐怕不服，不如把流亡在外的人召回，这样大家就都听您的了。"县令一听，觉得是这么回事，只要刘邦那几百人听自己的，这事就好办了。可是刘邦一伙人回到沛县时，县令反悔了，不但紧闭城门，还打算杀了萧何、曹参。造反派却响应刘邦，杀死县令，打开城门。刘邦拼凑了一支三千人的武装，走向反秦斗争的潮头。

泗水郡守得知刘邦在沛县造反后，派兵前来围剿。刘邦出城迎战，击破秦军，保住沛县。之后，他把沛县交给雍齿守卫，自己率兵攻打薛县，打败泗水郡守。泗水郡守逃跑时，被刘邦麾下左司马追上，一刀结果了性命。

这时刘邦的部众，在抗秦义军中只能算一支不起眼的小部队，光靠自己奋斗是不行的，得找个靠山才行。他本想去投靠楚王陈胜，不巧陈胜被叛徒所杀。陈胜的部将秦嘉私自立景驹为楚王，驻军于沛县东南的留县。刘邦一想，留县离自己不远，不如去投奔景驹。

在前往留县途中，刘邦遇到一个非常重要的人，此人便是张良。

张良向有反秦之志，刺杀秦始皇不成，一度隐姓埋名。陈胜起义后，他聚众百余人，跟着闹事。听说秦嘉立景驹为楚王，他也前来投奔，正好路遇刘邦。两人一见投缘，张良便加入刘邦的队伍，刘邦拜他为厩将，就是管马的官。张良这些年可没白过，他精研一部《太公兵法》，造诣很深。张良跟别人谈论兵法时，别人都听得如坠云雾之中，因此他常恨没有知音。遇到刘邦后，别看刘邦没读过什么书，领悟力之高却是他人所难及。张良说《太公兵法》给刘邦听，刘邦一听就明白了，并能采纳他的计策。张良不禁叹服道："沛公的才能，大概是上天所授予的吧。"

有了张良相助，刘邦如鱼得水。

首先是在砀县之战中，取得了起兵以来最大的一次胜利。在此役中，刘邦以寡击众，仅用三天便攻破砀县，收编了六千名秦军。他本来只有三千人的部队，一下子膨胀了两倍，人数达到九千人。紧接着，刘邦再下一城，攻克下邑。这时正是反秦运动陷入低谷之时，秦将章邯屡屡击破东方义军，而刘邦则在战斗中成长壮大，实属不易。

不过，刘邦所投靠的景驹楚政权，很快被项梁认为是非法政权，楚王景驹被废处死。为确定楚王人选，项梁在薛县召集诸将会议，刘邦也前往参加，作为义军重要首领的地位得以确认。

章邯破魏，杀齐王田儋，魏王魏咎自杀，追击田荣于东阿。义军处于前所未有的危局，刘邦与项梁力挽狂澜，两次击败章邯，控制住局势的恶化，可谓功不可没。

再来说说项梁、项羽叔侄。

与草根刘邦相比，项梁、项羽叔侄的身世则显赫得多，是楚国大将项燕的儿子及孙子。楚国灭亡后，项梁逃往吴中，一面教项羽剑法、兵法，一面矢志复国，暗中结交豪杰志士。

机会终于到来，大泽乡的烽火传到吴中。会稽郡守殷通想乘机起事，便召来项梁，对他说："如今江西都反了，这是老天要亡秦，俗话说，先发制人，后发制于人，我打算起兵，任用您与桓楚为大将。"桓楚是当时一个豪杰，流亡于外。

要革秦的命，项梁当然举双手赞成，不过他可不想受制于人，你殷通是什么东西，辫子一盘就变革命军了？他便对殷通说："桓楚藏在哪里，别人都不知道，只有小侄项羽知道。"殷通便说，那你把项羽叫来，我派他去找。项梁转身出去了，交代项羽在门外等，记得带上剑，到时见机行事，杀了殷通。郡守还蒙在鼓里，召项羽进去。进了门后，项梁对项羽说："可以动手了。"项羽长得人高马大，力能扛鼎，他马上抽出剑，一剑劈去，殷通的脑袋就搬家了。

项梁造反与刘邦造反颇有类似之处，都是秦国地方官吏想跟风造反，结果一个县令、一个郡守，都是造反不成丢了性命。

殷通死后，项梁把郡守的大印挂在腰间，一手拎着他的脑袋，大步走出来。要知道杀殷通可是在郡政府里，这下子官署乱了套了，卫兵看到长官遇害，纷纷冲上来。项羽武功盖世，砍杀数十百人，所有人都趴在地上，不敢反抗了。项梁便把郡里的豪杰、官吏召集来，解释他杀死郡守是为了反秦，为了干大事。看到项羽凶神恶煞般地站在那里，手握剑柄，谁敢说不字？

就这样，吴中加入反秦起义行列。项梁自立为会稽太守，以项羽为裨将，招募八千精兵。在反秦义军首领中，项梁出身将门之家，军事修养最高，因而他的这支军队从一开始便走正规化路线，设有校尉、候、司马等军职，纪律严谨，操练有素，乃是义军中之精锐。

陈胜兵败后，其部将召平矫诏，推项梁为上柱国。项梁引兵渡江，立熊心为楚王。齐王田儋、魏王魏咎败亡后，他与刘邦携手，在东阿之战与濮阳之战中两败章邯。在战斗中，项羽勇冠三军，所向披靡。

后来刘邦与项羽争夺天下，成为不可共存的生死冤家。不过，在反秦战争中，两人却是戮力同心，共抗强敌。

濮阳之战后，项梁派项羽、刘邦进攻定陶，未能攻克。两人遂转攻略雍丘，大获全胜，斩杀李斯之子、三川郡守李由。

一连串的胜利，令项梁冲昏头脑了。他认为之前章邯所向无敌，无非是义军其他将领无能，没遇上像自己这样熟悉军事的对手罢了。骄矜之气既长，轻视对手，往往会付出惨重的代价。项梁决意亲自督师，攻打定陶。定陶原本守备坚强，此时秦二世又调拨一批军队给章邯，秦军的力量更强了。

部将宋义对项梁的轻率决定很担心，多次进谏，项梁不以为然，根本听不进去。在战略上可以藐视敌人，在战术上却一定要重视敌人，何况秦军统帅是身经百战的章邯。此时正是绵绵雨季，雨下了三个月。章邯的兵力得到补充后，再施故技，衔枚发动夜袭。项梁为自己的大意而付出生命代价，没料到秦军竟然在恶劣的天气下奇袭，被打得大败，自己也战死沙场。

正在攻略陈留郡的项羽、刘邦获悉项梁死讯，大惊失色，放弃攻城，匆匆东撤。章邯杀项梁后，士气高涨，楚政权危在旦夕。项羽、刘邦等紧急把都城从盱眙迁往彭城，严加守备，吕臣的部队守卫彭城东，项羽守卫彭城西，刘邦守卫砀县。

倘若章邯乘胜而进，项羽、刘邦等能否守得住彭城，确实令人怀疑。岂料在这个时候，章邯与项梁一样，犯了一个严重的错误。章邯认为项梁是楚政权的顶梁柱，如今项梁既死，大柱倒了，楚政权的灭亡只是时间问题。当务之急，是要消灭北方的赵政权，以免反秦势力死灰复燃。

章邯放弃攻打楚政权，率王离、苏角等将领，引兵北渡黄河，直扑赵国。

自从章邯率兵镇压反秦起义军以来，战功赫赫。陈胜、吴广被消灭了；项梁被击破；齐王田儋战死；魏王魏咎自杀。楚、齐、魏均遭重创，燕、韩较弱，不足为患。赵国虽有李良之变，赵王武臣被杀，但是张耳、陈馀两人力挽狂澜，立赵歇为王，实力仍不容小觑。在章邯看来，只要再击破赵国，天下变局可定矣。

此时章邯手上的兵力已超过四十万，大军直趋赵境，如泰山压顶。强弱立判，赵国丞相张耳、大将陈馀率军迎战，大败而逃。首都邯郸是保不住了，张耳与陈馀遂拥赵王赵歇，退入钜鹿城。章邯入邯郸城后，把城内百姓尽数迁往河内，拆毁城廓，以绝后患。

钜鹿之战，将决定赵国的命运。

为了守住钜鹿，赵国的防御还是比较积极的。赵将张耳守城，陈馀则率数万人驻扎于城北，称为河北军，以作为机动部队。钜鹿城的防御工事非常坚固，易守难攻,加上内外呼应式的积极防御体系,章邯兵力虽强,要攻破钜鹿也非易事。章邯令王离等部将包围钜鹿城,自己主力部队驻扎城南。在章邯看来,只要围困几个月,钜鹿粮尽援绝,不攻自破。

对于秦军来说,最重要的问题是粮食运输。只要不缺粮,钜鹿指日可下。为了确保粮道畅通,章邯修筑一条甬道,凭借高速车道,可确保粮食源源不断运抵前线。一切看上去都无懈可击,只是章邯错了一件事,他低估楚国的力量了。

秦的军事部署,露出一个大大的破绽。秦军重兵集团都集中到了钜鹿前线,大后方兵力空虚。对于楚政权来说,这可是一个千载难逢的机会。趁秦军主力在北,派一支奇兵西进,直捣咸阳,倘若一举拿下,擒杀皇帝,那么秦国就完蛋了。

这个思路不错。

不过,事情并非那么简单。

其一,秦之大后方虽空虚,楚的兵力也有限;其二,函谷关以西多险关要隘,易守难攻,对秦的防守是有利的;其三,只要章邯攻破钜鹿,便可大举回援,到时楚之西征军就被包饺子了。

楚政权的两难之处在于,既要趁秦军主力在北的时机,组建一支军队西征,同时,仍要派军队援救钜鹿。援救钜鹿是必不可少的,一方面赵国不断派人前来求援;另一方面,西征也必须牵制章邯的秦军。如此一来,可用于西征的兵力更少,风险更大。

可以说,西征乃是九死一生之举。当初陈胜部将周文以数十万之众,尚且战败身亡,何况区区一两万的部众呢?谁也不敢去,只有两个人愿意前往。谁呢?刘邦与项羽!

大浪淘沙,方显英雄本色。

楚怀王知道西征凶险,故而与诸将约定,"先入定关中者王之"。只要扫平关中,便可称关中王。这个诱惑可不小,因为东方六国都已复国,势力范围都已经被瓜分了,若想称王,只能夺取秦国旧地才有可能。要不要冒险西征,这是考验人的志向与勇气。没想当王的人,不愿意去冒这个险;但刘邦有志向,他曾见过秦始皇出行的盛大场面,慨叹"大丈夫当如是也",既然有机会称王,就要去试,机会可一不可再。

项羽也举手表示愿意西征，他要灭了秦，为爷爷项燕、叔父项梁报仇雪恨。

不过，许多人反对派项羽西征。为什么呢？因为项羽这个人太残暴了。以前项羽曾攻陷襄城，大举屠城，城内几无活口。大家想想，为什么陈胜起义后，天下响应？就是因为秦国太残暴。项羽的暴行，是给义军脸上抹黑，大家提着脑袋起事，是为反抗暴政，现在你也搞暴行，如何让民众拥护呢？再说了，关中乃是秦的大本营，以暴制暴，只能使关中百姓抵触义军，对政治、军事都是不利的。于是众人进言楚怀王："不可派遣项羽西征，沛公刘邦一向宽大仁厚，他可以去。"

楚怀王同意了，最终确定由刘邦领军西征，项羽则北上救援钜鹿。

谁来担任救援军总司令呢？

有人推荐由项梁的部将宋义出任总司令。宋义是个头脑冷静，有分析判断力的将领。当初项梁被胜利冲昏脑袋时，宋义曾多次劝谏，项梁不听，后来竟丢了性命。楚怀王召见宋义，与其谈论军国大事，宋义侃侃而谈，见解精辟，楚王大喜，拜他为上将军。

其实，按理说，这个总司令之位，应该由项羽出任。楚怀王是靠项梁、项羽叔侄才坐到这个宝座上，而且项羽战功赫赫，出任总司令是合适的。很明显，楚王有意压制项羽，清除项氏势力的影响。

四七 / 破釜沉舟，背水一战

救援钜鹿的楚军出发了，宋义为上将军，项羽为次将，范增为末将。除了楚军之外，其他诸政权也纷纷派兵相援，包括齐将田都、燕将臧荼等。

宋义行抵安阳时，便止步不前。这一逗留，就是几十天之久。此时钜鹿城已危若累卵，而宋义的援军竟然坐山观虎斗，这位上将军到底打的是什么算盘呢？一心想为叔父报仇的项羽哪里忍受得了等待的煎熬，他决定找宋义说理。

进了宋义的大帐，项羽开门见山便说："如今秦兵围赵王于钜鹿，我们应该迅速渡河，楚军从外面进攻，赵军出城接应，必可大破秦军。"

在宋义看来，项羽这个后生只有匹夫之勇，四肢发达，头脑简单，哪里懂得什么高明的战略呢？他悠然道："此言差矣。现在秦军全力攻赵，即便胜了，军队也疲惫不堪，我正好可以以逸击劳。倘若还不能打败秦军，也可趁机引兵西进，定可一举捣破秦都。若说在战场上杀敌的本领，我宋义比不上你；但论运筹帷幄，决胜千里，你可比不上我。"

自项梁死后，宋义自以为智谋无人可及，对什么人都看不上眼，特别是对项羽这个武夫，更是轻视。为了表现自己与武夫的区别，他还给自己起了个号，称为"卿子冠军"。卿子的意思略同于"公子"，以表自己风雅俊逸。

宋义的意思很明白，让秦赵两败俱伤后，他再出来收拾残局。为了唬住项羽这班武将，他还下了道军令："强不可使者，皆斩之。"敢要横的，不听命令的，一律处死。宋义的战略对不对呢？应该说，有一定合理性。这种按兵不动以待时机的策略，在古今战例中多有体现，比如赵奢破秦之阏与之役，比如西汉周亚夫平七国之乱，都曾运用过此策略。

那么他错在哪儿呢？

错在他根本就不想救赵。他的意思是让秦军破赵后，再战秦军。这种动机是不纯的，对反秦战线的联合是有害的，是纯粹自私自利之举，也是他与赵奢、周亚夫两位名将不能相比的地方。

宋义把战争当作发迹的手段，捞取自身的权益。这不，他还要把自己的儿子宋襄送到齐国去当丞相。赵国正在浴血奋战，他却只贪图自己的权力。宋襄出行那天，宋义在无盐大设酒宴饯行。当时天寒地冻，又下起大雨，士兵们饥寒交迫，宋义却大吃大喝。

"他奶奶的"，项羽的怒火在燃烧。他对亲信说："我等前来，是为戮力攻秦，却在此逗留不进。今年闹饥荒，百姓没的吃，士兵挨饿，军无余粮，而上将军却在大吃大喝。现在应该迅速过河，在赵国收集粮食，与赵军合力抗秦，上将军却说要等到秦军疲敝时才进攻。诸位想想，以秦国之强，攻打刚建国不久的赵国，赵国必亡无疑。赵国灭亡了，秦军就更强大了，到时怎么打？况且我楚国刚遭败绩，楚王坐卧不安，把军事大权都交给上将军，国家安危，在此一举。上将军不体恤士兵，以权谋私，不是社稷之臣。"

说到这里，他目露凶光。俺项羽可不是吃素的，莫道俺的剑不锋利。

第二天早晨，宋义还在睡，他昨晚喝多了。

项羽一大早起来，闯进宋义帐中。不多时，他便拎着一颗血淋淋的人头出来，大家一看，无不失色，竟是上将军宋义的人头。

只听项羽喝道："宋义与齐国勾结，密谋反楚，楚王密令我项羽诛杀之。"大家当然晓得项羽胡说八道，只是没有敢吭声，都拜倒在地说："立楚王的也是将军一家，如今将军诛乱，我等愿听从将军。"于是大家推项羽为假上将军，并派人追杀宋义之子宋襄。项羽派人快马禀告楚怀王，楚怀王也没办法，只得正式任命他为上将军。

这时又有几支义军加入援赵之列。魏王魏豹、齐王建（战国最后一位齐王）的孙子田安都派部队增援钜鹿，张耳的儿子张敖在代郡收罗一万多人，也赶回钜鹿。应该说，各路援军的人数还是不少的。

秦军人数虽多，并非毫无弱点。弱点便在于交通运输线，即章邯所修之甬道。争夺甬道之战，便成为秦、楚大战的序幕。据《史记》的说法，"项羽兵数绝章邯甬道"，"数绝"二字，可见双方是多次交锋，甬道数次易手。在楚军的猛攻下，围困钜鹿城的王离部开始断粮。

楚军大举反扑的时机已成熟。

项羽派英布、蒲将军率前锋部队两万人率先渡河。章邯闻讯，急派军前来阻击，英布与蒲将军奋力击败秦军，为后续部队渡河打下基础。此时，赵国大将陈馀又派人前来请求项羽火速进军，项羽乃命令全体楚军悉数渡河。这一战，非但关系到赵国的生死，也是秦楚兴亡的关键。秦军最精锐的部队与楚国最精锐的部队都聚集于此，势必是一场昏天黑地的大血战。

狭路相逢勇者胜。

没有必死的决心，哪来超凡的勇气？

项羽下令，破釜沉舟，烧毁帐篷，所有将士，只随身携带三天干粮。前面是四十万的虎狼敌人，后面是滔滔河水，过了河，别想着有热腾腾的饭，别想着有温暖的帐篷。往后退，只有死路一条，要生路，就得把前面的敌人杀光，杀出一条活路。

当时前来救援钜鹿的各路援军，见到秦军漫山遍野的营垒，谁也不敢发动进攻。甚至在项羽发起绝地反击时，他们仍然小心谨慎，按兵不动。英雄与凡人的区别就在于此：英雄能造时势，而凡人永远随波逐流。

"置之死地而后生"，人的潜能被无限地激发出来。项羽猛攻围困钜鹿城的王离部，楚军呼声震天，以一当十，如猛虎下山，勇不可挡。项羽身先士卒，冲锋陷阵，无人可挡。楚军与秦军交锋九次，大破秦师，杀秦将苏角，俘秦将王离，另一位秦军将领涉间自焚而死。

为什么楚国会成为反秦战争的领头羊？项羽以"力拔山兮气盖世"的勇气向世人证明楚人之血脉精魂。章邯虽是百战名将，几时遇过项羽这样的对手？只得仰天长叹，败逃而去。

当时救援钜鹿的十数路义军，无不惊骇于项羽之骁勇。当战场的尘埃散去，项羽以楚国上将军之名义召见各路义军首领，所有人入了辕门之后，跪倒在地，不敢仰视。为什么呢？他们内心惭愧得很。他们远道而来救援钜鹿，却慑于秦军之强，不敢进攻。当他们亲眼看到项羽虎啸天下的英雄气概，谁不惊恐，谁不折服呢？于是乎，项羽非但是楚国上将军，也成为诸侯上将军，成为各路义军的真正统帅。

钜鹿一战，是中国历史上最伟大的一次大会战，是改变历史进程的大会战。在此之前，章邯是义军最凶恶的敌人，也是最可怕的对手，多少英雄豪杰都败在他手下。此役是他由盛而衰的转折，也是秦军由盛而衰的转折。

章邯败退至钜鹿以南的棘原，项羽进军漳南，双方都精疲力竭，谁也没先动手，成对峙之局。远在咸阳的秦二世大为不满，派使者前往责备章邯。章邯惶恐不安，派长史司马欣回咸阳以求朝廷谅解。岂料司马欣回了咸阳后，在宫外待了三天，赵高理都不理他。

司马欣慌了，担心赵高加害，便逃回棘原，对章邯说："赵高独揽朝政，手下人无可作为。现在就是打了胜仗，赵高也会嫉妒我们的功劳；若是打败仗，难免一死。将军您还是要想想出路。"

这一番话，章邯也没主意了。就在此时，赵国大将陈馀写来了一封劝降书。在这封劝降书中，陈馀罗列白起、蒙恬等名将的例子，说明功高获诛的道理。陈馀指出："将军居外久，多内隙，有功亦诛，无功亦诛。"如今秦朝灭亡已指日可待，"将军何不还兵与诸侯为从，约共攻秦，分王其地，南面称孤"？

陈馀所说的都是实情，章邯也不免心动，便派人秘密与项羽谈判。

但是，项羽不接受谈判，因为章邯是杀害项梁的元凶。他派蒲将军率军进攻，大破秦师。蒲将军得手后，项羽亲自追击，在汙水再度大破章邯。走投无路的章邯再度向项羽提出谈判的请求，此时项羽的军队粮食不足，他与将领们商量后，决定接受谈判。

于是，章邯与项羽在洹水南殷虚立盟，秦军放下武器投降。项羽立章邯为雍王，司马欣为上将军，率领投降的秦军部队作为先锋，向关中挺进。

秦之帝国大厦，早已从内部朽烂了，之所以还没倒塌，只是因为有章邯这根顶梁柱在。章邯投降了，秦覆灭的日子就近了。

秦始皇时，秦是何等强大，为什么他去世没几年，秦就垮了呢？整垮秦国的罪魁祸首，便是赵高。从沙丘之变开始，赵高在政坛上翻手为云，覆手为雨，杀扶苏，杀蒙恬，杀诸公子，杀诸公主，无数的鲜血铺就他的权臣之路。

赵高一手遮天，胡作非为，干的坏事多了去了。他能为所欲为，主要是他控制了呆头呆脑的秦二世胡亥，皇帝对他极为信任，言听计从。不过赵高也有害怕的事，怕被大臣弹劾，怕皇帝发现他的劣行。他便忽悠秦二世说，陛下还年轻，别在朝廷上与公卿说政事，要是说错了，自曝其短，不好。皇帝本就贪玩，索性把政事都交给赵高。

说到搞权术，赵高是一流的，说到治国，他一窍不通。秦国政治一塌糊涂，李斯也有责任。为了保住自己的荣华富贵，他迎合赵高，陷害忠良。不过，李斯与赵高还是有所不同的，李斯有政治抱负，而赵高纯粹就是追逐权力。这种差别，导致李斯与赵高的分歧越来越大，也最终导致李斯的惨死。

李斯多次进谏秦二世，秦二世挖苦他说："你居三公之位，如何令盗如此。"责备他身为丞相不能平定东方之乱。皇帝说到这份上，李斯要是有点自知之明，最好上交辞呈。不过他迷恋权位，不知急流勇退的道理，只得曲意奉承皇帝。

在赵高眼中，李斯是最大的绊脚石。秦始皇还没统一六国时，李斯就已经是秦国最有权力的人之一，他的根基很深，功劳很大。赵高不怕别人，但对李斯还是有所顾忌，不扳倒李斯，他睡不安稳。

赵高的本领就是操纵小皇帝，借皇帝之手杀人。每当李斯要觐见皇帝，赵高总安排在皇帝与美女饮酒作乐时。皇帝大怒说："吾常多闲日，丞相不来，吾方燕私，丞相辄来请事。"

赵高见机会成熟，遂在秦二世面前诬告李斯有裂土封王的野心，其子李由与义军私通。这下子李斯终于看清赵高是什么货色了，他也上书攻击赵高"有邪佚之志，危反之行"。同时，他又联合右丞相冯去疾、将军冯劫进谏皇帝，请求减轻赋役，停修阿房宫。

李斯的反击是无力的，秦二世早就听信赵高之言，认为李斯想造反。于是将李斯、冯去疾、冯劫三人下狱问罪。冯去疾、冯劫认为将相不能被凌辱，遂自杀而亡。李斯仍然抱有幻想，在狱中写了份自白书，实际上是罗列自己为秦国所作的贡献。赵高冷笑道："囚安得上书！"

迷恋权力的人，最终也死在权力二字上。李斯最终被判死刑，腰斩于市，夷三族。临死前，他对次子说："我想跟你牵着小黄狗，出上蔡东门去追逐野兔，唉，已经不可能了。"这一刻，他似乎才省悟到一件事，权力到头只是一场空，倒是平淡无奇的生活，才是真正可留恋的。

李斯死后，赵高为丞相，秦国从此坠入深渊。

不过，恶终有恶报。赵高正上演着最后的疯狂，而此时，刘邦的军队正顽强地向咸阳城挺进。

四八 / 大秦帝国的谢幕

所谓的"西征军",力量实在太单薄了,只有几千人,楚政权拨不出更多的部队给刘邦,只是让他"西收陈王、项梁散卒"。非但军队有限,粮草也得自己筹集。有利的条件是,秦军主力都北上攻钜鹿,各城池要塞的守军数量比较少。

刘邦抓住机会,连续攻破成阳、杠里、成武等城,取得一些小胜利。兵力太少始终是困扰刘邦的最大问题,这位老兄表面宽仁,实则厚黑,途经栗县时,正好遇上一支义军。此义军首领被封刚武侯,刘邦一举将其部众四千多人吞并,又联合魏国将领皇欣、武满等,击溃了游击于此的秦军。即便如此,此时刘邦的部队也还不到一万人。

不过刘邦运气不错,他遇到了一个重要的人。

此人名为郦食其,是陈留高阳人,学富五车,却穷得叮当响,谋了一个看守城门的差事。郦食其人穷志不短,所谓的英雄豪杰,没几个能入他法眼,为人狂傲,被称为"狂生"。自陈胜起义后,有许多义军将帅往来于高阳,郦食其认为这些人都刚愎自用,无容人之雅量,便蛰伏以待时机。刘邦的西征军途经高阳时,郦食其听说他为人豁达大度,决定前往拜见。

郦食其入见刘邦时,刘邦正坐在床上,两名女子给他洗脚。这是待客之道吗?原来刘邦出自草莽,向来看不起儒生,故意怠慢郦食其。郦食其果然是狂生,他冷冷道:"足下是助秦国攻诸侯呢,还是率诸侯破秦呢?"

刘邦一听,破口骂道:"你这个臭儒生,天下苦秦久矣,所以诸侯相率攻秦,怎么说助秦攻诸侯的话?"郦食其不慌不乱地说:"既然你是率义军诛伐无道之暴秦,见到长者不应当如此傲慢。"

换作其他人,可能要咆哮了。刘邦还真不是一般人,他马上撤了洗脚水,穿好衣服,请郦食其上座,道了歉,上了几道菜款待。

郦食其便说:"足下率乌合之众,收散兵游勇,人数不足万人,这样直接杀到秦国，无异于虎口送食。陈留郡地处天下要冲，城内多积粟，不如我前往劝降。能归附您最好，如不归附，您再发兵攻打，我在城内策应。"刘邦听罢大喜。

凭着三寸不烂之舌，郦食其还真劝降了陈留郡守。不仅如此，郦食其的弟弟郦商也率四千人前来归附。这样，刘邦既有了兵，又有了粮草。

此时已是秦二世三年（前207），由于项羽在钜鹿大破章邯，秦军已是风声鹤唳，草木皆兵。刘邦乘机进攻开封城，未能攻下，转而攻略白马，大破秦将杨熊。杨熊逃到荥阳后，被秦二世问罪处斩。

当时想入关的义军大有人在，刚从危机中解脱出来的赵王赵歇派部将司马卬领兵，打算渡黄河入关。刘邦才不愿把入关的机会让给别人，他北攻平阴，把黄河渡口占了，阻止赵兵入关。不过，刘邦并非百战百胜，进攻大的城市时，总是受挫。进攻洛阳时，又未能攻克。

在刘邦颇为狼狈之时，张良回来了。此时由于韩国复国，张良便追随韩王韩成而去，刘邦西进至此，韩王韩成留守阳翟，张良则追随西征。若是没有张良相助，刘邦恐怕很难凭一己之力直捣咸阳。

一路西行，刘邦沿途收罗不少义军，同时招降纳叛，军队数量也如滚雪球一样增长。六月，西征军进入南阳地界，秦南阳郡守率兵阻击，被刘邦击败，只得退守宛城。当时刘邦入关心切，打算置宛城于不顾，绕道前行。张良赶紧阻止道："不可。您虽急着入关，秦国的兵力仍颇强，据险而守。倘若不攻克宛城，到时前有强敌，后有追击，这样就危险了。"

刘邦猛然省悟，连夜率军走另一条路返回。宛城的秦军还以为义军已经远去，喘了一口大气，稍有松懈，岂料天刚亮时，发现宛城已被包围。南阳郡守大恐，自知难以坚守，拔出剑打算自杀。其门人陈恢一个箭步上前，夺下他的剑，说："先别急着死，待我去跟刘邦谈谈。"

陈恢出城见刘邦，对他说："足下最好的办法，莫过于接受南阳投降，保留郡守头衔，让他继续守城，您则率城中甲士一同西进。其他城池的守将听到您这种处置措施，定会争先开门投降，那么您一路西行无阻了。"

秦国大势已去，这是任何一个明眼人都看得出来的。只要原封不动保留各郡守、县令的官职，这些人摇身一变，就变成义军助力了。刘邦对陈恢的建议大为赞赏，接受南阳郡守投降。邻近郡县一听，投降还能保住官帽，何乐不为呢？于是乎形成多米诺骨牌效应，各郡县改旗易帜，纷纷投诚。投降的秦军被编入西征军，刘邦的兵力已经有数万人之多。

八月，刘邦进攻武关，进入关中。

直到这个时候，赵高才感到大祸临头。

秦二世不是把政事都交给他了吗？现在章邯举部向项羽投降，刘邦挺进到眼皮底下，要是皇帝怪罪下来，他赵高有几个脑袋呢？怎么办？忽然，赵高狞笑了，什么皇帝，不就是我手里的玩偶吗？朝廷还不是我说了算吗？

赵高要搞一次权力测压。

他把一头鹿拉到朝堂之上，对秦二世说："臣献上一匹马。"秦二世一看乐了，笑着说："丞相的眼力也太差了，把鹿说成马。"

赵高假装很惊讶，说这明明是马，怎么会是鹿呢？便问左右文武官员。大家都知道赵高在搞鬼，有些人沉默不语，有些人拍马屁说是马，也有些人实在看不下去说实话了。赵高把这些敢说实话的人都记了下来，不久后，这些人全部被抓了起来，扣上各种各样的罪名。

"指鹿为马"可以说是最最拙劣的表演，只要不是傻蛋，都可以看出赵高这个人是何等阴险。可是秦二世呢？他只当作一个笑话，不以为然，殊不知赵高已把刀架在自己的脖子上了。

连皇帝都敢欺，赵高可谓胆大包天。朝中所有人无不畏惧，但有什么用呢，要弹劾也无门，只好闭紧嘴巴以求自保了。每当皇帝问及东方暴动之事，赵高总是拍胸脯说："关东盗毋能为也"，战败的消息传来，他就归咎于前线将领，毫不留情地诛杀。

现在刘邦来了，近在咫尺。赵高惶恐不安，他不是怕刘邦，而是怕秦二世会杀了他，不敢上朝，称病躲在家里。躲得过初一，躲不过十五。秦二世派使者找上门了，狠狠地责备赵高剿匪不力。

赵高秘密召来女婿咸阳令阎乐、弟弟赵成，商量对策，他说："现在事情紧急了，皇上要怪罪我们家族。一不做，二不休，我打算废了皇帝，改立公子子婴。子婴为人仁俭，百姓爱戴。"于今之计，要与义军谈判，得换个口碑好一点的人当皇帝。

事到如今，只能豁出去了。赵高遣心腹郎中令作为内应，谎称宫里有大盗。咸阳令阎乐带着一千多人闯到望夷宫门口，把负责宫廷守备的卫令抓起来，质问说："大盗闯入宫中，你为什么不阻拦？"卫令一脸困惑地答道："宫廷守备极为严密，怎么可能会有盗贼闯入呢？"阎乐不容分说，拔出剑格杀卫令，带兵闯入宫中。

宫里人很快就发现，阎乐哪里是抓人，分明是政变。阎乐闯入宫中，大开杀戒，遇到郎官与宦官，一律格杀。杀了几十人后，其余人早惊恐得作鸟兽散。郎中令与阎乐一同杀入殿内，殿内有许多帷帐，叛军们箭矢齐发。秦二世躲在殿内，他听说赵高造反，不由得目瞪口呆，继而勃然大怒，不由得怒火上攻，喝令左右卫士还击。情形不对呀，左右卫士又不是傻子，这个时候我还效忠傻子皇帝吗？大家全跑了。在秦二世身边，只剩下一个小宦官。

秦二世逃到内室，死到临头还要冲着小太监发火："你为何不早告诉我真相，让我落到这个地步。"小太监结结巴巴地说："我没敢说，这才活到现在。我要早说了，已不知死到哪去了。"实话，真是大实话。

这时，阎乐一脚踹开门进来，指着皇帝的鼻子道："足下骄横放纵，滥杀无辜，天下人都背叛你了。"这话也是实话，只是不该由阎乐这样的人说得大义凛然。

秦二世还想活命，他说："我可以见丞相吗？"

"不行。"

"可以当个郡王吗？"

"不行。"

"万户侯？"

"没门。"

"那当个小老百姓总可以吧。"

阎乐没耐心了："我奉丞相之命，为天下诛杀足下，你再多说，我也不敢禀告。"说罢命令士兵上前。秦二世在生命最后一刻，总算有点皇帝的尊严，他不让士兵动手，自杀了。

秦二世死后，赵高召集诸臣，宣布诛杀皇帝之事，所有人无不震惊，却也不敢说话。赵高有什么打算呢？他认为以前秦灭了东方六国，东方叛乱无非是要闹独立，现在六国都独立了，秦二世也死了，那些所谓的"义军"首领也该满意了吧。以后秦国仍是秦国，六国仍是六国，回到统一前的状态，互不干涉。

赵高立子婴为秦王。为什么叫秦王呢？既然与六国平起平坐了，秦也不称皇帝了，仍然称王。

那么刘邦怎么办呢？善于权术的赵高给自己留了条后路，倘若不能打败刘邦的话，他打算做个交易，把秦宗族灭了，与刘邦共同瓜分关中。

比起秦二世，子婴要聪明许多。你想想，赵高杀秦二世，如同捏死一只蚂蚁，杀了皇帝还没人敢吭声。赵高立子婴当秦王，无非是为了稳定大臣与民心，无非是把他当作可以随心所欲操控的木偶。只要他愿意，随时可以杀了子婴。

与其坐以待毙，不如绝地反击。不过，朝堂之上都是赵高的人，万不能在朝堂动手，要在哪儿呢？就在子婴所在的斋宫。原来呀，依照秦例，登基之前，要先斋戒五日。五日已满，子婴假称病了。赵高不知是计，便前往探视。前脚刚踏进斋宫大门，子婴便喝令左右拿下，当场把赵高这个奸贼格杀。这个翻云覆雨的权臣就这样死了，还赔上全家人性命，三族被夷。

比起秦二世，子婴人品算是好的，一上台便诛杀赵高，振作朝纲。只是经过秦二世与赵高多年的折腾，秦国早已朽烂，不是一个人可以挽救的。

子婴调兵遣将，守卫峣关，试图阻止刘邦军队深入。

刘邦打算发动强攻，张良献计说："秦军的力量不可低估，不如先采用疑兵之计，在各山头张挂旗帜，造成人多势众的假象，再派郦食其、陆贾等人前往游说秦军将领，利以诱之。"还是张良想得周到，刘邦采纳其策，游说秦国诸将。这些将领不由得心动，打算暗地里与刘邦合作。

这时张良又说："秦军将领打算背叛朝廷，只是他们的部下不一定会听从，不如乘他们麻痹大意之时，发动突袭。"这个计策有点厚黑，明明游说他们投降，又要偷袭，不太厚道。为什么张良会这样说呢？因为秦国已经换了国君，祸害国家的赵高也被杀了，大家对新政府还是寄予厚望，许多人并不想放下武器投降。

对刘邦来说，夺取关中才是最重要的事，这时也顾不上厚不厚道了。他率主力发动奇袭，在蓝田南大破秦军，继而又在蓝田北再胜一局。经此一役，秦军土崩瓦解，通往咸阳的大门已经打开。

公元前206年初，刘邦大军挺进到霸上，直逼咸阳。此时，帝国首都早已人心涣散，兵力凋零，根本无法组织起像样的保卫战了。秦王子婴只有一条路可以选择：献城投降。他素车白马，自己用绳子绑住脖子，出城向刘邦投降，连同皇帝的玉玺、符节一并上交。

曾经令人畏惧、谈虎色变的秦国，花费了五百多年的时间完成一统中国的梦想，却仅仅在十几年后，就以这种窝囊的方式草草收场。

从陈胜、吴广发难到秦帝国灭亡，总计不足三年。

一个貌似坚不可摧的政权，被一群叛乱者轻松推翻了。

短短十数年的时间，曾强大到天下无敌的秦国迅速走向灭亡。翻遍中国历史乃至世界历史，再也找不到类似的史迹。自从商鞅变法以来，秦国雄视天下，笑傲江湖，岂止是东方不败，简直是天下不败。秦国如同猛虎雄狮，在它面前，其他国家不过只是阿猫阿狗的角色罢了。就算偶尔有一两个势均力敌的对手，也不过如昙花一现，根本无法撼动其坚不可拔的根基。

其兴也勃焉，其亡也忽焉。

秦与六国战斗两百多年，一统天下，表面上看，似乎是胜者，其实不然。秦国的灭亡，较六国不过多出十几二十年，只是五十步笑百步罢了。最终翻江倒海的，居然是名不见经传的陈胜、项羽、刘邦等小人物。小人物创造了大历史，这真是历史上最不可思议的一件事。虽是意料之外，却属情理之中。

如果说秦始皇统一中国、消除数百年战国纷争，是迎合人民追求和平的理想，那么秦帝国的暴政则很快走向人民的反面，沦为反动政权。一切反动派都是纸老虎，秦帝国也是一只纸老虎。秦政权的快速覆灭，外因是实施暴政，内因则是内部的腐烂。自从秦始皇死后，赵高弄权，残害忠良，指鹿为马，逼死太子扶苏，诛杀大将蒙恬，玩弄秦二世胡亥于手掌之中，致使忠贤扼腕，士人离心，民众敢怒而不敢言。历史上的反动政权很多，但是像秦帝国这么强大，却灭亡得这么快的例子，却不多见。如果只是肌肤腐烂，尚且可以苟延残喘，但如果心脏都腐烂了，那就无药可救了。即使秦政权收天下兵器，铸成十二尊金人，仍然挡不住揭竿为旗，斩木为兵的起义军；即便秦政权焚书坑儒，禁锢天下的思想，却不承想亡在不读书的刘邦、项羽手中。

  汉代的政论家贾谊简明扼要、一针见血地评论说："仁义不施而攻守之势异也。"唐代的杜牧说："灭六国者，六国也，非秦也；族秦者，秦也，非天下也。"两人都将秦之迅速灭亡的原因，归咎于秦国政权所施行之暴政，是反人性、反民心的。反人性、反民心的制度，一定不会长久，这也是历史留给后人的启示。

大事年表

约公元前 870 年　非子受封秦国。

公元前 822 年　秦仲伐西戎，身死。

公元前 770 年　秦被封为诸侯。

公元前 645 年　秦晋韩原之战。

公元前 627 年　秦晋殽之战，秦军遭重创。

公元前 623 年　秦霸西戎。

公元前 621 年　秦穆公死，以人殉葬。

公元前 578 年　秦晋麻隧之战。

公元前 559 年　秦晋迁延之役。

公元前 506 年　吴破楚都，秦助楚复国。

公元前 419 年　魏攻河西，筑少梁城。

公元前 364 年　秦败魏师于石门，斩首六万，秦献公称伯。

公元前 362 年　秦孝公立。

公元前 361 年　商鞅入秦。

公元前 356 年　商鞅第一次变法。

公元前 350 年　商鞅第二次变法。

公元前 338 年　秦孝公卒，商鞅遇害。

公元前 328 年　张仪相秦。

公元前 317 年　秦败三晋于脩鱼，斩首八万。

公元前 316 年　秦灭巴蜀。

公元前 312 年　秦破楚师于丹阳，斩首八万。

公元前 307 年　甘茂攻宜阳之役；秦武王扛鼎死。

公元前 305 年　魏冉平季君之乱。

公元前 299 年　秦诱拘楚怀王。

公元前 298 年　孟尝君伐秦。

公元前 293 年　秦败韩、魏于伊阙，斩首二十四万。

公元前 288 年　秦、齐称西帝、东帝，旋取消帝号。

公元前 279 年　秦、赵渑池之会；白起攻楚。

公元前 273 年　秦魏华阳之战，斩首十五万。

公元前 269 年　秦赵阏与之役。

公元前 266 年　范雎相秦。

公元前 260 年　白起破赵于长平，坑四十万人。

公元前 257 年　秦围邯郸，信陵君窃符救赵；秦杀白起。

公元前 256 年　秦灭西周。

公元前 249 年　吕不韦相秦；秦灭东周。

公元前 238 年　嫪毐之乱。

公元前 237 年　李斯谏逐客书；吕不韦免相。

公元前 233 年　李牧破秦师。

公元前 230 年　秦灭韩。

公元前 228 年　秦灭赵。

公元前 227 年　荆轲刺秦王。

公元前 226 年　李信伐楚。

公元前 225 年　秦灭魏。

公元前 224 年　王翦伐楚。

公元前 223 年　秦灭楚。

公元前 222 年　秦灭燕、代。

公元前 221 年　秦灭齐，统一六国；秦王改称皇帝；设郡县制；统一制度。

公元前 219 年　张良刺秦始皇于博浪沙。

公元前 215 年　蒙恬伐匈奴。

公元前 214 年　秦攻取南越之地；筑长城。

公元前 213 年　焚百家之书。

公元前 212 年　坑儒生四百余人。

公元前 210 年　秦始皇死；沙丘之变，扶苏、蒙恬死；胡亥即位，为秦二世。

公元前 209 年　陈胜大泽乡起义；刘邦起兵于沛；项梁、项羽起兵于吴。

公元前 208 年　陈胜死；项梁立楚怀王；赵高弄权，李斯腰斩。

公元前 207 年　项羽大破秦军于钜鹿；章邯降楚；刘邦西进关中；赵高杀二世；子婴诛赵高。

公元前 206 年　秦王子婴降，秦亡。